民事检察权与权利救济研究

王小芳　白　晶◎著

中国社会科学出版社

图书在版编目(CIP)数据

民事检察权与权利救济研究 / 王小芳，白晶著 . —北京：中国社会科学出版社，2022.7

（山西大学建校 120 周年学术文库）

ISBN 978-7-5227-0449-4

Ⅰ.①民… Ⅱ.①王…②白… Ⅲ.①民事诉讼—检察—研究—中国 Ⅳ.①D926.3

中国版本图书馆 CIP 数据核字（2022）第 117869 号

出 版 人	赵剑英	
责任编辑	宫京蕾　郭如玥	
责任校对	周　昊	
责任印制	郝美娜	

出　　版	中国社会科学出版社	
社　　址	北京鼓楼西大街甲 158 号	
邮　　编	100720	
网　　址	http：//www.csspw.cn	
发 行 部	010-84083685	
门 市 部	010-84029450	
经　　销	新华书店及其他书店	

印　　刷	北京君升印刷有限公司	
装　　订	廊坊市广阳区广增装订厂	
版　　次	2022 年 7 月第 1 版	
印　　次	2022 年 7 月第 1 次印刷	

开　　本	710×1000　1/16	
印　　张	12.5	
插　　页	2	
字　　数	212 千字	
定　　价	78.00 元	

《山西大学建校 120 周年学术文库》总序

喜迎双甲子，奋进新征程。在山西大学百廿校庆之时，出版这套《山西大学建校 120 周年学术文库》，以此记录并见证学校充满挑战与奋斗、饱含智慧与激情的光辉岁月，展现山大人的精学苦研与广博思想。

大学，是萌发新思想、创造新知识的学术殿堂。求真问理、传道授业是大学的责任。一百二十年来，一代又一代山大人始终以探究真理为宗旨，以创造新知为使命。无论创校初期名家云集、鼓荡相习，还是抗战烽火中辗转迁徙、筚路蓝缕；无论是新中国成立后"为完成祖国交给我们的任务而奋斗"，还是改革开放以后融入科教强国建设的时代洪流，山大人都坚守初心、笃志求学，立足大地、体察众生，荟萃思想、传承文脉，成就了百年学府的勤奋严谨与信实创新。

大学之大，在于大学者、在于栋梁才。十年树木、百年树人。一百二十年的山大，赓续着教学相长、师生互信、知智共生的优良传统。在知识的传授中，师生的思想得以融通激发；在深入社会的广泛研习中，来自现实的经验得以归纳总结；在无数次的探索与思考中，那些模糊的概念被澄明、假设的命题被证实、现实的困惑被破解……新知识、新思想、新理论，一一呈现于《山西大学建校 120 周年学术文库》。

"问题之研究，须以学理为根据。"文库的研究成果有着翔实的史料支撑、清晰的问题意识、科学的研究方法、严谨的逻辑结构，既有基于社会实践的田野资料佐证，也有源自哲学思辨的深刻与超越，展示了山大学者"沉潜刚克、高明柔克"的学术风格，体现了山大人的厚积薄发和卓越追求。

习近平总书记在 2016 年哲学社会科学工作座谈会上指出："一个国家的发展水平，既取决于自然科学发展水平，也取决于哲学社会科学发展水平。一个没有发达的自然科学的国家不可能走在世界前列，一个没有繁荣的哲学社会科学的国家也不可能走在世界前列。"立足国际视野，秉持家国情怀。在加快"双一流"建设、实现高质量内涵式发展的征程中，山大人深知自己肩负着探究自然奥秘、引领技术前沿的神圣责任，承担着繁荣发展哲学社会科学的光荣使命。

　　百廿再出发，明朝更璀璨。令德湖畔、丁香花开，欣逢盛世、高歌前行。山大学子、山大学人将以建校 120 周年为契机，沿着历史的足迹，继续秉持"中西会通、求真至善、登崇俊良、自强报国"的办学传统，知行合一、厚德载物，守正创新、引领未来。向着建设高水平综合性研究型大学、跻身中国优秀知名大学行列的目标迈进，为实现中华民族伟大复兴的中国梦贡献智慧与力量。

目　　录

第一章 中国权利救济的现实考察

权利救济是人之尊严的基础，是法治社会人权实现的保障。有权利就有救济是不变的法律真理。随着公权力的不断扩张，权利救济由初民社会的私力救济走向了现代以公力救济为主导、私力救济辅助的格局。权利的公力救济主要是通过纠纷解决机制来实现的。中国权利救济尤其是公力救济兴起较晚，公力救济作用的凸显主要是从立法理念上义务本位向权利本位转向，以及具体制度中诉讼、仲裁、法律援助等的不断强化中反映出来的。

第一节 权利救济的内涵和价值

"权利"概念在私法领域的核心地位，体现为其是法律关系的内容之一，是民法最为关注的问题所在。在现代经济、社会发展下所形成的多样性关系也紧紧围绕着民事权利。而"有权利就有救济"的法律格言深刻地揭示了完整的权利体系应该包含权利救济的内容。而事实上，如果没有相应的法律救济力，权利也就只能抽象为一种形式上的存在而无任何实际意义。

一 权利救济的内涵解析

权利观念古已有之，只是权利的概念出现较晚。据考证，"直至中世纪结束前夕，任何古代或中世纪的语言里都不曾有过可以准确地译成我们所谓'权利'的概念"[1]。"权利"概念的广泛传播和认可伴随着资产阶

---

[1] ［英］米尔恩：《人的权利与人的多样性——人权哲学》，夏勇、张志铭译，中国大百科全书出版社 1995 年版，第 5 页。

级革命以及"自然权利"和"天赋人权"观念的兴起。关于权利概念的内涵，学界也众说纷纭，并从多个角度或层面进行解释。法律意义上关于权利的解释，也有不少。在罗马法中，"所谓权利就是给每个人以其应得之物"①。《辞海》中认为法律意义上的权利即"自然人或法人依法行使的权能与享受的利益，是社会经济关系的一种法律形式，与义务不可分离"②。不管如何界定"权利"这一概念，作为人生而就有之的观点已经获得了社会的普遍认可。

而权利需要保障，"无救济则无权利"提出了对权利进行救济的必要。在英语环境中，我们所说之"救济"一词使用的是"remedy"。该词中包含至少四种含义：

> "①药物，某种减轻或治疗疾病的东西；②某种纠正或抵制邪恶的东西；③法律补救方法，恢复权利或防止错误或矫枉申冤的法律手段，法庭为纠正错误而可能给予的免除（如损害、赔偿、特定行为、禁令）；④为……提供补救或作为一种补救办法。相当于 relieve（解救）、repair（修补）。"③

在中国较早的时期，"救"和"济"这两个字是分开各自使用的，他们本身都包含着丰富的语义内涵。在《辞海》中，"救"从词源上有五个含义，分别为：

> "①阻止；②援助、救获；③治；④鞋头的装饰；⑤姓。"④

而"济"则有九个含义之多，分别为：

> "①渡过；②渡头；③贯通，疏通；④成功，成就；⑤利用；

---

① 艺衡、任珺、杨立青：《文化权利：回溯与解读》，社会科学文献出版社 2005 年版，第 213 页。

② 辞海编写委员会：《辞海》，上海辞书出版社 2009 年版，第 1857 页。

③ 王同忆：《英汉辞海》，国防工业出版社 1988 年版，第 4431 页。

④ 《辞海》（合订本），商务印书馆 1988 年版，第 727 页。

⑥增益；⑦救助，接济；⑧停止；⑨姓。"①

它们各自含义丰富，但其中都包含着"救助""援助"和"接济"等意思。"救"和"济"两个字合而为一个词语的使用最早是出现在《三国志·吴孙权传》中的。② 从其使用中可以明显地看到"救助"的意思。那么从通俗意义上讲，权利救济其实就是对权利之救助。

而法律上所称救济，《牛津法律大辞典》给出了一个极为详细的解释。

"（救济）是纠正、矫正或改正已发生或业已造成伤害、危害、损失或损害的不当行为……法律和救济，或者权利和救济这样的普通词组构成了对语……更准确地分析可以这样来表述：法律制度赋予特定关系中的当事人以两种权利和义务——第一与第二权利和义务，前者如取得所购买的货物和取得货物的价款；后者如强制对方交货，或强制对方就未交货一事给付赔偿。或在另一方面强制对方支付货物的价款或强制对方就拒收货物而给予赔偿。虽然只有在第一权利未被自愿或未被令人满意地满足的情况下，第二权利或救济权利才能发生作用，但要求对方履行义务的权利，或要求对方就未履行义务或不适当履行义务给予救济的权利，却都是真正的法定权利。相应的救济是一种纠正或减轻性质的权利，这种权利在可能的范围内会矫正由法律关系中他方当事人违反义务行为造成的法律后果。"③

《法律辞海》中给出的关于"权利救济"的概念，"是指权利人的权利在受到侵害时，依据法律向国家有关机关提出请求以获得保护和补偿"④。我们认为，此处权利受到侵害应作广义上理解，既包括权利人的

---

① 《辞海》（合订本），商务印书馆1988年版，第727页。

② "思乎世难，救济黎庶，上达神祇，下慰民望。是以眷眷勤求俊杰，针与戮力，共定海内。"参见沈宗灵《法理学》，高等教育出版社1994年版，第190—191页。

③ ［英］戴维·M.沃克编：《牛津法律大辞典》，北京社会与科学发展研究所组织译，光明日报出版社1988年版，第764页。

④ 王启富、陶髦：《法律辞海》，吉林人民出版社1998年版，第520页。

权利遭受损害，也包括权利发生争议。结合上述两个关于"权利救济"的界定，对于权利人而言，权利救济就是权利人的权利遭遇了侵害，或者是在权利发生争议的时候，通过一定的解决机制使得被损害的权利得到恢复或补偿，或对争议进行权利确认。而这种解决机制我们称之为纠纷解决机制。

二　权利救济的价值依归

我们之所以强调权利，是因为权利是人之为人的重要内容。而权利救济是确保人之实实在在享有权利的重要途径。在当今法治社会，公民享有法定权利并能转化为现实的权利是法治的应有内涵。权利救济是享有权利的基础，更是法治社会的要求。

（一）权利救济是人的权利的必须

人不应仅仅是一种外在表现形态，不是一种单纯的存在；除却生存之必要，精神上的存在才是人区别于物的存在之根本。权利就是人类社会区别于动物世界得以存在的基础，"享有权利是任何形式的人类社会生活的一部分，所以，如果要有人类社会生活，就必须有权利"①。"没有权利就不可能存在任何人类社会。"② 这是从宏观的角度而言的。从微观角度对于个人而言，权利是一种人称之为人的需求。"若无权利，人将归于家畜，因此罗马人把奴隶同家畜一样对待……"③ 因此，人因为其是人，就必然的应该享有权利；而且这种权利是先天的，"并非政府赐予的产物，它们是固有的，先于政府而存在的"④。

从人权的角度看，人权是使得人成为有尊严的人、成为真正意义上的人的决定性条件所在。"人们不是为了生活而'需要'人权，而是为了一种有尊严的生活而'需要'人权。"⑤ 那么，由人权衍生出来的权利内容

---

① ［英］A. J. M. 米尔恩：《人的权利与人的多样性》，夏勇译，中国大百科全书出版社1995 年版，第 143 页。

② ［英］A. J. M. 米尔恩：《人的权利与人的多样性》，夏勇译，中国大百科全书出版社1995 年版，第 154 页。

③ 梁慧星：《为权利而斗争》，中国法制出版社 2000 年版，第 12 页。

④ ［美］路易斯·亨金、阿尔伯特·J. 罗森塔尔编：《宪政与权利》，郑戈译，三联书店1996 年版，导论第 3 页。

⑤ ［美］杰克·唐纳利：《普遍人权的理论与实践》，王浦劬等译，中国社会科学出版社2001 年版，第 13 页。

必须得到保障以确保人人在实际上享有权利，成为有尊严的人。从人性尊严的角度看，休谟指出："一切科学对于人性总是或多或少的有些关系，任何学科不论似乎与人性离的多远，它们总是会通过这样或那样的途径回到人性。"① 法律是调整"人"的学科，与"人性"最为接近。权利是确保人有尊严的存在的首要条件。正如康德指出的那样，"人的权利是'先天地'被认识到的，是普遍有效的和可要求的。这些权利的唯一源泉和内容就是彻底的自由，而这种自由是理性存在物即人的本质。"② 正是因为有了这些先天的权利内容，才有了称之为人的基础；正是有了这些源自于自由的权利，人才能成为有尊严的人的存在。

而对于权利的享有而言，不仅仅是法定的拥有，更为重要的是能够得到切实的保障。正如戴雪所言，"从来政府以一纸公文宣布人身自由应有权利的存在，并非难事。最难之事是如何能见诸实行。倘若不能实行，此类宣布所得无几"③。当人的权利受到侵害的时候，如果不能得到及时的救济，也就意味着权利不能见诸实行，那么权利之享有也就变得没有意义。而人之存在也就失去了根基。因为"如果无人维护权利，在法律中确立权利将是毫无意义的"④。对此，美国宪法学家亨金关于权利的认识更为深刻。他指出："一个人可先验地把法律权利界定为由正式的属于权利所有人的救济所支持的正当法律要求。……权利本身就提供了权利事实上应被享有的可能性。但这通常是不够的。制度化的救济不仅促进权利的法律性和权利提供的享有的可能性，而且创立实践的'机制'以实现现实对权利的享有。"⑤

由此可见，权利是人之为人的根本，是人类社会存在的基础。权利享有实际的要求和包含着对权利进行救济的内容。只有受到保护和救济的权利，才能实现人对权利的切实享有，才能成为真正使人称之为人的权利。

---

① ［英］休谟：《人性论》，关文运译，商务印书馆1980年版，第6页。

② ［美］列奥·施特劳斯、约瑟夫·克罗波西主编：《政治哲学史》（上、下），李天然等译，河北人民出版社1993年版，第678页。

③ ［英］戴雪：《英宪精义》，雷宾南译，中国法制出版社2001年版，第262页。

④ ［美］C.H.麦基文：《宪政古今》，翟小波译，贵州人民出版社2004年版，第62页。

⑤ ［美］L.亨金：《权利的时代》，信春鹰译，知识产权出版社1997年版，第47页。

（二）权利救济是法治社会的要求

关于法治和权利的关系，学者齐延平在其《人权与法治》一书中进行了论述，他说："在法治社会，公民获得了应有的人格尊严和普遍的主体地位，法治的目的在于维护、保障公民的权利，而不是为了便于国家对公民的统治与干涉。"① 因此，法治社会之所以要维护保障公民的权利，在于法治之内涵要求。我们在前面已经说过，维护和保障权利，最重要的是要对权利有相应的救济机制。因此，权利救济是法治内涵的要求。

法治是良法之善治。现代法治观关于"法治"之理解是从良法和善治的角度出发的。所谓"良法"，早在亚里士多德时期就提出法治的条件之一是"制定的良好的法律"。今天我们讲所谓"制定的良好的法律"，不仅仅是形式上的要求，还包括内容上的要求。从内容出发的"良法"，理应包含确认公民权利之内容，同时包含对权利保障之救济的内容。因为如戴雪所言，"法律务须有一定方式进行，然后法律之权利方见尊重，然后名义上的权利可化为实在权利"②。"良法"之中也应该包含有实现法律上权利之救济方式。"良法"是"善治"的前提，没有包含有权利确认和权利救济之内容的良法，难以实现真正的依法善治。

另外，法治社会是有序和谐的社会。"一个旨在实现正义的法律制度，会试图在自由、平等和安全方面创设一种切实可行的综合体和谐和体。"③ 真正的和谐社会，并不是说一个社会秩序中没有矛盾的产生或纠纷的存在，而是在该社会秩序中存在着一个良好的矛盾解决机制。本书从权利救济的角度出发，事实上就是以公民为主体的社会和谐发生了混乱，权利主体之间产生了纠纷或争议。那么法治和谐的要求就在于存在有效的化解权利人之间的纠纷与争议的机制。当代社会是法治社会，法律是最重要的调整社会秩序的工具。那么，法律的重要使命就是形成一种纠纷解决机制，去化解权利人之间的纠纷和矛盾，以实现法治社会的和谐。而这种法律上的纠纷解决机制，就是通过恢复和补偿权利人的权利或者是确认发生争议的权利内容，从而救济权利、化解纠纷。因此，其实际上就是权利救济机制。

因此，法治社会的内涵中包含了权利救济的内容，良法善治要求中体

① 齐延平：《人权与法治》，山东人民出版社 2003 年版，第 124 页。

② ［英］戴雪：《英宪精义》，雷宾南译，中国法制出版社 2001 年版，第 261 页。

③ 江畅：《理论伦理学》，湖北人民出版社 2000 年版，第 1 页。

现了法律对权利的确认和救济，和谐社会的秩序中存在着权利救济的法律机制。权利救济是法治社会的应有之义。

总而言之，权利是人类社会存在之必须，是人之为人的必要内容。享有权利就包含了救济权利之意。现代法治社会不仅要求确认权利，更需要通过权利救济确保权利之实际享有。而权利救济之实现，需要一套有效的纠纷解决机制，这需要法律的认可，更需要法律保障其运行。

在世界范围内普遍存在的以公力救济为主导、私力救济为辅助的救济模式在中国也已经成为制度性的存在。然而，在中国，权利观念的缺失具有根深蒂固的历史渊源。直至今天，这一观念的缺失依然成为桎梏中国权利救济的重要因素。是什么造就了今天中国依然在个人权利保护这一领域的不足，成为我们论证如何进行权利救济的重要内容。综观中国古代权利救济发展的历史和当前权利救济之立法和司法现状，可以管窥中国权利救济不足之症结所在。这也恰是我们今天进行法治建设和制度完善所面临和亟须解决的重要问题。

第二节　以公力救济为主导的多元权利救济格局

现代权利救济理论不断发展，形成了多元化的权利救济体系，除却私力救济以外，以诉讼救济为代表的公力救济方式也逐渐多元化。更为重要的是，公力救济和私力救济相互补充，形成了公力救济主导、私力救济辅助的多元化权利救济格局。

一　多元化的权利救济格局

权利救济从人类早期社会就有，不过因为当时的社会关系简单且没有具体的法律制度形式，纯粹的私力救济是当时权利救济的形态。随着社会的发展，民事权利的复杂性和救济需求的多样性增加，决定了多元纠纷解决机制的形成。民事权利救济就从一元救济逐步向着多元救济的方向发展。今天，私力救济和诉讼救济，以及代替性、监督和特殊解决机制[1]等

---

① 这一部分内容受到学者李俊研究成果的影响，在此基础上进一步予以详细分析。具体内容参见李俊《从一元到多元：公民权利救济的方式比较》，《华东师范大学学报》（哲学社会科学版）2007 年第 4 期。

方式，共同构成了权利救济的体系。

（一）私力救济

私力救济作为一种传统意义上的权利救济方式，在国家产生之前的自然状态下处于鼎盛时期。作为当时人类纠纷解决之常态，私力救济对初民社会时期的社会秩序的形成和发展发挥了重要作用。以至于有学者认为《学说汇纂》中未见拉丁语"remediuum privati"（私人的救济）一词而只有"remediuum praetoris"（裁判官的救济），表明了私力救济作为一种常态甚至没有词汇产生之必要，仅仅是因为近现代社会公力救济的出现且占据主导地位，从而需要对"私力救济"的术语与公力救济加以区分。

原始社会时期，基于生存的本能，群居是人类得以存续的必然选择。建立在群居基础上的原始社会没有以国家形式存在的组织和管理机器，自然也没有现代意义上的法律进行规制。但这并不像普遍意义上认为的原始社会没有权利存在一般，实际上，原始社会也有权利，也存在着利益之间的冲突。按照美国学者路易斯·亨利·摩尔根的研究，"原始权利是人类最早享有的权利……原始权利也是一种规范意义的权利，它反映社会的公共意志并借助公共强制力量来保护实现"①。原始社会也有其相应的调控机制，这与其当时所处的社会发展形态密切相关。原始社会的氏族作为最基本的组织形式，它的特色"即体现在它授予其成员的权利和特权以及它给其成员规定的义务上面，这些权利、特权和义务构成了氏族法"②。以氏族法设置的权利、特权和义务中，绝大多数都表现为氏族成员的权利。而这些权利中，就包含了部分关于氏族成员权利救济的内容。

在原始社会时期，生产力极为低下，氏族成员之间并不存在私有财产，人与人之间是平等的，所以氏族内部的纠纷和冲突极少发生，侵权现象不多且易于解决，但是社会部落之间的冲突却是不可避免的。因此即使是在原始社会不管是生产还是分配、乃至于对物的所有都是共有的生存状态之下，也存在权利救济的需要。这种救济主要来自两个方面的权利侵害：一是来自氏族首领的侵害；二是来自其他部落的侵害。对于来自氏族首领的权利侵犯，按照氏族法中氏族成员享有的罢免氏族首领和酋帅的权

①　[美] 路易斯·亨利·摩尔根：《古代社会》，杨东莼等译，商务印书馆1997年版，第69页。

②　[美] 路易斯·亨利·摩尔根：《古代社会》，杨东莼等译，商务印书馆1997年版，第75页。

利，只要氏族的首领或酋帅侵害了氏族成员的权益，则可以对其罢免以救济成员的权利。这显然不具有鲜明的公力救济之倾向。但是对于抵御来自其他部落的权利侵害，私力救济的特征则表现得异常明显。在原始社会到奴隶社会时期，当其他氏族或者部落侵犯了本氏族或部落个体或群体的利益时，往往采用复仇的方式加以解决。这种复仇式的权利救济模式使得私力救济在这个时期达到了发展的顶峰，且经历了从血亲复仇到同态复仇的发展阶段，在实现过程中大多带有暴力和血腥且伴随着死亡。总的来说，在人类早期社会的权利救济是"通过协调，更主要是通过习惯性的、借助自己力量的、残酷的血腥报复而实现"①。这也是由当时的社会发展条件决定的。由于没有第三方的力量借以使用，私力救济在人类社会早期成为唯一的权利救济方式。据学者考证，"古代及中世纪以私力救济为原则……"② 之所以私力救济在当时会占据如此重要的地位，除去社会发展条件决定的因素之外，一个非常重要的因素就在于私力救济是人性、本能的直接表现。卢梭指出，"人性的首要法则，是要维护自身的生存"③。而在远古时代，生存是其首要面对的问题。

不过，由于复仇式的权利救济往往以双方伤亡惨重为代价，在劳动力明显不足的当时会从根本上破坏社会生产力和社会秩序，且其救济明显不具有公平性。这样的救济显然不利于人类社会的存续和繁衍，也不符合人类生存和发展的本能。随着社会生产力的发展以及人类智慧的积累，以国家形态出现的凌驾于社会之上的力量成为社会控制的机制，血亲组织向政治组织的转型也为制度性规则的建立奠定了基础。处于顶峰时期的私力救济模式逐渐式微，让位于凭借外部力量的制度性规则之公力救济和出于本能的私力救济相结合的权利救济体系，即庞德指出的"原始法阶段"。这个时期，法律存在的目的就在于矫正复仇式救济所引发的不利局面，从而提供新的权利救济方式以取而代之。而原始法的目的也在于"提供某种纯粹机械式的可以消除所有有关事实的纠纷或争议的审讯形式，以限制自行矫正方式和私斗或械斗并满足或努力满足受伤害人一方的报复要求"。私力救济模式在法律发展的过程中逐渐地丧失了其主导地位，甚至在一定

---

① 陈焱光：《公民权利救济基本理论与制度体系构建研究》，长江出版社 2013 年版，第 65 页。

② 史尚宽：《民法总论》，中国政法大学出版社 2000 年版，第 33 页。

③ ［法］卢梭：《社会契约论》，何兆武译，商务印书馆 1980 年版，第 9 页。

程度上会受到刑事制裁。私力救济的合法性也被限制在"当有节制的限度内努力维持现状时"①。

需要注意的是，现代社会的私力救济已经不再是初民社会时期自然状态下的纯粹的私力救济，而是以国家为背景的、受政府和法律约束的私力救济；它是以一种与传统意义上的私力救济所处环境完全不同的新的社会治理方式。关于私力救济的表述和概念众多，《牛津法律大辞典》中将私力救济解释为"个人无须寻求法院的命令便可自己运用的某些合法的补救措施，包括自卫、灾难损害的解救、妨害的减少、罪犯的逮捕以及其他少数几种措施"②。总的来说，私力救济是在当事人认定权利遭到侵害的时候，没有第三者以中介名义介入的、非程序性的、依靠私力解决纠纷和实现权利的机制。在权利救济的领域，公法和私法的划分界定了法律调整的界限所在。私法调整的范围就是公法的权力界限所在。然而私法领域的划分是由国家垄断的，对于公力救济和私力救济的分配也是由国家操纵的。因此在这个意义上，即使是依靠私人力量进行的权利救济也是在国家的背景下实施的，不再是纯粹的自然状态下复仇式的私力救济。

（二）诉讼救济

诉讼救济是一种由审判机关直接介入的权利救济方式。在民事权利的救济中，主要通过适用民事诉讼程序来完成。

民事诉讼具有严格的规范性，不管是在实体领域还是程序领域都具有明显的特征以彰显其价值。从实体的角度看，民事诉讼以实体目标的实现为标准，追求实体之公正。这主要是通过真实地再现争执的事实、正确地适用法律来实现的。而这些实体上的真实只能是法律上的真实、需要通过证据证实的真实，因此，法官只能尽最大可能地去实现接近真实而非绝对的客观真实。但是，也不能为了达到客观真实本身而忽视效率，所以在诉讼救济中还要关注程序的内容，追求程序上的公正。在程序公正中，立法第一个要求是法官中立，恰如法谚"任何人不能是自己案件的法官"所言一般，从而消除法官在纠纷处理中的偏私可能，保证法官能够公正地对待双方当事人。程序公正的第二个要求在于当事人的

---

① 林榕年：《外国法制史新编》，群众出版社1994年版，第185页。

② ［英］戴维·沃克：《牛津法律大辞典》，北京，光明日报出版社1988年版，第817页。

地位平等，这是法律面前人人平等在权利救济中的具体体现。诉讼救济为双方当事人提供一个救济平台的同时，要求当事人享有同等的诉讼权利和承担相同的诉讼义务，在此基础上，法律维护双方当事人的利益。程序公正还包括程序参与、程序公开、程序安定等内容，要求双方当事人在诉讼救济中都有机会进行陈述，法官对双方的诉词都要听取，审判活动和执行活动公开，诉讼结果产生于程序之内且不允许任意变更或者撤销等。

诉讼救济的程序公正和实体公正为当事人权利得以救济提供了严格和规范途径。更为重要的是，民事诉讼具有公权性，由享有国家审判权的中立主体人民法院进行审理，按照法定的程序展开诉讼活动以查明事实、适用法律来解决当事人的纠纷。对诉讼结果又有国家强制力的保证实施。这些优势确保了诉讼救济的权威性。然而，不可否认的是，诉讼救济也有其不足，因为严格的程序性要求，使得在权利救济中难免会有效率不足之缺点，而通过国家公权力的介入，更是增加了权利救济的时间、劳力和金钱的成本。这对于部分当事人而言就成为难以承受之重而不能通过诉讼来实现权利救济。而且，即使是在严格的程序要求之下，诉讼救济也难免出现结果错误的情形，而按照严格和规范的程序要求，对错误的裁判结果进行纠正以实现权利救济依然是一件需要耗费大量成本之事。另外，诉讼救济的另一个劣势在于对社会关系的破坏。民事诉讼两造对立，也就将双方当事人放到了一个互相对立的位置上，从而增加了双方当事人之间的对抗性。

综上可见，诉讼救济通过享有国家公权力的人民法院居中裁判，为当事人提供严格和规范的程序要求来实现的权利救济方式，能够以程序保障实体，使得权利在过程中得到救济并获得较高的接受和普遍的社会认可。但是，不可否认其也存在难以克服的弊端，还需要通过不断完善制度以应对。尽管如此，诉讼救济仍然是当前权利救济中最为有效的方式，受到各国立法的重视和实践的广泛使用。

（三）代替性纠纷解决机制

代替性纠纷解决机制缘起于美国的一个概念，又称为审判外的纠纷解决方式，这一纠纷解决方式现今已经在世界范围内普遍存在，它是相对于正式的、传统的诉讼救济而言的，是诉讼制度之外的非诉讼纠纷解决方式的总称。在中国当前的翻译主要是"诉讼外纠纷解决机制"或"非诉讼纠纷解决机制"①。在中国，这种权利救济的方式主要表现为仲裁和调解两种，其共同点在于由双方当事人共同选择的第三方介入进行纠纷的解决。

具体而言，仲裁制度由来已久，尤其是体现在商业领域之中。仲裁是基于自愿选择的仲裁机构而化解纠纷的方式；虽然仲裁不是一个如诉讼一般有严格程序限制的活动，但是仍然需要交换书面文件、提供证人以及可能的专家证言、进行口头辩论、进行质证以及询问等程序性的活动。与诉讼救济相比，仲裁可以较为快速地作出裁决、也不受常设的程序之限制，从而降低权利救济的成本。另外，其非官方特点和仲裁裁决能在国际范围内得到执行的便利性②等特点都为诉讼救济所不能。而且在仲裁中双方主体的对抗性较弱，正如学者所言，"正是由于冲突主体的意志在仲裁中得到尊重，因此，与诉讼相比，仲裁的特殊意义在于它对冲突主体的对抗情绪具有某种缓释作用"③。

调解制度在中国源远流长，尤其是民间调解，据记载早在两千多年前的西周就已有之。秦汉以来直至明清时期，民间的调解机制在全国各地都普遍存在。中国共产党领导的革命根据地时期的立法更是对调解制度予以细化。新中国成立以后，《人民调解委员会暂行组织通则》《人民调解委员会组织条例》《关于审理涉及人民调解协议的民事案件的若干规定》《人民调解工作若干规定》以及《中华人民共和国人民调解法》等法律、法规的规定，更是在法律上确认了人民调解的地位，增强了调解协议的法律效力，对增强人民调解的公信力和权威性具有重要意义。尤其是《人民调解法》所体现的七大亮点，让人民调解更具有实践可行性。作为调解民间纠纷的专门组织，人民调解委员会在基层人民法院和基层政府的指导下，按照合法、合理、平等、自愿等原则，在尊重双方当事人权利的基础上调解纠纷，以降低当事人的诉讼成本，也避免矛盾的激化。

不过，即使是受到全世界各国青睐之代替性纠纷解决机制，仍然有其难以克服的局限性，比如仲裁和调解适用范围的有限性、第三方中立性的怀疑等，也是代替性纠纷解决机制进行权利救济的限制因素。但是，之所

---

① 赵信会、季猛、黄利群：《民事医患纠纷解决机制研究》，中国人民公安大学出版社2015年版，第38页。

② 知识产权出版社编：《世界知识产权组织知识产权指南——政策、法律及应用》，知识产权出版社2012年版，第184页。

③ 顾培东：《社会冲突与诉讼机制》，法律出版社2004年版，第36页。

以会有代替性纠纷解决机制的兴起，就在于民事诉讼成本高昂、诉讼程序和结果都具有较强的刚性、无法实现纠纷的彻底解决和当事人之间的和谐关系等民事诉讼之局限性的存在。可见，代替性纠纷解决机制虽不及民事诉讼之公权性和程序性，但也是在正式的程序中得出的结果，因此其权利救济的效果仍具有较强的权威性，同时又避免了诉讼救济之不足。代替性纠纷解决方式只是为当事人权利救济提供选择的可能性，而不是因此丧失诉讼权利或是处分的权利。也正是如此，替代性纠纷解决机制逐渐得到了立法的认可和制度的支持。戴尔蒙特指出，亚洲国家对调解的偏好，以往的研究往往认为是由于受儒家文化的影响，而"现在，有些学者争议说纠纷当事人'避开'法庭其实并非因为'社会规范'，而是因为'制度'在结构性地不鼓励诉讼"[①]。可见，在权利救济的舞台上，代替性纠纷解决机制还将不断发挥其优势。

（四）监督解决机制

监督解决机制是通过行使监督权而实现对公民权利的救济；主要是通过行政立法中的监督如复议、监察等以及检察机关和权力机关的监督来实现。其中，在这些监督解决机制中，检察监督和人大监督是民事纠纷解决和权利救济的方式。

检察监督是民事权利救济中的重要方式之一，尤其是《中华人民共和国民事诉讼法》（以下简称《民事诉讼法》）修改之后，其在权利救济中的作用越发明显。《中华人民共和国宪法》（以下简称《宪法》）134条规定："中华人民共和国人民检察院是国家的法律监督机关。"《民事诉讼法》第14条规定："人民检察院有权对民事诉讼实行法律监督。"这两个具体的法律条文，确认了检察机关在民事纠纷解决中的监督作用。而根据现有立法，检察机关对民事纠纷的监督非常之全面，对当事人之纠纷解决和权利救济具有重要的作用。《民事诉讼法》规定了检察机关对人民法院已经发生法律效力的判决、裁定发现存在错误的，以及侵犯国家利益和社会公共利益的调解书，有权提出检察建议或提起抗诉进行监督；检察机关可以对审判人员的违法行为进行监督；检察机关可以受理当事人申诉从而提出检察建议或提起抗诉；人民检察院可以对民事执行活动进行监督；

---

① Ronda Roberts Callister and James A. Wall, "Japanese Commnity and Organizational Mediation", *Journal of Conflict Resolution*, Vol. 2, 1997, p. 314.

人民检察院因监督之需要还可以进行一定的调查核实。

通过当前立法的规定，我们可以看到，检察机关履行其公权监督职能的同时可以启动再审，进而实现对影响当事人实体权益之案件的再次审理。通过再审作出的裁判即为纠纷解决之最终结果。尤其是 2012 年《民事诉讼法》的修订，将当事人向检察机关申诉作为启动再审程序的最后一个环节，更是强化了检察机关监督解决机制的内容。在实践中，检察机关的这一权能，已经在一定程度上成为当事人进行纠纷解决、权利救济的最后一道屏障。而从民事检察权启动之条件看来，《民事诉讼法》第 207 条规定的 13 项事由不仅是当事人申请再审的事由，也是检察机关启动再审的事由；并且这些事由中有一半以上直接指向当事人的实体权益内容，对于这一点，后文中还会进一步详述。立法上的这些规定，实质上强化了检察机关在民事检察监督中的权利救济效果，更有学者和实务界人士直接指出民事检察权的功能发生了从"法制统一"向"权利救济"的转向。由此可见，检察监督在纠纷解决和权利救济中的地位逐渐凸显且得到了立法之认可，其在这一领域的功能发挥还将不断体现。

人大监督属于形式上最高的一种监督方式，按照中国相关立法的规定，人大在民事权利救济中通过人大代表和人民来信来访以监督人民法院的活动来实现权利救济。不过这种监督救济针对的是集体性权利而非个人权利，因此通过这种监督形式实现纠纷解决和权利救济具有很大的局限性。

总体而言，监督解决机制并非一种常态化的纠纷解决和权利救济的方式，尽管在多元权利救济格局中占有一席之地，但也主要运用于当事人不愿意启动诉讼程序，也无法就冲突的解决达成一致意见的情形。尤其是中国长期以来监督解决机制的缺位和弱化更是使其在制度设计中还需要不断地完善。《民事诉讼法》修订对检察监督的强化可谓是这一纠纷解决和权利救济方式的强化。在制度的不断完善中，监督解决机制的权利救济作用还会逐步体现。

（五）特殊解决机制

学者李俊提出的"特殊解决机制"是指"不直接针对公民权利救济，但通过它可以引起制度化机制的介入，从而实现公民权利救济的目的"①。

① 李俊：《从一元到多元：公民权利救济的方式比较》，《华东师范大学学报》（哲学社会科学版）2007 年第 4 期。

按照他的观点，这一纠纷解决机制包括信访、舆论监督和非政府组织介入等。

之所以将信访纳入特殊纠纷解决机制而非代替性纠纷解决机制的原因在于，中国信访制度设计之初并非纠纷解决和权利救济，而在于密切联系群众和倾听群众的声音。2005 年新的《信访条例》对信访的界定也限于反映情况和提出建议、意见或者投诉请求等。纵观信访制度设立以来的所有相关文件，都表明信访是密切联系群众的一种方式而非纠纷解决和权利救济的途径。但是，自 20 世纪 90 年代中期开始，信访制度逐渐突破制度设计者的初衷，成为群众纠纷解决的一个重要路径。"涉法、涉诉信访"案件频繁发生，目前"已成为信访部门面临的主要任务，信访的政治功能基本趋于弱化，取而代之的是权利救济、定分止争"①。加之，诉讼成本较高、代替性纠纷解决机制的中立性不足，而信访就成为弥补这些劣势之最为有效的解决方式。尤其是面对经济社会的迅速发展，社会改革不断深化，各种利益严重分化之后的社会转型时期，关于拆迁、婚姻、社保等相关法律、法规不断调整，部分上访者因为对法律法规的不了解以及"信访不信法"的思想，使得信访更是成为当前纠纷解决和权利救济的一类途径。不过，因为信访的救济功能本身偏离其制度设计的初衷，而且"支配这种救济的又是一套因救济对象、救济目标、受理主体、时事政策甚至因运气而变动不居的所谓'潜规则'"②。因此，这种权利救济具有太多的不确定性和非程序性。

舆论监督是当前流行的公共话语。所谓舆论，即为多数人的共同意见。而所谓舆论监督，是指社会公众的监督。但从实际意义而言，舆论监督就是媒体的监督，所谓媒体代表社会公众并未得到正式授权和约定。"舆论监督的实质即所代行的主要是公民所享有的法律权利中的表达权利和政治权利中的反对权利，所维护的则是所有的公民权利。"③ 舆论监督范围广，不受地域、行业、领域等的限制，尤其是传播速度极快使其干预最为迅速而为其他纠纷解决机制所难以比拟；另外，舆论监督的成本极其低廉，能够为广大公众所适用。在中国，尤其是改革开放以来，舆论监督

---

① 孙彩虹：《社会转型期我国民事纠纷解决机制研究》，中国政法大学出版社 2016 年版，第 250 页。

② 应星：《作为特殊行政救济的信访救济》，《法学研究》2004 年第 3 期。

③ 贺文华编：《中外廉政制度比较》，中国政法大学出版社 2016 年版，第 128 页。

经历了从报刊批评到正式提出"舆论监督"的概念，其监督方式也随着科学技术的发展不断多样化，"如今形成了新媒体首先介入、传统媒体随后跟进，新媒体与传统媒体形成舆论监督的合力之格局"①。其监督的敏锐性和广泛性更是其他监督形式所不能及。但是中国新闻媒体的预警能力仍有不足、监督对象层级较低以及监督规范性不足等，使得当前舆论监督的反应迟钝滞后、监督疲软不力。

非政府组织在中国社会结构发生巨变的同时大量兴起，并在社会治理领域中表现出良好的治理能力。具体到民事权利救济中来，主要体现为对弱势群体合法权益的保护和代表弱势群体提出权益诉求。中国非政府组织的发展起步较晚，改革开放以后才开始经历了一个兴起到快速发展的过程。整体而言，中国的非政府组织与中国的经济体制改革和行政体系改革密不可分；而发展起来的非政府组织也对政府有着极强的依赖性。因此从实际效果而言，政府也并未寄予非政府组织以化解纠纷的强烈希望，民众也并不寄权利救济之希望于非政府组织。因此，当前中国非政府组织在权利救济和纠纷解决中并未真正发挥其应有的作用，还需通过强化其独立性来脱离于政府，真正成为政府与弱势群体之间的强有力的中介。

不过整体而言，权利救济对于公民而言具有现实性和迫切性，更需要通过制度性的途径得以恢复。诉讼救济、代替性纠纷解决机制和监督解决机制等制度性的权利救济渠道的良好运作，才是公权利救济之根本。信访、舆论监督以及非政府组织的介入只能是公权利救济不足之补充。

二　公力救济主导权利救济

在上述多元方式救济形成的当前权利救济体系中，公力救济和私力救济在救济体系中的地位也发生了变化。公力救济逐步取代私力救济成为占社会主导地位的权利救济方式。对于权利的救济我们是通过一定的纠纷解决机制来实现的，人类社会发展的不同阶段，纠纷的解决机制是不同的。人类社会形成之初虽然无现代意义上的法律，但是依然存在着保有和维护其秩序的规则，这种规则是自发形成且代代相传的。人们似乎没有明确的权利义务，不过其规则中仍然包含了对权利侵犯的救济内容，私力救济就是当时主要的一种救济形式。随着国家的产生，自发形成的秩序规则被人

① 陈建云：《舆论监督与司法公正》，上海人民出版社 2016 年版，第 45 页。

造规则所取代，私力救济虽在现实社会中仍占据一席之地，但其主导地位逐渐被公力救济所代替。为保证法律态度和国家行为之间的一致性以维护法律之权威，国家通过立法将私力救济纳入法律规制的轨道中成为必然选择。只是鉴于私力救济的独特性，法律对其只能是消极引导而非积极规范。在当代法治社会，法律允许私力救济的存在，同时积极完善公力救济的模式，形成了公力救济主导、私力救济辅助的权利救济模式。

（一）公力主导救济的原因

今天，世界各国都以公力救济为主要的救济方式，其几乎涉及侵害权利的各个领域，只要是对人的权利造成侵害，几乎都囊括于公力救济的范围之中。而私力救济则囿于其自身救济能力和救济方式，被限制在较小的范围之内。在当代立法中，私力救济也被国家法律所认可，且广泛存在于社会生活之中；其最主要的形式是自卫行为和自助行为两种。但是私力救济的边界在立法中却也是明确且严格的。以中国为例，对于自卫行为，立法将其限制在紧急情况下依法实施的正当防卫和紧急避险，而且必须是在侵害发生或持续的状态中方可采用。对于自助行为，显然也是在国家公权力机关来不及采取措施的情况下所进行的紧急自救，这也从一个侧面反映了国家公力救济的优先性，只有公力救济不及时的紧急情况，才是私力救济得以采用的正当时机。因此可以说，在当代法治国家，公力救济为主导方式，而私力救济是辅助手段。那么，为什么公力救济在当代社会成为一种主导性的救济类型呢？本书认为，至少可以从以下几个方面得出结论。

第一，经济社会的发展使得社会关系中普遍存在复杂的利益体系，私力救济已经难以应付。当代中国正处于经济社会飞速发展的时期，在这一发展状态下，也使得中国社会处在一个有史以来最多元化的阶段。这种多元化主要表现为社会价值多元化、利益和需求多元化，这些多元化又直接导致了社会问题日益凸显，并表现出复杂、频繁容易激化等特征。这又决定了当前社会纠纷主体的多元化和纠纷表现形式的复杂化。多元化和复杂化的纠纷存在，以及现代法治和谐需求，对纠纷的化解就提出了更高的要求。因此，在新的历史条件下，多元化的纠纷解决机制就成为必然的选择。纯粹的私力救济显然难以应对如此复杂的社会发展状态和和谐的价值选择，甚至会在一定程度上激化已有矛盾。公力救济必然成为多元化纠纷化解中最为重要的力量。在多元公力纠纷解决的同时，一定范围内私力救济相结合，探索一条完善的多元化纠纷化解机制成为当前工作的重中之重。

第二，私力救济方式与现代法治精神不符，违法使用甚至滥用会破坏法治。法律至上是法治建设的基本原则之一，这就决定了法律应该具有最高的权威且不可动摇。而私力救济却在一定程度上会动摇法律之权威。现代私力救济在多大程度上发挥作用是由法律确定的。在私法领域，法不禁止则自由，也就是说行为只要没有违背法律的基本原则和精神、没有与法律的强制性规定相悖，法律一般是不予介入的。不过，法律的这种放任态度往往会使得公众忽略了法律之存在，因为毕竟对于公众而言私法领域才是其主要存在的环境。这样一来，公众对法律之忽视必然会使法律在很大程度上形同虚设，这显然与法治社会相悖。这也恰恰是为何公权力不断压缩私力救济范围的主要原因所在。在法治社会，包括救济规则在内的法律具有普遍适用性，这也是"法律面前人人平等"的基本要求。只是依照私力救济的模式，救济方式和结果均是当事人合意的结果，而这种合意使得参与人既是纠纷的当事人也是纠纷解决的裁判者，那么参与人自然会难以把握法律所规定的程序和要求，进而形成新的破坏社会秩序的结果。而类似的纠纷也因当事人的不同和纠纷解决方式的不同而产生不相似甚至截然不同的结果。这与法律规则普遍适用的精神显然不符。尤其是在中国，私力救济的效力并非通过法律确认而是在实践中认可。在通过诉讼救济权利成本高、执行难等因素的影响下，私力救济作为一种自我控制的救济方式，已经突破了"法律原则上禁止、例外情况下允许"的适用范围，在民事领域甚至成为一种常态，即使是公法领域都可能存在违法的"私了"现象。这就完全背离了现代法治社会的基本精神，显然是不可取的。这也决定了私力救济在当代法治社会难以占据主导地位。

第三，除却私力救济自身难以克服的弊端之外，公力救济在现代社会有其正当性基础。[①] 首先，区别于私力救济之本能初衷，公力救济是建立在规则的基础之上的。以法律规则为依托，公力救济一般通过诉讼的方式、法官居中裁判、依照正当程序进行纠纷解决并宣告结果，从而使得公力救济的主体由于是受过专门法律训练的人员而特定且专业；程序严格依照法律规定进行而正当且有序；结果依照法律规定作出内容明确肯定、具

---

① 翟羽艳：《民事权利救济模式的选择：在公力救济与私力救济之间》，法律出版社 2017 年版，第 115—117 页。

有强制效力而规范且确定。这就使得公力救济是理性的救济，从而克服了私力救济个别性、情绪化的弊端且避免了纠纷的升级和扩大。其次，区别于私力救济出于情感和个人利益的考虑因素从而引发救济畸轻或畸重的结果，而公力救济则不管在公法领域还是私法领域均设计了实现救济与损害之间相适应之规定。而这恰是避免新的纠纷出现的根源所在。通过合理的制度设计实现秩序稳定，也是引导和教育公民个体形成对法律公信力的重要方面。最后，更为重要的是，公权力所拥有的充足的公共资源以保证其作用发挥的优势，则是私力救济中无论如何都难以达成的。公力救济是以国家为依归的，其资源来自于国家财政的支持；私力救济是以私人力量为依归的，其资源来自于私人支持。在面对纠纷的时候，公共资源可以不计个案、不计成本的从长远稳定和整体价值出发去实现社会救济功能，而私力救济仅限于个案，个体必须倾尽全力却又不一定保证救济的实现。显然，在这一层面上，公力救济较之于私力救济更具正当性和合理性。

第四，现代法治社会中要求的正义、秩序等价值目标，公力救济能够满足，而私力救济却无法实现。一方面，我们知道，公力救济提供的是一种程序性救济，越是公力救济完善的法律制度，程序性越完备。而正是这种严密的、完备的程序性确保了权利救济结果的客观性和公正性，进而提高了当事人及社会对结果的可接受程度。而私力救济则是通过纠纷当事人自主性的当面处理来实现。在这个过程中，弱势一方很容易被迫屈从于强势一方，进而难以救济被侵害的权利内容，实体上的正义容易落空且影响社会秩序。事实上，在存在利益冲突的双方当事人之间是不存在所谓正义的，为了获得正义的结果，必然需要依靠第三方的力量。而且社会中存在着不少违法私力救济现象，这对于秩序的破坏是极为负面的，必须予以严厉打击和严格规制。另一方面，公力救济具有终局性且有国家强制力的保障，这就决定了通过救济实现权利的可能性。而私力救济鉴于双方"合意"的结果，很容易被推翻或者产生新的纠纷，这不仅不利于纠纷的解决，甚至可能造成新的社会秩序的破坏。总而言之，私力救济由于缺乏正当的程序和保障，使得基于合意的结果很难实现实体上的正义且具有随意性、不稳定性和非终极性等缺陷，从而使得权利救济存在潜在的风险。德国学者齐柏里乌斯对此做了精辟地总结，他指出"通过自助方式实现权利的做法有着严重缺陷：它缺乏一种程序，将真正有权利者与错误地认为自己有权利的人，以及纯粹以权利为借口对对方试试暴力行为的人区分开来。另外，真正的权利者在更为强悍的违法者面前也无法实现自己的权利。最后，这种'自助权'无法保障和平"①。而公力救济则以其正当程序为保障，能够为当事人提供低成本、高法律效力的救济结果。可以说，"公力救济是人类为了自身生存和发展而必然采取的文明的解纷机制，它维持了一个相对稳定的共同体秩序，有利于人们对生活预期的实现和生产力的发展，也增加了在社会控制下的补偿机制的正当性和模式化，对人类法律意识和法律文化的影响是巨大的"②。从这个层面而言，公力救济必然应处于当代权利救济的主要地位。

（二）私力救济是公力救济的补充

公力救济中的公力就是国家公共权力，从社会契约论的角度来看，公权力来自于私权的授予，其行使必须有法律的明确规定，目的在于保护国家和社会的公共利益，进而间接地保护个人权利。公力救济的实现程度是现代法治国家的重要标志之一。公力救济主要是诉讼，是权利得以救济的最后一道屏障。本书所言民事检察权的介入，不过是为了强化民事诉讼之公力救济的实效，从而保证救济效果的实现。对于公力救济和私力救济在国家确立以后的地位，从国家对救济权分配的角度，公力救济完全垄断救济是其追求但很难得以实现。

因此，在今天不管是私力救济还是公力救济，在事实上都是社会控制的一种手段和方式，除却国家和法律尚未产生的阶段，两种救济方式始终共存于社会生活之中。然而这两种救济方式都存在着自身难以克服的缺陷，为直面双方救济之必要以及弥补各自救济的不足，私立救济和公力救济的融合共存就成为历史发展的必然。实际上，"在完全的国家垄断纠纷解决和完全的自由放任两者之间，我们可以、实际上也必须选择一种混合型的制度"③。私力救济在国家和法律没有形成之前就已经存在且一直存在于人类社会发展的历史过程中，这就充分说明了其合理性和正当性。私力救济和公力救济的发展演变是一个漫长且相互交错的过程，互相补充且相互转化。

私力救济和公力救济相互补充这一点在历史发展中始终存在。虽然

---

① ［德］齐柏里乌斯：《法学导论》，金振豹译，中国政法大学出版社 2007 年版，第 23 页。

② 陈焱光：《公民权利救济基本理论与制度体系构建研究》，长江出版社 2013 年版，第 113 页。

③ 苏力：《法治及其本土资源》，中国政法大学出版社 1996 年版，第 62 页。

公力救济随着法律制度的发展在权利救济领域开始崭露头角，但是即使是在诉讼狂热的古罗马时期，私力救济依然有其一席之地。直至今天，私力救济依然不失其历史地位。这是因为，"捍卫自己的人身、自由，或财产，以对抗暴力，自是个人所应具有的权利"[①]。只是在不同的历史时期，权利救济的途径和方式占据着不同的位置。国家的诞生和社会公共事务的增加，使得公力救济开始占据主导地位，不过私力救济也依然发挥作用，形成了公力救济与私力救济一主一辅、交融共治的历史局面。

总而言之，在尚没有国家和法律、依靠公理维护社会秩序的时代，"私力救济就是存在于公理之中的一种救济方式"[②]。随着国家和法律的出现，公力救济取代私力救济成为权利救济的主要途径，私力救济虽逐渐式微仍不失其维护社会秩序的历史功能。不过此处我们所说的私力救济，已经不是自然状态下纯粹的私力救济，不是对初民社会时期私力救济的简单体现，而是法律认可不违反法律、不侵犯他人和社会公共利益的私力救济行为。我们也坚信，随着国家和法律的消亡，私力救济必然又将以实现公理之必需的面貌重新成为主导的救济权利和维护社会秩序的手段。

第三节　中国权利救济的困局

在世界范围内普遍存在的以公力救济为主导、私力救济为辅助的救济模式在中国也已经成为制度性的存在。然而，在中国，权利观念的缺失具有根深蒂固的历史渊源。直至今天，这一观念的缺失依然成为桎梏中国权利救济的重要因素。是什么造就了今天中国依然在个人权利保护这一领域的不足成为我们论证如何进行权利救济的重要内容。综观中国古代权利救济发展的历史和当前权利救济之立法和司法现状，可以管窥中国权利救济之症结所在。这也恰是我们今天进行法治建设和制度完善所面临和亟须解决的重要问题。

[①]　［英］戴雪：《英宪精义》，雷宾南译，中国法制出版社 2001 年版，第 488 页。

[②]　翟羽艳：《民事权利救济模式的选择：在公力救济和私力救济之间》，法律出版社 2017 年版，第 1 页。

一　传统"礼法"制度对权利救济的压制

"礼法"是中国传统法制的表现形态。从西周确立的抽象的"礼"的精神以及具体的"礼"的内容将人与人之间的亲疏远近、君臣上下、男女差异等关系予以明确，形成一整套以维护宗法等级制度为核心的制度体系。秦汉以降，"礼"的内容更是被经典化为各个朝代立法指导和司法原则。在"礼"之下，所谓"权利"更多地体现为贵族官僚的特权而绝非现代意义之"权利"内涵。

（一）等级特权和宗法制度对私权的压制

"礼治"在于区分人与人之间的高低、远近和亲疏关系，进而形成彼此之间在身份上的差异和服从关系。在传统"礼治"思想的影响下产生的专制体制，集中地表现为具有宗族特点的封建等级和特权身份。这样，"私权利和政治权力便也紧密联系在一起"①。

首先，从封建等级的角度看，私主体的权利在等级特权面前变得不可预期。在中国古代封建社会，统治阶级依靠自上而下的等级制度构建了"金字塔"式的社会结构形式。皇帝居于"金字塔"顶端，享有至高无上的权力。中国"分封"建制所体现出来的"授民授疆土"表明等级制度之下的财产是通过行政"特权"而不是法律的形式进行分配的。中国封建社会时期的统治者口含法律，对于财产的分配和变动往往可从统治者的嘴里或者是诏书中予以确认，而绝非如西方国家那样通过法律以固定财产的形式。而统治者进行财产分配的基础就是封建等级制度。从这个意义上看，与其说通过行政方式分配的是财产，倒不如说是对特权的分配。而这种以统治者个人意志决定的对财产的分配，不具有法律分配的长期性和稳定性；相反地，会因为统治者意志的转移而随时处于不确定状态。"周天子的土地所有权，不仅表现为分配诸侯土地，同时更表现为收夺诸侯封地。"② 因此可以说，在"礼法"所确认的封建等级制度之下，基于特权而获得的私有财产并不具有稳定性，甚至不可预期。

其次，从宗族身份的角度看，私权在封建家长制面前变得没有意义。宗法等级制度衍生出来的贵族特权以及家长教令权、主婚权等具体体现在

---

① 彭诚信：《"观念权利"在古代中国的缺失——从文化根源的比较视角论私权的产生基础》，《环球法律评论》2004 年秋季号。

② 乌廷玉：《中国历代土地制度史纲》（上册），吉林大学出版社 1987 年版，第 35 页。

私人身上，在国家层面就表现为等级上的特权；而具体到家庭中，则主要以宗族为核心、以家长控制为内容。根据《礼记》之记载，"父母存……不有私财"（《礼记·曲礼上》），"父母在不敢有其身，不敢私其财……"（《礼记·坊记》）这也就是说，人的身体和财产都应该是属于父母的。这一思想在法律中也体现得非常明显。根据《唐律·户婚律》的规定"祖父母、父母在，别籍、异财，徒三年"；宋朝《宋刑统·杂律》中又规定子孙不得私卖田宅、奴隶、牲畜等；直至《大清民律草案·亲属、继承篇》中仍有"家政统摄于家长"的规定。可以看出，在宗法家长制之下，个人包括身体在内都是属于封建宗族家长的，更别提所谓个人财产，即使有财产也并没有实际的意义。真正掌控个人人身和所谓财产的是宗族家长，个人对己身及财产并不具有实质上的处分权。即使是法律规定了允许进行财产的交易，也非常之烦琐。

因此，在基于"礼法"制度之下形成的封建等级和专制集权的执政体制之下，即使存在所谓的私有财产权利制度，也很难表现出较强的稳定性，而是时刻处于不可预期的变动状态。而因为封建特权和宗法制度造就的身份上的不平等，使得现代意义上以保护私权之自由、平等以及关于契约等交易规则就更不具备生存之土壤。所以说，传统"礼法"制度使得私权之存在和实现都不具有必然性。

（二）儒家思想对个人主体性的压制

基于"礼法"制度形成的等级特权和宗法制度不仅对私权的存在和实现产生了严重的阻碍，还在一定意义上将人限制在一个固有的等级和范围之内，每一个等级的人都有确定的需要遵循的"礼制"之规则，不得僭越。而流动性不足的等级划分和宗族约束，使得个人之主动性消失殆尽。

儒家思想中对于人的个体性虽没有从根本上予以否认，但是其还是更多地从社会的角度去认识和理解人，因此个人的意义就淹没在一个整体的社会之中。所谓的对个体性之强调，其实是为了实现个体的自律以更好地融入一个普遍性的社会关系中去。用"杀身以成仁"的思想将社会理想置于个体存在的价值之上。按照儒家思想的指导，人们严格遵循"非礼勿视，非礼勿听，非礼勿言，非礼勿动"（《论语·颜渊》）的"克己"规则，按照"君君臣臣、父父子子"的宗法礼制实施行为。而深受儒家思想影响的"礼制"之"亲亲、尊尊、长长"的原则要求"父慈、子孝、兄友、弟恭", 要求在不同等级之间以及等级内部要讲尊卑关系。这一原则落实到具体的制度上, 就是要求每个人都不得僭越自己的地位等级, 做顺民、顺官。而这进一步深化到思想和行为中, 就变成了"忍辱"和"服从"。"三纲五常"的封建礼教制度就是最明显的昭示。在这样的制度之下, 对皇权、父权以及夫权的崇拜、敬仰甚至是敬畏的心理, 使人们形成了唯唯诺诺地服从式思想认识和行为习惯, 而正是这一点, 不断地消磨掉人们关于自己作为个人存在的认知, 更不可能形成人人生而平等之观念。个人的主体性意识在这样的等级和宗法制度之下是很难形成和发展的。

而从法律制度的角度, 中国封建制法律受儒家思想的影响深远, 立法大都吸收和体现了"礼制"的基本原则。因此, 在中国封建"礼法"的制度之下, 虽也有自然法的观念, 但并不体现主张个人自由与独立等权利的内容。可以说, 在法律上其实就没有对个人作为法律上主体资格的承认。而从对财产和契约的救济角度看, 更是缺乏相应的稳定的程序性司法保护, "无讼"思想更是在立法中直接体现为"息讼"的具体制度。正如学者所言, "中国古代的'礼治'观念以及后来长期支配人们思维习惯的儒家思想, 使得民众从来就漠视其自身的主体地位、缺乏个人独立的权利意识"[1]。所以说, 在传统封建"礼法"制度之下, 个人主体性意识之淡薄具有深刻的社会基础。而在此基础上对私权之救济也是不具有任何意义的。

西方学者在对中国法律传统进行研究时就指出, "传统中国未能重视人的固有价值"[2], 这点在中国学者梁治平的著作中也有体现: "按照中国人的说法, 身体发肤受之父母。一个人来到这世界上, 终其一生, 可以说没有任何完全属于他自己的东西, 在这意义上说, 古代中国文化中没有我们所说的'个人'。"[3] 在这样的社会传统之下, 法律制度也很难体现对个人之承认, 而所谓权利救济也就无从谈起了。

---

① 彭诚信:《"观念权利"在古代中国的缺失——从文化根源的比较视角论私权的产生基础》,《环球法律评论》2004 年秋季号。

② 高道蕴、高鸿钧、贺卫方:《美国学者论中国法律传统 (导言)》, 中国政法大学出版社 1996 年版, 第 10 页。

③ 梁治平等:《新波斯人信札——变化中的法观念》, 中国法制出版社 2000 年版, 第 26 页。

（三）家族本位对权利主体意识的压制

中国古代是沿着由家而国的途径进入阶级社会的，以血缘关系为基础的宗法家庭制对社会的许多方面都有着强烈的影响。"整个封建时代都以家庭为社会的基本构成单位，国家认同族长、家长自主的治家之权。"① 从历朝历代的法律制度中我们可以发现，立法将个人的婚姻、财产都与家庭乃至整个家族紧密连接；民间户婚、田土等案件也往往通过族中耆老予以斡旋、调解。从而构建和巩固了封建家长的特权，甚至赋予家族以子女的惩罚权，等等，形成了家族本位的伦理法。在以家族为本位的伦理法中，我们几乎看不到有关个人的内容。黑格尔对此也作出过评价，他指出："中国纯粹建筑在这种道德的结合上，国家的特性便是客观的'家庭孝敬'，中国人把自己看作是属于他们家庭的，而同时又是国家的儿女，在家庭之内，他们不是人格，因为他们在里面生活的那个团结的单位，乃是血统关系和天然义务。在国家之内，他们一样缺乏独立的人格，因为国家内大家长的关系最为显著，皇帝犹如严父为政府的基础，治理国家的一切部门。"② 可以说，以家族为本位的社会结构消磨了中国古人的独立人格，忽略了个人之于社会的存在。

而市民社会则以强调每一个个体的利益为特点。从黑格尔对市民社会的理解中可以看出，市民社会将个体从家族中抽离出来，使其不完全屈从于国家，市民社会承认并确认个人独立地位及个人利益。在黑格尔的市民社会的概念里，个人的需要表征了个体的权利的内容，同时通过司法、警察等将个人需求予以保护和预防。因此，黑格尔的市民社会理论中是强调对个人利益的承认和保护的，认为市民社会"是各个成员作为独立的单个人的联合"③。

"市民社会"的发展在西方世界经历了复杂的过程，在不断的演进过程中，黑格尔提出了现代"市民社会"的概念。在黑格尔看来，"所谓市民社会，就是指单个独立社会成员的联合体，这个联合体是通过成员的相互需要，通过保障成员的人身和财产权利的法律制度，通过维护他们的特殊利益和公共利益的外部秩序而建立起来的，与政治国家相区

---

① 张晋藩：《中国的法律传统与近代转型》，法律出版社1999年版，第113页。
② ［德］黑格尔：《历史哲学》，王造时译，上海书店出版社2006年版，第114页。
③ ［德］黑格尔：《法哲学原理》，范扬、张企泰译，商务印书馆1979年版，第174页。

分的独立领域"①。马克思批判地继承了黑格尔的理论，从社会结构角度和社会利益分化的角度发展了"市民社会"的理论。马克思认为，市民社会等同于物质基础，是"全部历史的真正发源地和舞台"②；市民社会"这一名称始终标志着直接从生产和交往中发展起来的社会组织"③。而反观中国古代社会之发展，对个体的忽视、对个人利益的鄙夷、对私法发展的桎梏以及对商品交换的限制，使得中国的市民阶层走向了与现代市民社会之要求相反的道路，且对今天依然造成了深远的影响。受这一因素的影响，中国现代市民社会依然缺失，建立在市民社会基础上的个人权利依然受到或多或少的限制，而权利救济也必然地受到了一定程度的压抑而难以实现。

总而言之，由于市民社会发展之不足，使得人们进行权利救济存在较大的公权力依赖偏好。而对于社会团体等非公权主体的依赖性明显不足。在这样的客观背景之下，检察机关介入民事诉讼活动以实现对私权的救济符合中国公民的求助偏好。

二 民事权利在立法之初的制度缺失

权利救济首先体现在民事权利制度上。由于继受苏联民法以国家意志为中心的思想的影响，中国民事立法制度中存在诸多不利于私权保护的传统且影响深远。而从法律继承的角度，中国传统的义利观和重农抑商的思想始终阻碍着民法核心内容的体现和现代私法制度的发展。这对于中国民事立法中权利制度的建构和完善产生了极为深远的影响。

（一）继受苏联思想影响了民法制度的构建

虽然今天中国的法学发展和法律制度建设已经与苏联走向分道扬镳，但不可否认的是，苏联法学和法律制度对新中国成立初期产生了巨大而深远的影响。研究当今中国的法律问题，很难绕开苏联法学的影响。

苏联按其发展经历了三个时期，同时也产生了三部民事法律。虽然这三部民法典的立法时期不同，但其指导思想基本一致，即在计划经济的基础上摆脱所谓资产阶级立法的影响，走社会主义民法的道路。在政治体制

---

① 李钢：《市民社会理论及其现代意义》，《北京行政学院学报》2007 年第 2 期。

② 《马克思恩格斯选集》第 1 卷，人民出版社 2012 年版，第 167 页。

③ 《马克思恩格斯选集》第 1 卷，人民出版社 2012 年版，第 211 页。

上，苏联实行高度集权的领导体制，党对国家实行统一的领导，党政不分、政企不分；在经济体制上，实行高度集中的计划管理体制，在单一的生产资料公有制之下，按照集中、计划的原则管理经济，一切由国家统一分配和安排。国家这样的政治和经济体制决定了立法的指导思想和观念。建立在集权、计划经济基础之上的苏联民事立法深受国家政治经济环境的影响，在立法中否认公私法的划分、强调国家对私人自由的干预和限制。当然，也有不同观点认为民法典的制定其实就是对公法和私法的划分，但不可否认的是，至少私法在公法面前处在一个极为边缘的地带，随时可能遭遇任意、强制的干预。

在 1922 年制定《苏俄民法典》时期，列宁曾说："我们不承认任何'私人'性质的东西。在我们看来，经济领域中的一切都属于公法范围，而不是私人性质的东西……因此必须：对'私人'关系更为广泛地运用国家干预，扩大国家废除'私人契约'的权力……把我们的革命的法律意识运用到'民事法律关系'上去。"① 同时还指出"不要盲目抄袭资产阶级民法，而要按照我们的法律的精神对它作一系列的限制……"② 这一论断，成为苏联民事立法的重要指导思想。在其立法观念里，统治阶级的意志是立法的核心。"在法律的内容中，直接表现着统治阶级的意志、它的阶级目的、利益、它的意识形态和道德观。"③ 足见法律的阶级性特征。这在民事立法也体现得非常明显。苏联的民法学者深刻批判资产阶级民法的性质、原则和制度，认为其是为剥削和资产阶级利益服务的。因此，摒弃了西方国家民法中有关人身自由、合同自由等基本原则，构建了"以社会主义经济体系及生产工具和生产资料的社会主义所有制作为根据的……全面保护社会主义公共所有制……包含着防止恢复私有制和剥削企图的"④ 社会主义性质的民法。该民法区别于"以生产工具和生产资料私

---

①　《列宁全集》（第 42 卷），人民出版社 2017 年版，第 438 页。

②　《列宁全集》（第 42 卷），人民出版社 2017 年版，第 441 页。

③　［苏］苏达里可夫、贝科夫：《苏维埃国家与法律问题讲座》，中央人民政府法制委员会编译室编译，中央人民政府法制委员会 1951 年版，第 16 页。

④　［苏］坚金、布拉图斯：《苏维埃民法》（第一册），李光谟等译，法律出版社 1956 年版，第 19 页。

有制为依据的罗马法……而是公法原则"①。而民法的任务也是服务于国家职能的，随着苏维埃社会主义国家职能的转变，民法的任务也"由镇压已经推翻了的阶级，消灭它们的经济统治，剥夺剥夺者以及建立社会主义的经济基础，发展为集中力量保护社会主义的公共财产和全面发展社会主义的经济。"② 可以说，苏联的民法是以国家意志为中心的，反映和保护统治阶级意志及利益；正如王卫国所言，它"实际反映的是一套由国家意志和行政权力支配、干预和限制当事人自由和权利的高度集权的经济体制。"③

苏联法学理论和法律制度影响中国法制建设具有历史必然性。新中国成立后，面对资本主义国家的敌视和封锁、面临旧的法律制度被摧毁和对资本主义法律的蔑视，中国法制的建设需要一个指引者。苏联在社会主义国家建设、在马克思主义实践中都对中国产生了深刻的影响，对苏联的法学理论和法律制度几乎全面照搬成为历史的必然；今天我们讲中国法律文化的构成也承认苏联法律文化的影响。

既然是全盘接收，前文所述苏联民事立法中关于公法可以任意、强行干预私法的观念也深刻影响着新中国成立以来民事立法的走向，且一直持续到 20 世纪八九十年代。其后，由于民法领域在改革开放初期没有进行彻底的拨乱反正，致使建立在计划经济基础、具有政治偏见、理论基础落后的苏联民法继续影响着我国民法。④ 随着市场经济体制的建立和完善，这一影响逐渐减退。如今，中国已经在全力建构符合中国国情和实践的民法理论和制度体系，但苏联的影响并未完全消除。这也是这一时期中国民事法律中权利救济还存在较大缺口的一个关键因素。

受苏联民法的影响，中国的民事法律制度中也存在诸多不利于私权保护的传统且影响深远。第一，刻意强调国有财产的地位，弱化对私人所有权的保护。苏联民法采取的是公法原则，这与它保护社会主义公有财产和

---

① ［苏］安·扬·维辛斯基：《国家和法的理论问题》，法律出版社 1955 年版，第 117—118 页。

② ［苏］坚金、布拉图斯：《苏维埃民法》（第一册），李光谟等译，法律出版社 1956 年版，第 62—63 页。

③ 王卫国：《关于市场经济条件下民法学的观念转变》，《现代法学》1993 年第 4 期。

④ 贺瑞：《正本清源：肃清前苏联民法的影响》，http：//www.civillaw.com.cn/lw/zlwz/？id＝31316#，2017 年 6 月 11 日。

发展社会主义市场经济的目标相契合。中国民法学者也深受这一理论的影响。20世纪50年代提出的民法五大原则①中特别强调对国有财产的专门保护，而对"私权"之保护仅仅提出了权利义务一律平等的基本内容；到20世纪80年代提出的民法九大原则②中也只有一条明确要"保护公民人身权利和财产权利"的原则，其他的仍是以保护公有财产为核心。这些民法原则确立了我国民事立法的基本走向，也在一定程度上限制了我国私权制度的发展。第二，所有权的差别保护。在民法公法论的指导下，苏联民法将所有权划分为三个等级且予以差别保护，国家所有权居于最高地位。中国民法对此表示认同。第三，合同法之合同自由原则难以确立，多强调平等自愿原则。建立在计划经济基础之上的苏联合同制度有其深刻的政治烙印。中国到20世纪80年代还依然指出"合同制度是加强国民经济计划的重要工具"③。直至1999年《合同法》颁布，也只是规定"当事人依法享有自愿订立合同的权限，任何单位和个人不得非法干预"。学者杨立新认为这并不能体现现代民法之契约自由原则。④对于私权而言，则难以体现个人之自由、自主。此外，诉讼时效制度、继承制度等也在一定程度上不利于私权的保护和实现。这些受苏联民法理论影响的具体制度，深刻地影响了中国民事立法中对私权的保护和救济。

当然，更为重要的是，长期受苏联民法思维的影响，加之对其法律制度的全面移植，直接成为中国权利救济制度的桎梏。新中国成立初期到20世纪80年代的三十年间，其对公权的绝对推崇和对私权的压制也在中国得以确立。而这就直接导致了接下来对权利救济的立法和实践。即使是

---

① 五大原则即：公共财产神圣不可侵犯、特殊保护国家财产；保证彻底消灭剥削、消灭私有制；保证实现国家经济计划；公民民事权利义务一律平等；个人利益、局部利益和社会公共利益相结合等。具体内容参见中央政法干部学校民法教研室《中华人民共和国基本问题》，法律出版社1958年版，第25—29页。

② 九大原则：坚持社会主义道路的原则；社会主义公共财产神圣不可侵犯的原则；服从国民经济计划指导的原则；保护公民人身权利和财产权利的原则；平等互利的原则；民事权利、义务一致的原则；兼顾国家、集体、个人三方面利益的原则；遵守国家法律和社会主义道德准则的原则；坚持社会主义互助协作、恪守信用的原则。具体内容参见王作堂等《民法教程》，北京大学出版社1983年版，第33—44页。

③ 王作堂等：《民法教程》，北京大学出版社1983年版，第206页。

④ 杨立新：《编纂民法典必须肃清前苏联民法的影响》，《法制与社会发展》2016年第2期。

改革开放以后三十多年，虽然经济体制已经走出计划经济迈向市场经济，但是并未实现对建立在高度集权和计划经济体制模式上的苏联民法的彻底清除。这就使得中国民法在长达六十多年的时间里始终笼罩在苏联民法的影响之下。六十多年养成的思维定式和行为习惯，深深地刻画在中国民事法律行为之中。因此，对私权的救济也在固有的思维模式中难以占有重要地位。加之制度上的缺失，我国的权利救济制度，直至今天依然烙有苏联民法学的印记。这也是《民法典》编纂及之后修改亟须肃清的内容所在。

（二）不屑于利排斥了民法核心内容的体现

在中国古代社会的思想观念中，义利观是区分君子和小人的标准。对于这一标准，各家学说形成了高度的统一。孔子从"义"和"利"的角度区分君子和小人，认为君子心中都是大义，而在小人的心里则就是在进行利益盘算。庄子亦曰"彼其所殉仁义也，则俗谓之君子；其所殉货财也，则俗谓之小人"。（《庄子·骈拇》）。荀子将义、利进行了一个排序，认为"先义而后利者荣，先利而后义者辱"（《荀子·荣辱》），这同样也表达了用义利观来进行社会评价的基本思想。可以说，义利观已经成为一个社会评价的标尺，用以衡量一个人的道德品行。另外，古人对于利之不齿亦表现明显，古训中有"钱财如粪土，仁义值千金"（《增广贤文》）的劝世名言。孟子则有"去利怀义"（《孟子·告天下》）的观点，将义和利放在了相互对立的位置。他不仅如是教导世人，还劝导统治者"何必曰利？亦有仁义而矣"。（《孟子·梁惠王上》）韩非子对统治者也提出了相同的要求，认为"人主不察社稷之利害，而用匹夫之私誉，索国之无危乱，不可得矣。"（《韩非子·八说》）管子在处理私利和公利的问题上，提出了"任公而不任私""舍公而好私，故民离法而妄行""以其私心举措，则法制毁而令不行矣"（《管子·任法》）虽然在儒家思想中并不完全反对对"利"的追求，但"义"仍是居于主位的，曰"义以生利"（《国语·晋语》），即道义是可以产生利益的。而义与利之对立到了宋代理学中变得更为绝对。朱熹认为"义者，天者之所宜也；利者，人情之所欲也。"（《四书集注》）也就是说义是天理之所在，而利是对人的欲望的满足。在义和利的选择上，他更是提出了"天理存则人欲亡，人欲胜则天理灭"（《朱子语类·卷一三》）的观点。这些学派关于义与利的论述深刻地影响了中国古代人们对于私利之追求观念。

这种思想与现代市民社会、（市）民法的基本精神是相违背的。自罗马法以来形成的关于私法之理念就是为了保护私人利益。在《法学阶梯》和《学说汇纂》等著作中都将私法与私人的利益紧密连接，进而与公法的内容予以区分。在罗马法中，个人才是核心所在，"对于个人权利的保护被认为是国家存在的主要目标"①。这种观点在西方资本主义国家很容易就被接受了，但是在中国却遭遇了多舛的命运。其根本原因就在于上文所述之义利观。显然罗马法上关于个人权利的内容与中国传统思想文化格格不入，而且与社会主义的原则相冲突。"在社会主义国家，长期以来，私法被人们等同于私利而一同被抛弃了。"② 但是，民法鼓励人们追求私人之利益，允许人们对私人利益之斤斤计较。"凡是没有私利的地方，就没有民法。"③ 中国古代的义利观在中国社会造成的影响，不仅仅体现在民众心中，也植根于立法者心中。因此，中国民法体系较之于世界乃至较之于国内刑法部门而言，都是相对较弱的。这对于权利的保护和救济实无助益。

（三）抑制商业束缚了现代私法制度的发展

中国长期以来习惯了自给自足的自然经济模式，重农抑商在历代法律制度中都有或多或少的体现。即使在宋代商品经济得到一定程度的发展，但整体上商业在中国古代是没有得到有效发展和积累的。以家庭为单位的中国古代农业经济决定了当时社会只能是简单的再生产，人们以男耕女织的生产方式，实现了生活中的自给自足。而重视农业，就能将人民紧紧地束缚在土地之上而利于统治者的管理。对于"农"和"商"的关系，韩非子用"本""末"来分，指出"农"为本，"商"为末；强调国家和社会要"重本抑末"。以交换为前提的商品经济很难在当时的社会发展起来，因此，商业社会在中国古代是难以形成的。因此，在中国古代是不可能形成对私权的有效保护和救济的。

如果说对私权的保护缺乏立法的前提和基础。那么，政治上对商业发展的束缚成为中国古代权利救济不足的根本原因所在。以皇权为表征的中国古代封建专制建立在社会封闭、人口固化的基础之上。商品的交换必然

---

① R. G. Gettell., *History of Political Thought*, New York：Appleton－Century Crofts, INC., 1924, p. 266.

② 邱本：《市场法治论》，中国检察出版社 2002 年版，第 95 页。

③ 邱本：《市场法治论》，中国检察出版社 2002 年版，第 132 页。

导致国家开放和人口流动，而且通过商业，人民能够积累更多的财富进而在思维、认识上达到一个新的层次。从经济的角度，国民经商必然危及封建国家政权对财富的积累和控制；从政治的角度，商业发展的流动性不利于封建社会稳定。封建统治者是要通过愚民政策来限制和管理国民的，商业发展所带来的一系列改变显然不符合统治者的统治需求。因此，封建社会历朝历代都在一定程度上推行重农抑商的政策。商鞅变法中规定经商失败全家即被罚为奴隶，甚至在国内取缔了商业行为，提出"力本业耕织，致粟帛多者复其身。事末利及怠而贫者，举以为孥"（《史记·商君列传》）。尤其是儒家思想"重义轻利"的指导下，之后历代更是对商业予以打压。汉朝规定"贾人不得衣丝乘车"、不得"名田"、不许"推择为吏"，否则将以"律论"，同时通过"重租税以困辱之"。唐宋以后，经商在社会中被认为是一种耻辱的行为；在明朝更是对经商进行强制性打压和处罚。即使是到了明末清初提出"工商皆本""农商皆本"等，也由于不符合当时的文化背景和政治需求，短时间内就夭折了。统治者对商人的贬低、对商业的限制，使得建立在自由、平等的交换基础上的私法根本没有发展起来的机会。与之相联系的又一政策是严格管控的对外贸易，使得商品之间的交换难以实现。尤其是明清时期的禁海政策更是"阻断了国内外商品的交换与市场的衔接，不利于商品经济的发展"①。马克斯·韦伯考察中国城市发展后表明"中国法令被系统地收集在《大清律例》法典中。但它们仅间接地涉及与商业有重要关系的法律，此外几乎都没有提到"②。

由此可见，商业和商品经济在中国漫长的封建社会时期没有得到很好的发展，使得"利益"这一民法的核心内容失去了滋养的土壤。那么，民法这样的私法难以发展，民事权利难以获得认可和接受就不仅仅是制度层面的体现了，在一定程度上直接影响着中国古人的思维模式。这也在一定程度上成为现代民众"谈钱伤感情"的历史根源所在。

三　信访制度在实践中对权利救济的僭越

当前，中国信访已经成为一种非法定但是广泛应用的权利救济方式，

---

① 张晋藩：《中国的法律传统与近代转型》，法律出版社 1999 年版，第 307 页。

② ［德］马克斯·韦伯：《文明历史的脚步——韦伯文集》，上海三联书店 1988 年版，第93 页。

对司法救济的发展和作用的发挥造成了很大的冲击，事实上僭越了权利救济之职能。

（一）信访制度的性质审视

新中国成立之初，借鉴苏维埃的成功经验，信访制度成为党和国家机关时刻密切联系群众的重要途径且发挥了不可替代的关键性作用。1951年毛泽东同志对人民群众来信问题的批示①直接影响了中国信访制度的创建；同年中央还将信访工作确认为各级人民政府的工作内容。1963年中共中央国务院发布的《关于加强人民来信来访工作的通知》强调完善信访工作"归口管理"，尽量将问题解决在基层。1966年中央正式设立"信访处"负责信访工作。1995年中国首部严格意义上的信访行政法规《信访条例》得以颁行，成为信访工作规范化和法制化的重要实践。2005年对该条例的修订将信访工作从"法制化"引向了"法治化"方向。尤其是党的十八大以后，信访工作走上了法治化道路。对于中国设立信访制度的初衷及其性质，我们可以从其制度发展中来探寻。

梳理信访制度形成和发展过程中多个重要文件对其定位的表述，我们可以清楚地看到中国信访制度的设立初衷始终坚定地表现为"密切联系群众"，并要求其反对一切形式的官僚主义。即使是专门调整信访的规范性法律文件《信访条例》，也明确其是密切联系群众的方式、是对党政机关及其工作人员的监督。研究信访制度的学者往往将《宪法》第27条和第41条作为信访的宪法依据。而逐一分析可以发现，第27条第2款中规定了国家机关及其工作人员接待信访的义务，而"人民"一词也颇具政治色彩而非法律表达②；第41条第1款规定了公民对国家机关及其工作人员的监督权，具体包括批评建议权、申诉权和控告检举权等。

通过上述分析可以看到，在中国信访制度的形成和发展过程中，信访制度的性质定位主要在于反馈民意、联系群众。如果我们非要将其作为一项权利来认识，也应该是《宪法》意义上所言之监督权。

---

① 注：批示指出，"要把这件事（人民来信）看成是党和人民政府加强和人民联系的一种方法，不要采取掉以轻心置之不理的官僚主义态度。"参见毛泽东《关于必须重视人民来访的批语》，中共中央文献研究室编《建国以来重要文献选编》（第2册），中央文献出版社1992年版，第265页。

② 林华：《公众参与法律问题的行政法研究》，中国政法大学出版社2016年版，第69—70页。

（二）信访制度的非常规运行

信访制度的性质是联系群众、监督党政机关及其工作人员的一种方式，并没有任何一个正式的政策文件或规范性法律确立其权利救济的功能作用，也没有将其定位为一种纠纷解决机制。但不可否认的是，信访制度在发展中已经异化出了权利救济的功能，并在实践中被民众普遍理解为一个可以提供权利救济的通道。从积极的方面可以说，信访制度是为权利的救济提供了一个另外的途径，使得权利受到侵害以后有了更多的救济渠道和方式。但从消极意义上说，信访制度已经被滥用从而使得权利救济制度超越了法治自洽的体系，非常规性的运作造成了对法定的救济制度的冲击。

尽管如此，中国法律体系在不断发展和完善的过程中，事实上却强化和拓展了信访制度的权利救济功能。现行有效的多部法律中都对此有相应的规定。如上文所言，《宪法》规定的监督权成为法律中借以信访实现权利救济的制度依据。而在《中华人民共和国残疾人保障法》《中华人民共和国妇女权益保障法》《中华人民共和国未成人年保护法》《中华人民共和国老年人权益保障法》《中华人民共和国工会法》《中华人民共和国教师法》等立法中，要么直接规定了有关行政部门、社会组织等对当事人合法权利的信访救济，要么将信访救济与司法救济并列供当事人选择。这就为信访制度在事实上进行权利救济提供了法律依据。

而在实践中，信访制度也已经成为救济包括民事权利在内的各项权利之重要途径。当前信访事件频发，而有党政机关批示的信访结果又往往成为越过司法获得权利救济的有效方式。加之实践中诸如土地权属、房屋纠纷、劳动争议、移民安置等问题法院的中立态度，使得当事人几乎丧失了司法救济的可能而选择上访。这些实践中存在的问题引发了信访潮。而范忠信教授谈到中国信访救济的严峻局势时指出，中国信访表现出六大特点：第一是信访的数量极其庞大；第二是越级上访非常普遍；第三是多头上访；第四是群体上访；第五是涉诉信访居多；第六是大小事务均可上访。①

不能否认，信访制度在特定的时期和特定的案件中确实能够发挥极为

---

① 范忠信：《信访中国的法治忧思》，http://www.360doc.com/content/10/1123/21/2687579_71843740.shtml，2017年10月20日。

重要的作用。即使是今天，由于司法救济本身存在的严格程序要求以及不可回避的现实桎梏，信访制度的救济功能依然有其现实意义。但是，通过信访这一非司法渠道解决纠纷在实践中屡试不爽之后，越来越多的信访事件也已给信访机构本身的工作造成了巨大的冲击。而从司法救济的角度，损害司法之权威、破坏纠纷解决共识成为更为深刻的问题所在。有学者指出"信访的功能错位消解了司法的权威，动摇了现代国家的治理基础"①。事实上，"作为替代性纠纷解决机制（ADR），信访制度也始终处于研究的边缘地带，甚至根本不被承认"②。这种救济方式已经偏离了其设立的初衷走向了非常规性的运作方向。而正是对信访制度的依赖体现了中国当前权利救济的异化，和司法上关于权利救济制度体系不足所面临的严峻考验。

四　权利救济在司法环境下的现实窘境

司法救济因其救济范围的广泛性、救济程序的法定性和救济效力的终局性等优势，成为当代法治社会最重要、最正式的权利救济方式。虽然现代社会依靠社会自治能力解决纠纷、实现权利也是必要的，但是司法机关依靠一系列公正且严谨的程序以及法官的职业素养，在很大程度上保障了其中立性、客观性和公正性，这是包括行政机关在内的其他机关所难以比拟的。然而，就权利救济而言，中国目前社会自治和私力救济难以确保，大型侵权案件频发也给司法救济带来极大的挑战。这使得本就救济能力欠缺的司法救济再次遭遇权威危机。

（一）司法在权利救济中的核心地位缺失

改革开放以前，"尽管诉讼是中国民众解决纠纷的主要官方渠道，但调解当之无愧地可称之为这一时期纠纷解决机制的核心和主要方式"③。不管是在诉讼还是非诉程序中，调解都是一种非常重要的手段。这主要是由于当时社会冲突的类型比较单一。改革开放以后，随着市场经济体制的建立和完善，社会民事和经济纠纷在内容和形式上等都变得更加复杂；传统的熟人社会也向陌生人社会转向。中国社会转型时期的一系列变化反映

---

① 于建嵘：《对信访制度改革争论的反思》，《中国党政干部论坛》2005 年第 5 期。朱最新、朱孔武：《权利的迷思：法秩序中的信访制度》，《法商研究》2006 年第 2 期。

② 应星：《作为特殊行政救济的信访救济》，《法学研究》2004 年第 3 期。

③ 范愉：《非诉讼纠纷解决机制研究》，中国人民大学出版社 2000 年版，第 459—460 页。

到纠纷解决中来，就表现为民间调解衰落和诉讼需求增长，但司法资源又难以处理日益增长的纠纷问题；频发的社会冲突和对抗与司法救济的不足使得在西方已经盛行的非诉讼纠纷解决机制（ADR）在中国社会逐渐受到关注。

2006 年《中共中央关于构建社会主义和谐社会若干重大问题的决定》描绘了中国多元化纠纷解决机制的蓝图。2009 年《关于建立健全诉讼与非诉讼相衔接的矛盾纠纷解决机制的若干意见》完善了诉讼与仲裁、行政调解、人民调解、商事调解、行业调解以及其他非诉讼纠纷解决方式之间的衔接机制。非诉讼纠纷解决机制的运行在实践中确实发挥了巨大作用，新闻中多有称颂。诸如 2013 年江西省人民调解组织化解纠纷 21 万余件，调解成功率 97.33%；① 2014 年全国人民调解组织化解纠纷 933 万件，人民调解达成协议后司法确认 16.2 万件；② 苏州 2015 年"人民调解"化解纠纷超 10 万件，调解成功率 99.8%。③ 而较之于诉讼的程序严格、专业技术性强、对抗性强、当事人主义理念等限制，ADR 具有很多优势，诸如简便、快捷、合意、经济等。例如，上海商事调解中心调解商事纠纷所需费用只占到诉讼费用的 20% 左右。④

"如果说纠纷当事人都是理性人，可以实现意思自治，即在理性的基础上作出最有利于自己的选择，而从理论上讲，影响纠纷当事人选择和利用特定纠纷解决方式的因素，其一是当事人对该制度的认同程度，其二是当事人利用该制度的行动能力。"⑤ 因为非诉讼纠纷解决机制因其优势和传统意识形态的影响更容易获得当事人的认同；从操作层面上而言，司法救济程序也使得当事人利用该制度的行动能力不足。因此，在实践中，避开司法救济程序采用非诉讼纠纷解决机制尤其是人民调解愈发受到推崇，

---

① 大江网：《去年人民调解化解纠纷 21 万余件，调解成功率 97.33% 千万元经费促进工作》，http：//jxfzb. jxnews. cn/system/2014/01/23/012919360. shtml，2017 年 12 月 19 日。

② 法制网：《去年全国人民调解组织化解纠纷》，http：//www. legaldaily. com. cn/index/content/2015-03/05/content_5988644. htm? node=20908，2017 年 12 月 19 日。

③ 法制网：《苏州"人民调解"化解纠纷》，http：//www. legaldaily. com. cn/locality/content/2016-01/13/content_6443464. htm? node=73119，2017 年 12 月 19 日。

④ 宋宁华、姚丽萍：《商事诉讼案通过调解快速化解》，《新民晚报》2014 年 5 月 30 日第 30 版。

⑤ Rebecca and L. Sandefur, "Access to Civil Justice and Race, Class, and Gender Inequality", *Annual Review of Sociology*, Vol. 134, 2008.

甚至有滥用、夸大 ADR 功能的趋势；而基于中国传统认知的影响，很多当事人对政府的依赖较强，认为通过政府能够更快、更好地获得满意的结果，信访也成为当前纠纷解决的一种重要手段。而这直接导致的结果就是司法的地位逐渐衰弱，在运行中丧失制度优势。而司法所具有的强制力的救济后果在事实上并没有发挥其应有的作用，完成权利救济的使命。

而从另一个角度看，虽然世界各国都发展多元的纠纷解决机制（尤其是非诉讼纠结解决机制）和权利救济格局，但是在现代社会，司法救济仍然且将长期处于权利救济的核心地位。中国在司法救济的基础上也不断充实和完善非诉讼纠纷解决，但是不管是理论还是实践中都呈现出对独具东方特色的调解制度的偏爱。

（二）司法救济在大型侵权案件中的需求增加

当今中国工业化飞速发展，由此引发的新型的、大规模的侵权案件愈发频繁。这不仅会造成人身和财产的损害，也对公共利益造成了重大侵害。现有对预防、惩罚该类行为的立法尚不完善，救济就显得尤为重要。然而，由于主体众多、损害严重、时间较长等原因，大规模侵权行为很难通过个体的能力进行权利救济，因此对权利救济造成了极大的威胁。为弥补权利救济的不足，公益诉讼的发展和完善就成为公权救济的重要内容。

2003 年在重庆、江苏、甘肃、浙江、四川等全国各地相继发现的"大头娃娃"事件引发了全国对劣质奶粉的围剿。2003 年重庆市开县高桥镇罗家寨发生了特大井喷事故，造成 243 人不幸遇难。2005 年吉林石化公司双苯厂爆炸事件，不仅造成重大的人员伤亡，更是对附近的松花江水域造成严重污染。2006 年中山大学附属第三医院患者使用齐齐哈尔第二制药厂生产的亮菌甲素注射液后出现急性肾衰竭症状，经查是因该药品中含有大量的工业原料二甘醇，共有 65 人使用该批注射液，导致 13 名患者死亡，2 名患者受到严重侵害。2008 年"三鹿奶粉事件"中三聚氰胺影响了几万名婴幼儿的生命健康安全，也对中国制造带来了极为恶劣的影响。2010 年南京化工厂爆炸案件，致使数十人死亡、几百人受伤，周边居民的房屋造成破坏；严重侵犯了群众的人身、财产安全。2009 年广西平南制药厂生产的糖脂宁胶囊借助义诊、咨询活动等形式，吸引老年人购买致人死亡。此后不到一个月又出现了多多药业双黄连注射药液致人死亡案件。2010 年山西王家岭煤矿事故造成百余人被困和数十名矿工遇难。十多年前的旧案历历在目，而新的案件亦是时有发生。我们可以看到，几乎每年都有类似的大规模侵权案件发生，对不特定的多数主体的人身、财产权利造成侵害。而我们此处所列举案件也仅仅是冰山之一角，全国范围内类似案件还有很多。这些案件的频繁发生，一方面造成了大众的安全隐患；另一方面更是对这些为数众多的受侵害主体的权利救济带来了极大的挑战。

从上述所列的大规模侵权案件中可以看到，现代新型大规模侵权行为较之于一般的侵权行为而言，具有类型多样化、损害范围广泛、损害后果严重、因果关系不确定等特征。而正是这些特殊性，给权利救济带来了极大的挑战。这种大规模侵权行为对权利救济的挑战在于：第一，受害者众多，且受害者多存在地域上的分散性，所以很多时候很难按照集体诉讼或者是代表人诉讼的方式来向法院提起诉讼进而进行权利救济。人数众多的权利受害主体因为主观和客观等多种因素的影响，在实践的具体情形中表现出千差万别之形态。这就为权利救济带来极大的难度。第二，案件的因果关系难以确认。大规模侵权案件的发生可能是基于同一事实，但受害程度、表现等受到诸多客观因素的影响，使得我们在归责中如何确认因果关系就变得异常艰难。第三，侵权行为存在时间上的分散性，诉讼时效难以确定。在大规模侵权行为案件中，很多案件并非同时发生，而是存在一个时间上的持续性。这也就意味着对于不同的权利主体而言，提起诉讼进行权利救济的时效区间是不同的。而每一个权利主体分别提起诉讼，一方面存在救济不足的情况；另一方面也会造成司法资源的浪费。在这种情况下，单靠受损个体的力量根本无法实现对权利的全面救济，而如果不予救济则使得受损主体的权利无法得到恢复和救济，更多时候也会带来严重的社会后果，造成社会安全问题等。

在面临大规模侵权、个人无力实现救济的情况下，公权救济就成为必然之选择。有关机关和相关组织成为该类型权利救济的主要力量。2012年中国《民事诉讼法》修改增加第55条（现为第57条）就规定了"有关机关和社会组织对污染环境、侵害众多消费者权益等损害社会公共利益的行为提起公益诉讼"。当然，大规模侵权行为并不仅仅是上述两类，只要符合"损害社会公共利益"即可成为提起公益诉讼之条件。2017年《民事诉讼法》再次修改，增加了检察机关支持和提起公益诉讼作为该条第2款。公益诉讼这一公力救济方式的引入大大降低了权利主体救济的成本，为权利救济实现提供了更大的可能性和更强有力的支持和保障。2018

年1月最高人民检察院下发的《关于加大食药领域公益诉讼案件办理力度的通知》就提出了各级民行检察部门要加强食药领域公益案件线索摸排工作。这就足见公权力对这种大规模侵权案件下的权利救济功能。

综上所述，我们可以清楚地看到，中国权利救济的现状仍有缺失。而这种缺失单靠权利主体个人之力量来实现和完成救济依然存在难度。公权力的合理干预不失为当前权利救济不足的一个重要途径和颇具中国特色的制度安排。

第四节　中国权利救济的未来走向

从当代法治发展趋势而言，世界范围内权利救济主要通过司法手段予以实现。中国近年来强化司法体制改革，旨在优化司法机关在权利救济中的作用和能力。然而，目前法院在救济权利中仍面临现实问题而稍显吃力，公信力在一定程度上遭受质疑。为此，需要探索一条符合中国国情的司法救济之路。在中国，宪法关于司法机关（包括法院和检察院）的规定，决定了检察机关在当前司法救济为主的权利救济体系中应发挥必要的作用。笔者认为，法检合力发挥权利的司法救济功能，不但符合权利司法救济的大趋势，而且符合中国的国情。

一　司法救济中心主义的世界趋势

司法救济中心主义指的是司法在现代公力救济体系中处于中心地位，司法救济的中心地位不但在联合国人权公约有所体现，在国内外学界也基本形成共识。在西方法律文化传统中"公力救济的学说是以西方法律文化为基础的现代司法救济理论"[1]。西方学者托克维尔[2]、德沃金[3]和戴雪[4]等在谈及此问题时，都一致认可法院在权利救济方面的作用并推崇法

---

[1]　贺海仁：《谁是纠纷的最终裁判者·权利救济原理导论》，社会科学文献出版社2007年版，第177页。

[2]　[法]托克维尔：《论美国的民主》上卷，董果良译，商务印书馆1996年版，第308—309页。

[3]　[美]德沃金：《法律帝国》，李常青译，中国大百科全书出版社1996年版，第361页。

[4]　[英]戴雪：《英宪精义》，雷宾南译，中国法制出版社2001年版，第257页。

官在社会生活中的地位。中国学者范愉指出："司法制度是现代多元化纠纷解决机制的核心，而法院则可以在引领时代潮流、促进社会和当事人正确选择解纷方式方面发挥至关重要的作用。"① 法官董暤有同样的观点。② 可见，不管是在私法文化发达的西方法律语境之下，还是在偏爱调解这样的东方特色背景之中，中外学者和实务工作者对司法救济占据核心地位的现代权利救济模式观点一致。

笔者认为，在当代法治的发展和完善中，司法救济已经成为发展主流，司法机关的职能也在不断进行扩充，司法救济在现代社会权利救济体系中的重要地位不言而喻。

二　域外民事检察权利救济的具体体现

目前世界大多数国家都规定了民事检察权制度，中国民事检察权制度的建立较晚，吸收了不少国外先进经验。虽然具体的制度设计和安排不尽相同，但也有不少共通之处。而这些恰是我们不断完善民事检察权的裨益所在。域外民事检察权在权利救济领域中的功能主要体现在三个方面：一是对公共利益的重点关注；二是广泛参与民事案件；三是对弱势群体的救济。

现代各国民事检察制度的主要内容之一就是对公共利益的保护，而很多国家民事检察制度的设立就是以维护公共利益为基点的，而且对公共利益维护范围非常广泛。大陆法系和英美法系国家在这一点上具有共识。比如法国 1810 年颁布的类似于中国《组织法》的相关立法就直接确认了检察机关以当事人身份介入民事诉讼中的法律地位，明确了检察官保护公共秩序介入民事诉讼的情形；另根据法国 1976 年修订的《民事诉讼法典》第 365 条，"最高司法法院总检察长可以公共安全原因，要求移送案件管辖"。德国分裂于法兰克王国，在成立德意志帝国前的诸多小国中立法受法国 1807 年《民事诉讼法典》的影响颇深；直至德意志帝国成立，构建起的检察制度也基本上是仿效法国的立法传统。维护国家和社会公益始终是德国民事检察的重要职责所在；即使是修改法律后缩小了检察官在民事诉讼领域的介入范围，但其维护公益的宗旨始终没变。英国的总检察长是

---

① 范愉：《纠纷解决的理论与实践》，清华大学出版社 2007 年版，第 466 页。

② 董暤：《司法功能与私法公正、司法权威》，《政法论坛》2002 年第 2 期。

社会公共利益的总体保护者。早在 1895 年，英国皇家检察官的诉讼性事务就都涉及对公共利益的维护。英国检察官对公共权利或利益正在或可能遭受损害的案件可以直接提起诉讼；也可以应告发人之请求以自己的名义提起诉讼。"检察长有权请求法院制止，强制履行公共义务。"而在实践中，检察长又往往将自己的名义转借告发人之后就不再关注公共利益保障的问题，甚至很少提起公益诉讼。根据美国法律的规定，不管是联邦总检察长还是州检察官，他们都有权利参与维护公益的民事诉讼案件中去。可以说，对公共利益的关注和维护，是近现代各国民事检察制度的主要切入点和重要内容，虽然制度设计上各有不同，但其目标却是一致的。

各国在立法中规定的检察机关以维护公益提起和参与民事诉讼的范围是非常广泛的。例如，检察机关提起和参与民事诉讼的具体事由多体现在作为实体法的《法国民法典》中。这就说明了，在法国民事检察不仅仅是一项诉讼上的程序性权力，其更加体现为一种实体权力。而从检察机关参与民事诉讼的事由中可以看出法国民事检察范围之广，除却法定事由中那些具体事项外，法律还规定了兜底性条款，即只要涉及公共利益的案件，检察机关认为有必要就可参与，这就进一步扩大了检察机关参与民事诉讼的机会和可能。整体而言，法国的民事检察是检察机关对民事诉讼的全面参与，不仅在实体上和程序上参与具体的私人利益纠纷，也作为公共利益的代表，积极维护社会公益。德国检察机关对人事诉讼案件如婚姻无效、申请禁治产、雇佣劳动等亦可以介入。根据日本《人事诉讼程序法》，日本的检察机关可以起诉或者参与涉及亲子关系、婚姻关系、破产案件以及非诉案件等民事诉讼活动中以维护公共利益。在英国，确认婚生和非婚生子女身份的案件，当事人应将申请书和正式陈述的副本提交给有管辖权的检察长，检察长以被告身份参与法庭听证、庭审等程序。美国不仅规定了检察官可以参与的民事案件类型，而且在民事诉讼中检察官还享有取证权、优先审理权、和解权等。可见，域外国家民事检察权在民事诉讼中的职权范围较为广泛，这种广泛的案件范围和职能为检察机关进行公共利益维护奠定了基础。

可以说，域外不少国家的民事检察制度中都或多或少地规定了对权利救济的内容，这对于中国民事检察权制度进入民事诉讼领域、实现权利救济而言，无疑不是一种启发。

三　中国权利救济检法合作模式之设想

不同于西方"三权分立"体制下法院作为唯一的司法机关，在司法救济中心主义的背景下有绝对话语权；中国司法机关包括人民法院和人民检察院。那么，面对法院在权利救济中目前遭受的困境，法检双方合力实现权利救济是否可行呢？本书认为这并不存在理论和制度上的障碍（此处对检察机关在权利救济中的作用简单阐述，关于其正当性将在下文再作专门论述）。

第一，法院通过诉讼程序直接作出裁判，是对受到损害的权利进行直接救济。民事诉讼具有严格的规范性，从实体的角度看，民事诉讼以实体权利的实现为目标，追求实体公正。这主要是通过庭审、辩论、举证和质证再现争执的事实，并通过正确的适用法律来实现的。而这些真实只能是法律上的真实、需要通过证据证实的真实，因此，法官需要最大限度地去实现法律真实而非客观真实。在诉讼救济中还要关注程序的内容，追求程序上的公正。程序公正的第一个要求是法官中立，这就要求法官与自己参与审判和执行的案件之间并无权利义务上的关系，消除法官在纠纷处理中的偏私可能，从而保证法官能够公正地对待双方当事人。程序公正的第二个要求在于当事人的地位平等，这是法律面前人人平等在权利救济中的具体体现。诉讼救济为双方当事人提供一个救济平台的同时，要求当事人享有同等的诉讼权利和承担相同的诉讼义务。程序公正还包括程序参与、程序公开、程序安定等内容，要求双方当事人在诉讼救济中都有机会进行陈述，法官对双方的陈述都要听取，审判活动和执行活动公开，诉讼的结果是在整个诉讼过程中得出，而法院的裁决也具有终局性的法律效力。诉讼救济的程序公正和实体公正为当事人权利得以救济提供了严格和规范途径。更为重要的是，民事诉讼具有公权性，由享有国家审判权的中立主体人民法院进行审理，按照法定的程序展开诉讼活动以查明事实、适用法律来解决当事人的纠纷。对诉讼结果又有国家强制力的保证实施。这些优势确保了诉讼救济的权威性。

第二，检察院通过提起民事公诉，矫正法院在诉讼程序中的违法行为，为受到损害的权利提供间接的司法救济。社会主义法治要求"违法必究"。这里，"违法必究"是针对广泛的守法主体而言的，既包括对侵权违法行为法律责任的追究，也包含了对诉讼程序中人民法院及其工作人员的违法追究。事实上，对侵权违法行为的法律责任追究通过诉讼程序得到了体现。包含在"提供救济"这一环节。那么还需要追究"提供救济"过程中存在的违法行为的法律责任。虽然我们肯定诉讼程序对权利救济的实现具有重要意义，但不可否认的是，即使是在严格的程序要求之下，诉讼救济也难免出现结果错误、行为违法等情形，而这些情形的出现又必然造成权利救济中的障碍，实质上影响权利救济的实际效果，需要通过一定的途径进行矫正以确保权利救济的有效性。从中国《宪法》对人民检察院的定位来说，它在权力分配体系中肩负监督法律实施的重任。民事诉讼活动是人民法院适用法律解决纠纷的活动，受人民检察院的监督。"检察机关通过调查、侦查等不同方式，查证法律实施中的涉嫌违法问题就是追查违法；检察机关查明确有违法事实的，按照规定提出公诉、抗诉、检察意见或者纠正意见，提请有关机关依法制裁违法、纠正违法，这就是检控违法。检察机关通过追查活动发现违法行为，通过检控启动制裁违法和纠正违法的程序。因此检察机关的基本职责是追查和检控违法，合称查控违法。"[1] 根据中国现行《民事诉讼法》第 215 条、第 216 条以及第 242 条的具体规定，检察机关可以依职权或依申请对法院裁判、调解结果、执行活动中的违法行为以及违法审判人员进行监督，提出抗诉或检察建议。这事实上就是在履行民事诉讼活动中查控违法的职责。通过对救济程序中违法行为的纠正和制裁，扫清了权利救济直接程序中的障碍，为权利救济的最终结果的公正实现提供必要支持。第 58 条关于检察机关监督适格主体保护公共利益以及在没有适格主体或主体不起诉的情况下提起公益诉讼，则是为公共利益之救济提供了保障。因此，中国的司法救济中心主义走向必然是不断强化法院直接救济与检察院间接救济的合力，以保证司法救济效果的充分实现，为民事权利提供切实有效的救济。

整体而言，在传统纠纷解决机制式微、法院为主的司法救济存在不足的现实情况下，民事检察权作为一种强有力的公权力进入以权利救济为主要任务的民事诉讼程序中，将成为中国转型时期权利救济的一个重要依靠对象。

---

① 孙加瑞：《民事检察制度新论》，检察出版社 2013 年版，第 56 页。

第二章　民事检察权功能的当代转向

民事检察制度在中国经历了曲折和复杂的发展过程，其设立之初既立足于革命根据地时期形成的经验和现实国情，又借鉴和移植了苏联相关法律制度的优秀成果，逐步建立起中国民事检察权制度。而随着中国民事相关立法的完善以及《民事诉讼法》的历次修改，民事检察权再次焕发出新的活力，其功能也在中国权利救济的大背景下悄然发生了变化，从而成为真正体现中国特色的民事检察权制度。

第一节　民事检察权的基本理论

中国现行《民事诉讼法》第 14 条规定"人民检察院有权对民事诉讼实行法律监督。"该法同时在分则中用六个条文详细规定了人民检察院在民事诉讼活动中的具体职能内容。在 2012 年《民事诉讼法》修改以前，民事检察制度多以"民事检察监督"的概念出现，主要权能是通过"抗诉"的方式对法院的"审判活动"进行监督，与现今中国法律制度中规定的"民事检察权"显然不同。而现行立法中"民事检察权"的定义为何，学界至今尚未有一个明确的结论。鉴于当下民事检察权开放式发展的态势，本书结合当前实践需求与发展趋势，从民事检察权的权力性质、法律特点和权能结构三个方面对民事检察权的内涵进行诠释。笔者认为，中国民事检察权是检察权之法律监督职能在民事司法领域的具体体现，立足于法律监督职能但兼具司法权属性的民事检察权具有有限性和程序性的特点，以实现自我约束及对法院的制衡为目标，通过检察监督和民事公诉两项具体权能维护法制统一并实现权利救济。

一 民事检察权的权能结构

现行《民事诉讼法》在总则部分规定了民事检察权对民事诉讼活动进行法律监督，在分则的第十六章、第十九章分别用了八个条文规定了对法院审判活动、执行活动检察监督的具体内容，分则的第五章第58条规定了检察机关有权提起民事公益诉讼。虽然学界对于将检察机关提起民事公益诉讼放在《民事诉讼法》分则部分颇有争议，但争议的焦点主要集中在总则中关于民事检察权"法律监督"的基本定位是否能够与民事公益诉讼形成包含关系。不过，对于民事检察权具有违法监督和民事公诉两项具体权能已经形成共识。

（一）违法监督

现行《民事诉讼法》分则第215条规定了检察机关可以依职权对人民法院民事诉讼活动中的三种情况进行检察监督：第一，已经发生法律效力的人民法院的判决、裁定，存在《民事诉讼法》第207条规定的情形之一的；第二，调解书损害国家利益和社会公共利益的；第三，审判监督程序之外的其他审判程序中审判人员有违法行为的。在这三种不同情况下，针对前两种情况，检察机关可以提起抗诉和提出检察建议，第三种情况检察机关可提出检察建议。第216条规定了当事人向法院提出再审申请被驳回后可以向检察机关申请监督，将检察监督作为实现再审的最后一道屏障。第242条规定了检察机关对民事执行活动的检察监督。以上是中国当前《民事诉讼法》对民事诉讼活动中检察机关的违法监督权能内容的规定，这与中国《宪法》中确立的"人民检察院是国家的法律监督机关"的定位相契合。

在2017年赋予检察机关可以提起民事公益诉讼职能之前，传统意义上的民事检察制度关注焦点和办案宗旨在于对法院民事诉讼活动合法性的监督，基本职责就是发现和惩治（纠正）违法。[①] 检察机关查明人民法院及其相关工作人员在民事诉讼活动中存在违法，就要提出纠正意见，即立法中所确认的"抗诉"和"提出检察建议"两种手段。现行《民事诉讼法》第215条、第216条之规定是对这一传统内涵的体现。第217条规定的调查核实权则是对上述违法监督的配套保障，确保检察机关发现和查明

---

① 孙加瑞：《民事检察制度新论》，中国检察出版社2013年版，第7页。

违法事实。

从立法中我们可以看到，检察机关的监督是对民事诉讼活动中人民法院及其工作人员的行为是否合法进行的监督。现有研究中多表述为"诉讼监督"，虽然反映了民事检察权的核心内涵，即"监督"的要义，但也同时涵盖了检察机关提起民事公益诉讼前监督的内容，此处使用"诉讼监督"这一概念不能准确界定其范围，因此从狭义上对该项权能进行界定，使用"违法监督"更为直接且契合实际。

（二）民事公诉

如果说传统的民事诉讼主要侧重于解决私人主体之间的权利纠纷，为私人主体提供司法救济的话，民事公益诉讼则是为解决社会发展中出现的问题而探索建立的一种新型制度，主要解决的是公共利益受到侵害而救济主体缺失或能力不足的问题。近年来，随着侵害公共利益的事件频频发生，各国纷纷建立公益诉讼制度以保护公共利益。2012 年修改的《民事诉讼法》首次在立法中确定了民事公益诉讼的法律制度，但检察机关并未被授权。直至 2017 年，在检察机关结束了两年试点期间的制度探索之后，全国人民代表大会常务委员会在 6 月 27 日作出了修改《民事诉讼法》第 55 条的决定，正式赋予检察机关提起民事公益诉讼的职能，依据该条法律规定，检察机关有权对在履职过程中发现的污染环境、侵害众多消费者合法权益等损害社会公共利益的行为，在没有法律规定的适格主体或者法律规定的适格主体不提起诉讼的情况下，检察机关可以向法院提起诉讼。至此，检察公益诉讼制度正式建立。

依据法律规定，目前中国检察机关提起民事公益诉讼的范围是有限的，主要集中于生态环境和自然资源的保护、食品药品安全等领域。检察机关能够直接以诉讼主体的身份参与公共利益的救济中，有效地破解了当前中国公共利益保护匮乏的困局。从非法堆放废渣导致地下水受到污染，到私设管道向河流排放污水；从违法擅自从事废油桶清洗，到非法处置危险废物，我们赖以生存的自然环境受到破坏的情况时有发生，但由于公共利益本身所具有的内容不确定性、受益对象不明确性等特点，导致在公共利益受到侵害时常处于无人主张的困局。① 不仅如此，某些情况下，侵害公共利益的行为人为拥有强大经济实力的企业，即使其侵权行为直接影响

---

① 吴俊：《中国民事公益诉讼年度观察报告》，《当代法学》2018 年第 5 期。

他人的利益，但是由于受到侵害的主体自身专业知识匮乏、取证困难、诉讼成本高昂等因素的影响，对侵权主体追究民事赔偿责任，使受到损害的公共利益得到修复，仍然会面临重重困局。立法赋予检察机关在保护公共利益领域的起诉资格，对于当前公益诉讼所面临的救济困局而言，无疑是现实有效的。

鉴于民事公益诉讼仍然属于民事诉讼范畴之内，法律对于公权机关的介入会恪守审慎态度，并规定检察机关提起民事公益诉讼前提有二：一是人民检察院在履行职责中发现损害社会公益的行为；二是没有法定的机关和组织或法定的机关和组织不提起诉讼。

第一个前提是"履行职责"表明了检察机关提起公益诉讼并非主动介入具体的权利义务纠纷中，而是出于法律监督这一法定职责。这与检察机关在刑事诉讼中的构造相一致。中国民事检察和刑事检察同出于苏联的检察制度，在刑事检察中，公诉权和监督权并行曾经在学理上引发争议，但随着检察理论的纵深发展，学界已经基本达成共识，公诉和监督两项权能可以统一在检察权之下。同理推之，在民事检察权运行中，检察机关在公共利益救济之诉中，其公诉权和监督权亦可并行。不过，在制度设计上，督促、支持其他法定主体提起民事公益诉讼作为诉前程序必不可少，这足以体现民事检察权法律监督的根本特征。通过检察机关的支持、督促适格主体提起诉讼以救济受损害的权利，表明了检察机关作为原告提起民事公益诉讼并非是第一位的作用发挥，而是监督无果之后补充性作用的体现。

第二个前提是"没有法定的机关和组织或法定的机关和组织不提起诉讼"。在试点实践和两高2018年3月发布的《关于检察公益诉讼案件适用法律若干问题的解释》中也明确了诉前程序的要求，即检察机关是在履行监督职能中发现提起民事公益诉讼的适格主体缺位才予起诉，这并不违背其监督职能的履行。人民检察院作为法律监督机关的首要职能在于通过监督确保法制统一，这其中不仅包含了对公权力违法的监督，也包括通过提起公益诉讼的方式，将具有可诉性的违法行为交付审判机关，由审判机关予以裁决，从而实现被损害权利的救济。

检察机关被赋予民事公益诉讼的起诉权在权利救济中虽说带有补位的性质，但通过督促起诉、支持起诉或直接提起诉讼，追究了侵害公共利益主体的民事责任，使受到侵害的公共利益得到直接救济。之所以采用

"民事公诉"一词来表述检察机关提起民事公益诉讼这一权能，是因为"民事公益诉讼"表述中包含了法律规定的机关和组织作为原告提起的公益诉讼，外延更广。而《关于检察公益诉讼案件适用法律若干问题的解释》中将检察机关定位为"公益诉讼起诉人"，检察机关作为公权机关代表公共利益提起诉讼与其在刑事诉讼中的法律地位相似，因此，本书比照"刑事公诉"的界定，用"民事公诉"一词来界定其具体权能，更能精准体现其内涵。

二　民事检察权的法律属性

新中国的检察制度在设立之初一方面借鉴了苏联的具体制度；另一方面又吸收了欧洲大陆法国家的政治传统和制度建构，同时又融合了中国特有的政治、历史和文化传统等因素而建立起来的。因此，中国的检察权属性具有一定的复杂性。而对于民事检察权概念之厘清，还需要在中国法制背景和立法内容中去确定。翻阅我国关于民事检察权之立法，我们可以从其几个本质属性的角度对它进行深刻的剖析。

（一）民事检察权具有监督性

中国实行人民代表大会之下的"一府两院一委"体制，正如樊崇义教授指出的那样，"在一元分立的权力架构下，一国专司法律监督的权能通常赋予检察机关行使，这是权力行使与运行的必然要求，也是各国综合多种因素选择的结果。在这种权力架构下的检察权，其突出的特点在于解决了在不实行'三权分立'的社会主义国家如何实现权力制约问题"①。从中国的立法和实践中，检察权始终是作为一项独立的、专门的法律监督权而存在的。这一点，在中国检察制度形成的过程中也可看出端倪。在传承中国传统优秀文化思想中重视监督尤其是重视独立性监督思想的基础上，在既结合革命根据地实践经验和移植他国已有制度的过程中，独立于司法部、独立于行政机关最终获得"法律监督"性质的新中国检察制度逐步形成。

清末修律在吸收和引进国外法律制度的同时不忘兼糅中国传统制度特征，司法体制改革中经过中外制度之联合改造，形成了具有中国特点之检察制度。而其中最重要的一点就是对独立监督权的重视。法部在《京外

---

① 樊崇义：《一元分立权力结构模式下的中国检察权》，《人民检察》2009 年第 3 期。

各级审判厅官制并附设检察厅章程》的奏折中认为："各国法制，凡一裁判所必有一检事局，虽附设于裁判所之中，实对裁判所而独立。其职务在代表公益监督判官的行为，纠正裁判之谬误。"在检察机构的名称上，也先后经历了检事局、司直局、检察厅的演变过程。1907年10月颁布的《京师高等以下各级审判厅试办章程》采取审检合并，检察机关从属于法部。到1950年最高人民检察署《人民检察任务及工作报告》中对检察机关的司法机关属性和法律监督职能予以明确。今天，中国《宪法》和《中华人民共和国人民检察院组织法》中均明确规定"中华人民共和国人民检察院是国家的法律监督机关"，并且在《民事诉讼法》中也指出"人民检察院对人民法院的民事审判活动实行法律监督"。此外，最高人民检察院对各级人民法院已经发生法律效力的判决、裁定，上级人民检察院对下级人民检察院已经发生法律效力的判决裁定，按照审判监督程序提出抗诉。

因此，从检察权的发展以及现行法律的规定中都可以看出，检察权是法律监督权。但这与其所包含的行政权、司法权等特征并不相左。而民事检察权作为检察权的重要内容之一，自然应在检察权的属性之中予以界定。所以说，民事检察权具有监督性，是检察机关在民事诉讼领域监督权的具体化，它对民事诉讼活动及执行活动进行监督。

（二）民事检察权具有公权性

民事诉讼是以解决私权纠纷为目的的，因此其诉争的纠纷具有私权的性质。这在一定程度上造成了认知上的误区，即民事检察监督是一种权利救济行为，是维护基于私权纠纷而被侵害的国家、社会和个人利益的行为。也正是这一认知，混淆了民事检察的公权属性。然而，正如上文中所述，民事检察权是一种监督权，是权力制衡要求下实现国家权力制约的一种具体方式，是"对法院审判权进行监督制约的基本手段和主要体现"[①]。

在现代法治国家，法院审判是纠纷解决的最终方式，审判权之滥用不仅会损害当事人的利益，也会损害整个国家和社会的利益。孟德斯鸠指出，"绝对的权力产生绝对的腐败"，如果权力没有受到有效的制约，必然会膨胀以滋生腐败。在民事诉讼中，法院居中裁判行使国家审判权和执

[①] 刘本荣：《陈承洲民事抗诉公权监督属性的迷失与归位》，《西部法学评论》2013年第4期。

行权，具有公权之属性；而与之相对的是民法上平等的私权主体。二者在力量对比上存在较大的差异。如果没有与之相当的国家公权力量与之抗衡，很容易导致审判权的滥用。而民事检察权的介入恰是为了实现公权在民事诉讼和执行中的平衡。否定了民事检察权的公权性，也就否定了民事诉讼和民事执行中的公权制约。从这个意义上看，民事检察权具有公权属性，是一种公权力对另一种公权力之约束与制衡。并且"这种公权力之间的制衡是任何权力制约权力所无法替代的"①。

在民事诉讼的审判和执行中，民事检察监督的对象是法院的审判和执行公权力及其职权活动和结果，而不是针对诉讼当事人或者当事人在诉讼程序中的权利及行为。民事检察监督权的行使，在结果上的确是维护了当事人的合法权益；但不能否认的是，这不过是其行使对审判权之制衡的客观结果而非直接目的。虽然通过提起和参与诉讼维护国家和社会的公共利益也是检察权的法定职责，但这并不能取代其作为监督主体的宪法定位。从这个意义上看，民事检察权之实施结果虽然体现在一定意义上的权利救济，但这并不是其本质属性和根本职能所在。具有公权属性之对法院审判和执行的监督才是其本质所在。

（三）民事检察权具有有限性

虽然新修订的《民事诉讼法》在很多方面对检察机关的民事检察权进行了拓展和完善。但不可否认的是，"立法者仍然对检察权这一公权力介入平等主体之间的诉讼保持了审慎的态度"②。立法在设定民事检察监督权限的同时，也留有较大的限度。这种有限性体现在：

第一，吸纳监督方式的有限性。在中国目前民事检察实践中，检察监督的方式不仅仅局限于抗诉，还包括有检察建议、纠正违法通知书，等等。然而，在新修订的《民事诉讼法》中仅仅将检察建议这一较为温和的方式确认为法定的检察监督方式，而那些较为激烈的检察监督方式并未在立法中予以确认。这一方面是对检察监督之限制，另一方面也为维护法院司法独立和权威具有重要意义。

第二，扩充监督范围的有限性。新修订的《民事诉讼法》虽然对民事检察监督的范围进行了扩充，将调解书纳入检察监督的范围中来，以规

---

① 樊崇义：《检察制度原理》，法律出版社 2009 年版，第 157 页。
② 扈纪华：《民事诉讼中的检察监督张弛有度》，《检察日报》2012 年 9 月 14 日。

范调解书和避免调解书违法之情形。但是，立法对调解书的内容还是作出了明确的限定，第二百零八条第二款明确规定各级人民检察院发现"调解书损害国家利益、社会公共利益的，可以向同级人民法院提出检察建议，并报上级人民检察院备案；也可以提请上级人民检察院向同级人民法院提出抗诉。"而对当事人针对调解书提出再审的并没有限定范围。这既与检察机关职能定位相符，同时也体现了民事检察监督之公益性和有限性。

第三，选择监督手段的补充性。[①] 当事人权益的救济和保护是民事诉讼程序以及民事检察监督存在的前提。中国《民事诉讼法》对于启动再审设定了三种不同的进路，法院、当事人和检察院都可以作为启动再审程序的主体。同时修改后的《民事诉讼法》在程序设置上作出了当事人申请再审在先、申请检察院抗诉在后的安排，使得当事人的程序选择权得到了尊重。由此可见，检察监督是当事人权利救济没有得到实现的情况下的一种补充性手段，而非唯一或者优先方式。

从新修订的《民事诉讼法》立法内容看，民事检察制度的设置在保障全面性的同时也秉持了克制之特点。这既是不断完善检察监督制度之需要，也是尊重和保障当事人权益之必然。我国立法上民事检察制度之有限性特征，既回应了检察监督在民事诉讼中的现实需求，同时也将检察监督限定在公益性和补充性的角色和定位上，符合法律实践之要求和检察机关的定位。

（四）民事检察权具有程序性

民事检察权的程序性特征主要体现在两个方面。一是启动民事检察的原因主要是民事诉讼和民事执行程序上的瑕疵；二是民事检察权仅限于对案件进行重新审查或审理的程序启动，而不对案件实体问题作出处理。

根据《民事诉讼法》第 207 条、第 215 条和第 216 条的规定，人民检察院依职权提起抗诉的十三项事由主要是程序性事由，而提出检察建议更是基于审判人员违法的程序瑕疵；人民检察院依当事人申请而提起抗诉和检察建议的三项事由中，"人民法院驳回再审申请"和"人民法院逾期未对再审申请作出裁定"都属于程序上的事由。

---

① 熊跃敏：《承继与超越：新民事诉讼法检察监督制度解读》，载中国检察学研究会检察基础理论专业委员会编《检察基础理论论丛》第 3 卷，中国检察出版社 2015 年版，第 321 页。

而对于民事检察权的行使方式——抗诉和检察建议，我们可以看到的是，这两种方式仅限于对再审程序的启动，并不处理实体上的问题。一方面，这符合立法原理和检察权之定位。民事检察权是一种监督性权力，其职能在于督促法院履行职责和义务，纠正原生效法律文书之错误。另一方面，如果民事检察权可以解决实体问题即有越俎代庖之嫌，其作为监督者的督促职能即发生改变。基于此，行使民事检察权的检察机关与行使审判权、执行权的法院之间监督与被监督关系就会陷入混乱，这既不符合中国宪法和法律对检察机关的职能定位，也违背了设立民事检察权的立法初衷。

事实上，中国立法对于民事检察权之程序强制效力作出了明确的规定。《民事诉讼法》第218条规定人民检察院提出抗诉的案件，人民法院应当再审；第220条又规定"人民检察院提出抗诉的案件，人民法院再审时，应当通知人民检察院派员出席法庭"。由此可见民事检察权在程序上的强制性。

第二节　民事检察权的功能变迁

目前，学界对民事检察权之功能定位多有权利救济之声；实务界对民事检察权的权利救济作用更是推崇。但是从当前《宪法》的直接规定中只体现了检察机关的法律监督职能。那么对于民事检察权的功能究竟为何？民事检察权和权利救济的关系又如何？我们应该予以分析，以厘清其在法理上和实践中的功能承担。

一　法制统一是民事检察权的早期定位

民事检察权在2017年《民事诉讼法》修订增加公益诉讼之前，一直以来和"民事检察监督权"混用，足见其监督属性非常明显。检察机关在民事诉讼活动中通过监督以维护法制统一，这一早期定位一方面是由中国设立民事检察权的理论基础决定的，另一方面也在早期的《民事诉讼法》立法中予以体现。

法制统一是中国民事检察权设立的理论基础。中国民事检察权在立法上的真正建立应追溯到1991年的《民事诉讼法》，因为1982年《民事诉讼法（试行）》对此虽有规定，但更多地体现为理论上的原则性的规定；且民事检察监督的正式机构也是到了 1994 年左右才基本上全面设立。在 1991 年《民事诉讼法》中，民事检察权的这一定位通过立法的具体内容得以反映。

从民事检察权的启动方式看，1991 年《民事诉讼法》中关于检察机关的抗诉规定完全排除了当事人的处分权，第 185 条①规定了检察机关发现人民法院的生效裁判有法定情形的即应当抗诉以启动再审。这就表明了以国家法制统一为目标的民事检察监督排除了基于当事人意愿的处分，而是由检察机关基于监督职能依职权启动。更为重要的是，作为当时立法唯一确认的检察监督方式的抗诉必然启动再审程序，这与当事人申请再审和人民法院依职权再审在立法中成为启动再审程序的三种方式，且在立法中并无先后顺序。当事人申请启动再审程序是为了救济其合法权益这是不言而喻的；人民法院启动再审程序属于法院内部的监督；检察机关启动再审程序则是基于其法律监督机关的定位，是对法院审判活动的外部监督。三方各司其职，不过它们的目的又必然的存在一致性，因为"权利是由法律规定而产生，实现了对公民私权利的救济客观上也就维护了国家法制"②，只是三方各有侧重；而正是如此，也决定了民事检察之功能定位与权利救济的分野。立法上的这一细微区分，恰恰反映了它们之间不同的功能定位。尤其是较之于新修订的《民事诉讼法》将当事人向人民检察院申请检察建议和抗诉作为最后一道司法程序上的救济而言，1991 年《民事诉讼法》中将这三种再审启动程序并列，使其有各自承担己身功能的意思，与 2012 年《民事诉讼法》的规定形成了鲜明的对比。

---

①　1991 年《中华人民共和国民事诉讼法》第 185 条：最高人民检察院对各级人民法院已经发生法律效力的判决、裁定，上级人民检察院对下级人民法院已经发生法律效力的判决、裁定，发现有下列情形之一的，应当按照审判监督程序提出抗诉：

（一）原判决、裁定认定事实的主要证据不足的；

（二）原判决、裁定适用法律确有错误的；

（三）人民法院违反法定程序，可能影响案件正确判决、裁定的；

（四）审判人员在审理该案件时有贪污受贿，徇私舞弊，枉法裁判行为的。

地方各级人民检察院对同级人民法院已经发生法律效力的判决、裁定，发现有前款规定情形之一的，应当提请上级人民检察院按照审判监督程序提出抗诉。

②　史溢帆：《从法制统一到权利救济：当代中国民事检察监督制度的功能变迁》，《兰州大学学报》（社会科学版）2016 年第 3 期。

1991 年《民事诉讼法》反映民事检察权公权监督功能区别于权利救济功能的另一个表现在于检察机关提起抗诉的事由和当事人申请再审的事由是有区别的。在人民检察院提起抗诉的事由中，第一项为人民法院认定事实上的错误、第二项为人民法院适用法律上的错误、第三项为人民法院遵守法定程序上的错误、第四项为审判人员的违法行为。可以看出，这四项提起抗诉的事由直接指向人民法院违法行使审判权。这并没有明确要求裁判结果实体上必然有错才进行监督，而是以"违法必究"为宗旨，确保法律在审判活动中得到统一的遵守和执行。而当事人申请再审的事由则比抗诉事由多出一项"有新证据，足以推翻原判决、裁定"，这一项事由明显是直接指向当事人实体权利义务内容的，并且就实践而言，即使是法院违法审判但是并未侵犯当事人的实体权益，很少会有当事人申请再审的。这就表明，对于当事人申请再审的目的是纠正生效判决、裁定的错误。这一理念与人民检察院通过抗诉启动再审以纠正法院的违法行为显然是不可同日而语的，这就充分体现了检察监督的功能地位。而新修订的检察监督的事由和当事人申请再审的事由完全重合，恰恰表明了在 1991 年《民事诉讼法》立法中，立法者对检察机关公权监督以维护法制统一的功能定位。也正是如此，有学者指出，"从 1991 年《民事诉讼法》的相关规定看，督促法院纠正审判违法的行为、维护国家法制得以统一、正确的实施，是立法引入民事检察监督制度的主要目的"①。

二 制衡监督是民事检察权的固有职能

前文已述，根据中国当前立法，民事检察权具有公权性和监督性。1982 年《民事诉讼法（试行）》中规定了检察机关的监督权，到 1991 年《民事诉讼法》中才具体化出"抗诉"这一方式；而这一监督方式在当时并未经过充分的理论论证，更多的是出于对《刑事诉讼法》中制度的照搬。这一具体的方式在理论上有权力制衡这一基础，且符合检察机关作为监督机关的宪法定位。因此，民事检察权在民事诉讼中的职能就在于监督审判权的行使，确保法律在实施过程中的正确性，以维护法制统一。在民事诉讼中，检察权和审判权之间就是一种国家公权力对另一种国家公权力的关系。按照现代权力制衡理论，公权力的运行需受到监督以防止其滥

---

① 杨立新：《民事行政诉讼检察监督与司法公正》，《法学研究》2000 年第 4 期。

用。按照中国《宪法》的规定，检察权是法定的法律监督权，对法院审判权进行监督，同时自己又受到其他权力的监督。这符合现代制衡监督的法理逻辑。而西方国家的民事检察权，同样也体现出了明显的权力监督属性。

一般认为西方国家的检察官制度起源于法国的国王代理人制度，随着中央集权的强化，这一制度逐渐由"仅代表国王私人处理与诸侯发生的涉及财政、税务和领土方面纠纷演变为具有了以政府公诉人的身份听取告密、进行侦查、提起诉讼、在法庭上支持公诉，以及抗议法庭裁判的职能"[1]。13 世纪末到 14 世纪初，法国正式设立检察官代表国王监督地方当局，并对刑事诉讼进行监督，同时还广泛参与部分民事诉讼案件。1806年颁布的《民事诉讼法》"是法国检察官参与民事诉讼早期的立法体例，也是现代检察制度确立依赖检察官以国家名义参与民事诉讼的最早的法律规定"[2]，规定了检察机关在民事诉讼中的具体职权。1976 年新的《民事诉讼法》对此作了更加系统和具体的规定。另外，除却程序法的规定，在《法国民法典》这一实体法中，也有"至少 59 个条文对共和国检察官、检察院在民事诉讼中的职权作了规定。"[3] 大陆法系国家受法国法律制度的影响，也相继继承和发展了民事检察制度。尤其是垄断资本主义阶段，随着国家对民事行为干预的强化，检察官监督民事诉讼的领域也不断扩大。根据德国民事诉讼法律规定，检察官可以在婚姻无效、禁治产和宣告失踪人死亡等案件中提起、参与诉讼，并对违法判决提出抗告；尤其是对宣告失踪人死亡的案件监督权更甚。[4] 在英美法系国家，英国的民事检察制度也是从国王代理人制度演化而来，只是其最初的作用主要在于维护国王及王室的民事权益。日本 1898 年的《人事诉讼程序法》对检察官参与人事诉讼案件进行了系统规定。美国检察官进入民事诉讼制度在于其经济社会发展以后垄断的出现，垄断集团对市场的操控破坏了自由竞争并造

① 王桂五：《中华人民共和国检察制度研究》，法律出版社 1991 年版，第 5 页。

② 张智辉、杨诚：《检察官作用与准则比较研究》，中国检察出版社 2002 年版，第 123 页。

③ 杨立新：《论民事行政诉讼监督与监督方式完善》，载孙谦、刘立宪主编《检察论丛》第 2 卷，法律出版社 2001 年版，第 228 页。

④ 对于此类案件，检察官可以申请开始宣告程序，也可以提出撤销申请；法院在作出决定之前应当听取检察官的意见。参见李忠芳、王开洞《民事检察学》，中国检察出版社 1996 年版，第 31 页。

成了经济混乱和贫富差距，致使社会矛盾频发。为打击和限制垄断，1890年《谢尔曼反托拉斯法》开启了美国检察官监督民事违法行为的先河，并在此后不断扩展检察官介入民事诉讼的领域。所以说，不管是大陆法系还是英美法系，其立法中都体现出检察机关对民事诉讼的监督作用，而监督主要是通过提起民事诉讼的方式进行，基于"三权分立"的理论基础，检察权并非一种独立权力而无法对生效裁判进行监督。而且，世界"各国检察机关以原告、被告、法定代表人、诉讼代表人、诉讼参与人或法制监督者的身份在婚姻、收养、继承、亲子关系、失踪人财产管理等各类案件中发挥越来越重要的作用"①。

因此，总的来说，基于检察机关的法律监督机关的宪法定位及其性质，民事检察权的行使"目的"在于督促法院纠正其在民事诉讼活动中的违法行为，以维护法制统一、法律的正确实施；其本质属性在于公权监督。民事检察权介入民事诉讼活动，是检察权监督民事审判权的活动。

三　权利救济是公权监督的客观结果

民事检察权在当前阶段确实有明显的权利救济倾向，但我们不能就此将权利救济简单的归于民事检察权的法定功能内容。笔者认为，权利救济是民事检察权公权监督功能的客观结果，具有从属性。

民事检察权的启动可能是基于检察机关的法定职能并按照法定程序依职权启动，也可能是基于当事人权利救济的目的而向检察机关提出申请而启动。依职权启动的目的和任务是为了实现对人民法院民事诉讼活动的监督这自不必细说；而在后一种情况下，当事人权利救济的目的就成为检察机关启动民事检察权的原因和效果之一，但我们并不能因此认定启动的目的和任务是权利救济，在这里权利救济只是启动监督的一个原因。当事人通过向检察机关申请检察建议或者抗诉以获得司法程序内的救济机会。而检察建议尤其是再审检察建议的目的是启动再审程序，抗诉则必然启动再审程序。但不管是以何种方式使得法院启动了再审程序，对于民事诉讼而言，都是开启了围绕当事人权利和义务之纷争的重新审理，而并非仅仅是对检察机关提出的法院违法行为的纠正。这似乎是检察机关当事人权利救

① 王国栋、李剑、马宁：《四国检察官作用比较分析》，载张智辉、谢鹏程《现代执法理念与检察业务改革》，中国检察出版社 2004 年版，第 194 页。

济的功能体现。但从程序的角度看，检察机关介入民事诉讼案件不同于审判机关，审判机关是通过审理民事纠纷作出裁判以定分止争，从而实现权利救济的效果；而检察机关只是司法救济程序中的一个参与者，与人民法院旨在解决私权纠纷相较，检察机关不过是一个辅助者；民事检察权的权利救济功能虽然在《民事诉讼法》中予以体现，但不过是当事人可选择的一道后置程序和诉讼环节，并不承担实体性的权利救济功能。在这一程序中，检察机关仍然承担着与法院分工制约的职能，其对私权的救济是很弱的，或者说根本不具有实质意义上的权利救济可能。所以说，检察机关在民事诉讼中确实有一定的权利救济效果，但是需要注意的是，这种权利救济并不是完整意义或者是典型的权利救济功能。

一般意义上，民事再审程序具有三方面功能：救济、纠错与监督。① 其中，救济是为了恢复当事人错位的权利义务关系，保护当事人的合法权益；纠错与监督则是针对人民法院在诉讼活动过程中的违法行为，可以是法院内部进行也可以是包括检察机关在内的外部进行。对人民法院违法行为的纠错和监督会对当事人的实体权利义务关系产生影响，但也并非必然。在这个过程中，检察机关不管是对人民法院还是对审判人员违法行为的监督，都是对当事人诉讼权利的一种程序性救济，而实际上是否得到实体上的救济，决定权还是在于法院。也就是说，检察机关是通过保障诉讼程序来实现其权利救济的效果的。但是具体到法律关系中的当事人，其更多的是以追求实体上的权益得以实现为目标，而所谓程序并非其真正关心的内容。从这个意义上说，就权利救济这一功能而言，检察机关和法院的地位就显而易见了。可见，民事检察权在权利救济方面相对于公权监督职能而言，只是"从属的或者是附带性的，在某些情况下只是间接的功能"②。

但是我们并不能否认监督功能必须依附于一定的救济功能，因为"脱离了对当事人的救济而单纯的监督不具有正当性"③。如《最高人民法院关于适用〈中华人民共和国民事诉讼法〉审判监督程序若干问题的解

---

① 王俊杰：《法的正义价值理论与民事再审程序构建》，人民法院出版社 2007 年版，第 226 页。

② 谢鹏程：《论涉及民事诉讼的信访终结机制——关于〈民事诉讼法〉第 209 条的立法精神和检察对策》，《中国司法》2014 年第 4 期。

③ 杨会新：《论我国民事检察权的运行方式与功能承担》，《法学家》2016 年第 6 期。

释》第 18 条规定，对审判人员违法行为进行检察监督的条件是"该行为已经相关刑事法律文书或者纪律处分决定确认"，那么之所以进行检察监督则意在救济私权，否则便毫无意义可言。前文已经说过，法制统一与权利救济在一定程度上具有一致性，而且"人"才是我们法治的终极目标。因此，公权监督的必然后果必定是对"人"的保护，具体到民事诉讼中来，就是对当事人实体权利的救济。我们不能因此就断定民事检察权的功能是权利救济，相反的，它只是一个终极的目标，是公权监督的一个客观结果。如果简单地看到民事检察权的行使使得当事人的私权得以救济，就将权利救济划归民事检察权的应然功能，那么民事检察权的功能又岂止是公权监督和权利救济这两种呢？更多的功能负担只能让民事检察权失去其原本的属性，那对于制度的设计而言，就变得无所适从了。正确的理解应该是司法程序设计为了救济当事人的私权，检察机关介入民事诉讼这一程序监督人民法院之公权行使，而对公权行使的监督是为了保护诉讼程序的合法进行，其最终结果就指向了私权的救济。

简而言之，新修订的《民事诉讼法》在民事检察权的运行中确实倾向于对权利救济的强调，但是不应当将此直接归结于检察机关具有了完整意义上的权利救济功能。民事检察权救济私权有其历史的必然性和现实需要性，问题的关键不在于非要确认检察机关民事检察权的功能究竟是否从公权监督转向了权利救济，而是民事检察权有什么样的救济功能和其地位如何。公权监督和权利救济是不能剥离开的，权利救济是民事检察权之公权监督职能的客观结果，这也是我们监督所要实现的法的价值之一，即保障人权。

因此，总的来说，检察机关介入民事诉讼的活动中来，从私权的意义上就应该尊重当事人的处分权，这也就意味着从启动方式上看对私权的保护应以当事人申请为主要方式，否则就有公权过度干预私权之嫌疑。

四　救济功能是中国特色的结构需求

我们无法否认民事检察权已经兼具了公权监督和权利救济的双重功能，且在当前立法和实务中权利救济功能的倾向越发明显。深究这一现象形成的根源可以发现，民事检察权之所以肩负起救济私权的功能，有其历史的必然性。只能说，中国社会转型时期的现实结构性需求将民事检察权推向了救济私权的前线。而之所以出现民事检察权权利救济倾向的一个重要原因在于转型时期矛盾凸显而中国权利救济本身相对羸弱。当前中国处在社会转型期，表现出明显的矛盾凸显现象，而权利救济又存在传统上的缺失、立法上的不足以及司法救济的核心地位难以保障等问题。民事检察权进入民事诉讼这一权利救济程序，必然被赋予其本质职能以外的更高期望，那就是权利救济。

中国现阶段处于经济飞速发展、社会不断变革的时期，整个国家和社会面临着巨大的调整。原有的经济、社会结构和各种利益关系的不断变化也导致了纠纷和矛盾的频发；而传统社会的纠纷解决机制在法治化浪潮中不断萎缩。通过人民法院进行纠纷化解就成为当前阶段最主要的方式。与不断凸显的社会矛盾相比，法院的供给能力远远不足；长期以来存在的"起诉难""申诉难""久拖不决"等问题恰是社会矛盾和法院供给能力之间失衡所产生的。民事检察权作为一种强有力的公权力进入以权利救济为主要任务的民事诉讼程序中来，就成为当事人获得及时救济的一种重要渠道。在这个过程中，检察机关作为另一个具有强大能量的公权力，处在与法院职能相对的位置，自然成为私权保护的一个重要依靠对象。民事检察权在监督法院裁判的过程中所衍生出的权利救济倾向在一定程度上可以认为是"对当事人申请再审和检察院民事抗诉这两个制度的一种有意识的'糅合'和无意识的'混同'"，这样一来，现实中存在的当事人"申诉难"和案件审理周期过长导致的成本等问题就可以在一定程度上予以改善。

权利救济之所以成为现阶段民事检察权的一个功能指向，还有一个重要因素在于立法和实践中检察机关对当事人意志的接受。民事诉讼中的意思自治也体现为对自己诉权的自由处分。在民事诉讼中，当事人的这种"自治"精神既可以表现为自己提起诉讼，当然也可以表现为请求有权主体帮助诉讼。那么检察机关在民事诉讼中的这种接受，一方面表现为接受当事人提出的救济申请，帮助当事人开启权利救济的再审。根据《民事诉讼法》，检察机关可以依职权或者依当事人申请行使民事检察权，对人民法院已经生效的判决、裁定和调解书进行监督。但具体实践中，这种监督大多数都是直接或间接地来自于当事人的申请而非检察机关依职权进行；立法中规定的检察机关"发现"的主要渠道也是当事人。这样一来，所谓检察监督就变成了当事人救济的私权渠道。检察机关的检察监督职权仅仅止于启动再审程序，且这一程序与因当事人申请而启动的再审程序并无二致。这就不可避免地造成了人民检察院为当事人权利救济作嫁衣的客观现实。检察机关另一方面的接受表现为对当事人撤回申诉的接受，放弃对诉讼活动的监督。实践中，当事人基于某种现实的考虑撤回申诉也是能获得法院和检察院的支持的，且立法对此也是准允的。《人民检察民事行政案件办案规则》、《人民检察院民事诉讼监督规则》和《关于人民检察院办理民事行政案件撤回抗诉的若干意见》中就规定了当事人撤回申诉且不损害国家利益和社会公共利益以及当事人自行和解的，人民检察院应当终止审查或撤回抗诉。上述种种，可以发现，实践中检察机关不管是出于尊重"私权自治"的考虑还是客观因素的影响，不管其职能何在，民事检察权在实际上已经成为当事人获得权利救济的一种司法途径，而且得到了立法和实践的默许。这也是当事人权利救济能力羸弱所决定的必然选择。

所以说，由于中国当前权利救济的不足，民事检察权成为在司法程序中私权力量得以与人民法院对抗的重要补充。且在立法和实践中，由于检察机关对当事人意思自治的接受和避让，使得这种力量借助具有现实可能性。因此，民事检察权的权利救济功能就在实践中不断地被认可和接受，且积攒到一定阶段以后于法律中得到确认。这就有了修改后的《民事诉讼法》中对民事检察权权利救济功能倾向的立法肯定。因此，在中国当前社会转型的历史时期，民事检察权之权利救济功能具有必然性和合理性。中国特色社会主义法律体系就是要解决中国现实的问题，而非完全套用国外制度的理论框架。民事检察权的权利救济功能是中国特色民事检察权的内容，立法应该肯定和尊重，并不断完善以期实现其应有的效果。

因此，检察机关在民事诉讼活动中的公权监督是其法定职能，从其实施和运行的结果而言，是以完成法律监督职责，进而保证法制统一为主旨的。而且国家的法律制度本身就是以保护公民权益、国家利益和社会公共利益为基本任务的，包括民事检察权在内的检察制度作为国家法律制度的重要组成部分，必然包含对权利保护和救济的功能。但是，国家机关的职能不同决定了其分工的不同，继而决定了其在权利保护和救济领域的方式和作用是不同的。民事检察权不同于审判权直接裁定当事人之间的权利争议、化解当事人的实体权利纠纷，其职能在于从程序上确保人民法院及其工作人员在诉讼活动中行为的合法性，进而实现对公民权利、国家利益和社会公共利益的维护。因此，检察机关民事检察权是监督权，但其能间接发挥权利救济之作用。在中国当前社会时期，民事检察权兼具直接的法定监督职能和间接的权利救济功能是中国特色民事检察权的内容体现，也是当前权利救济背景下民事检察权的双重功能要求。

第三节　民事检察权救济功能变迁的动因

民事检察权在中国当下具有权利救济功能这一点已经毋庸置疑，使其肩负起权利救济重任的内在因素是我们必须思考的问题。民事检察权作为一个具有中国特色的制度，必须从中国实际出发，通过与西方权力结构的对比发现影响其功能发挥的内在因素。笔者认为，经济体制与国家政体模式是其决定性因素，市民社会和法律文化特征是其构成性因素，检法关系和现实需求则是重要的变革性因素。

一　经济体制与国家政体的决定性因素

我国特有的经济体制和国家政体决定了民事检察权担负着权利救济的历史重任。

第一，经济基础是决定权力配置的根本因素。一个社会内部的经济基础决定了它的社会结构以及由此而产生的政治体制、权力配置方式等，各个要素之间的相互契合程度又反过来间接地影响着一个社会的进步程度。在自给自足的自然经济体制之下和全面由国家调控分配的计划经济体制之下，公民个人的权利基础及私领域被全面禁锢，国家意志代替了公民意志，在这种经济体制下，国家机关的主要目标是实现国家统一控制经济、政治、法律，其权力性质及职能定位也必将围绕这一核心目标，具体体现在民事领域，必将是公权力的全面介入。随着经济社会的逐步发展，市场成为资源配置主要因素的市场经济高速发展，以自由、平等、诚信为原则的私权体系逐步完善，在此背景下，公权力介入私领域必将始终恪守谨慎原则。体现在民事诉讼领域，公权力的介入范围必然受到全面限制。伴随着经济社会的不断发展，传统的市场经济体制显露出不足，垄断、信息不对称等问题逐步导致市场作为资源配置手段无法实现效率最大化，由此引发的市场失灵、社会分配不公平、经济不稳定等问题，让人们再一次认识到公权干预的重要性，公权力介入民事领域的范围，在秉持原有的谨慎性的同时，也必然会随着实际需求有所扩张。

检察权在民事领域的性质与职能定位，与上述社会经济发展的阶段应当是相互匹配的，其具体的功能变迁也是与其所处的历史发展时期相对应的。中国长期遵循"家国一体"的政治结构①；普天之下，莫非王土，率土之滨，莫非王臣；"社会"被视为异类②，政治结构高度集中。新中国成立初期处于计划经济体制时期，公民权利意识被国家意志所取代，私权领域丧失存在空间，个人权利与国家利益界限模糊，检察制度主要从苏联借鉴而来，运行目的是维护国家法律统一，并无权利救济内容可言；改革开放后，社会主义市场经济快速发展，公民权利意识觉醒，权利体系完善，民事检察权作为公权力介入民事私领域中甚至一度受到排挤与质疑，其权力行使一度局限于对法院审判活动的监督，不敢有跨越"雷池"的逾越之举。到了当代社会转型时期，社会主要矛盾已经成为人民日益增长的对美好生活的需要和不平衡、不充分发展之间的矛盾，对社会分配的公平和对实体正义的追求，成为法治建设的向往和目标，民事检察权的职能定位与功能变迁也随之作出调整，除了将传统的对法院审判活动监督进一步扩大到涵盖执行监督等在内的诉讼监督外，又增添了维护社会公共利益的民事公诉，检察机关通过对社会的守法监督，通过对不公正司法的矫正和对食药、环境污染领域大规模侵权行为的惩治，实现对社会公平的守护和对公民权利的救济。

第二，国家政体是决定权力性质的核心因素。国家政体和权力结构，决定了检察机关在国家权力体系中的地位以及与其他国家机关在行使公权力之间的分工，尤其是与法院在民事诉讼领域、与其他行政机关和社会公益组织在维护公共利益领域的分工形式，决定了民事检察权在实现权利救济功能方面的权力运行界限与功能划分标准。

在西方专制型政体下，检察机关最初的职责是维护君主和王室利益，检察权在民事诉讼领域的主要职责和功能也主要是以维护君主意志和统治为核心，代表王室提起相关诉讼。虽然在西方治理理论中，一直都存在去国家化和社会中心主义的特征，但是到了第三次治理浪潮之后，人民普遍认同的是，即便社会治理也无法脱离国家的积极规划和有效参与，单凭社

---

① 费孝通：《乡土中国》，北京出版社2004年版，第29—40页。

② 金观涛、刘青峰：《观念史研究：中国现代重要政治术语的形成》，法律出版社2009年版，第224—225页。

会力量很难担负起制度设计、利益协调的重任。① 到了近代民主型政体，检察机关的职责随之发生变化，除了实现国家公权力之间的监督与制衡外，最主要的职责是维护国家和公共利益，但检察机关多为行政权或司法权的下设分支机构，并不具有独立的监督职能。与之不同的是，中国的政权组织形式是人民代表大会制度，一切权力属于人民，最高权力机关是全国人民代表大会，其他国家机关均由其产生，受其监督。检察机关是国家专门设立的法律监督机关，赋权的权力来源决定了检察机关维护人民权利、守护公共利益的基本目标，具体在民事领域，检察机关的职责是对人民法院的监督和对全社会守法的监督，并通过矫正司法不公和督促、提起民事公诉实现对权利的救济。

在西方，立法、司法、行政三权之间相互制约与动态平衡模式已经日臻成熟与完善，检察机关并非"三权分立"的独立构成部分，要么隶属于司法权，要么隶属于行政权之下，并不具有独立的单向监督地位，在民事领域司法权的公正行使主要依赖于司法独立基础上的诉权制约、审级监督、违宪审查等相关制度，无须专门的监督机构进行外部监督，民事检察权的主要职能是维护社会公益。在中国"议行合一"政治体制之下，全国人民代表大会是最高权力机关，其他国家机关权力均由其赋权，下设各权力机关之间讲求互相分工配合，所形成的必然是由统一的权力机构配置，并由各权力机构统一对赋权机构负责。在全国人大统一领导下的"一府一委两院"之间是相互分工制衡的，检察机关是专门的法律监督机关，监督法律的实施情况，法院是审判机关，但其审判权并不等同于西方的司法权，不具有完全独立的地位。在民事领域，检察机关除可以对法院的审判、执行进行监督外，还可以对公共领域内的守法情况进行全面监督，并在主体缺位情况下提起公益诉讼。

原则上说，公益保护是所有国家机关和公民的共同职责，而公民没有成为推动公益保护的主要力量是中国的法治传统和既定的政治体制等多种因素影响的结果。② 通过对上述政体和权力结构形式的分析，可以看出中国民事检察权的性质与职能定位与西方国家存在本质差异，决定了中国民

---

① 陈亮：《西方治理理论的反思及中国国家治理现代化经验借鉴》，《内蒙古社会科学》2015 年第 6 期。

② 刘艺：《美国私人检察诉讼演变及对我国的启示》，《行政法学研究》2017 年第 5 期。

事检察权的功能发挥也必会异于西方。在西方三权分立的权力构架之下，司法权独立并通过内部的配套性监督制约机制实现司法公正，检察机关没有直接介入的空间，检察权在民事领域主要职责是维护公共利益，对具体通过民事诉讼实现的公民权利救济主要依靠以法院为代表的司法机关行使。中国的检察权的权力来源与其在权力体系中的地位，决定了其在民事领域的权能不仅仅局限于对违反公共利益的主体提起民事公诉，检察机关与法院之间是单向监督的关系，对法院民事诉讼全程进行违法监督的权能决定了检察机关可以通过矫正法院的司法不公实现权利救济。

二　市民社会与法律文化的构成性因素

国家与公民之间的关系，决定了公权力介入私权的界限和程度。在当代西方私法语境下谈公民权利与国家权力之间的关系时，法谚"私权所在，公权所止"可谓精准概括，它体现出在西方社会公民对政府作为公权机关的警惕和不信任，认为国家公权天生具有扩张和异化的属性，一旦过分膨胀必然会妨害公民权利的行使，会对其一直推崇的"私权神圣""意思自治"的私法理念产生不可弥合的伤害。因此在西方国家的民事领域，大多遵循国家最小干预原则，检察权可以发挥的空间仅限于维护公益。而中国自古以来都推崇以官本位思想为核心的官治文化，[①]"明主治吏不治民"是历代君主奉行的原则，整个司法体系都是围绕"官"而设置，[②] 对公民个人权利的保护完全依赖于国家。新中国成立后，国家性质与权力属性更是从根本上异于西方，属于中国特色社会主义法律体系，尊崇人民利益和国家利益，公权力代表全体人民利益，全面干预社会生活的各个领域属于应有之义，检察权介入民事领域的范围与程度，也必然更加广泛和深入。

市民社会的发展程度决定了检察机关介入社会治理、发挥权利救济功能的空间。市民社会发达的表现是公民维权意识强烈，具备强有力的维权能力，社会自治和公民自治的积极性高涨，推动司法独立和司法公正的动力强劲，则检察机关提供权利救济没有空间和必要。反之，在市民社会尚未完全发达之时，社会团体和公民个人的权利意识相对淡漠，维权能力薄

---

① 唐忠民、杨彬权：《论依法行政的传统法文化阻滞力》，《河北法学》2014 年第 1 期。

② 王玲：《传统法文化对行政法治的阻滞及应对》，《求索》2016 年第 8 期。

弱，在民事诉讼中对审判权异化的制约无从实现，在大规模侵权爆发维护公益救济时，私权的动力明显不足，这些都决定了检察权在民事领域的提供权利救济的必要性。在维护社会公益领域，检察权的介入与社会团体、职能部门的维权目的是一致的，但依循社会治理的基本原理，依靠社会自治是实现公益的最佳途径，检察机关仅在社会团体和职能部门缺位或者能力不足时，通过督促履职、支持、提起公诉的方式予以补位，实现公益维护和权利救济。在对法院的监督制衡方面，现有民事诉讼程序所设计的当事人诉权与审判权之间双向制约平衡机制是建立在市民社会高度发展、当事人诉讼能力已经足够与法院公权抗衡的前提之下的，在当事人尚不具备有效运用诉讼权利的能力时，无法与法院审判权形成有效对抗，审判权的异化无法实现当事人通过诉讼救济权利的目的时，亟须外部监督的介入，平衡制约审判权，保障民事诉讼程序公正有效运转，最终为当事人权利提供有效救济。故此，检察权以此为切入点介入民事诉讼责无旁贷。

法律文化与民事诉讼观念决定了检察权在民事诉讼领域发挥权利救济功能的效果。西方在私权神圣、意思自治的法律文化影响下，对公权力始终保持警惕，即使赋予检察机关在民事领域维护公共利益的权力，但还是更加倾向于鼓励社会组织和社会团体的发展，通过社会自治实现公益保护。这种法律文化具体到民事诉讼中，体现为当事人主义诉讼模式，法官中立、当事人之间平等对抗的等腰三角形式的诉讼结构使得诉权制约成为确保司法公正的重要因素。司法独立及其不可撼动的权威性，决定了法院作为权利司法救济主体的唯一性，检察机关根本没有对抗法院司法权的资本与能力。反观中国并不具有私权自治的法律文化传统，在移植和继受他国法律文化时，受到苏联影响，对国家公权力的依赖与推崇程度至深，具体到民事诉讼中，职权主义诉讼模式影响深远，虽然近年来正逐步向当事人主义诉讼模式转变，但效果差强人意，在司法实践中对客观真实的追求及对法官司法的不信任，为检察机关介入民事诉讼提供了条件，也为民事检察权发挥权利救济功能提供了可能性。

三　"二审终审"下程序异化的变革性因素

法院审级制度是一个国家的审判机关在纵向组织体系上的层次划分，主要是指一个诉讼案件经过几级法院审理后，作出的裁判是发生法律效力的裁判，这是一个国家司法制度的重要组成部分。法院审级制度的原理基础可以运用美国学者罗尔斯的程序正义理论及诉讼程序中的公正与效率之间的价值协调理论予以阐释，罗尔斯认为，"即便法律被仔细地遵循，过程被恰当地引导，还是有可能达到错误的结果。……在这类案件中，我们看到了这样一种误判：不正义并非来自人的过错，而是因为某些情况的偶然结合挫败了法律规范的目的"①。审判制度作为一种不完善的程序正义，为审级制度的设置提供了毋庸置疑的必要性。它的意义就在于，错误的判决更多的是因为一审程序的过多不恰当和法官的不负责任甚至有意徇私枉法而引起的，这样审级制度的实际价值远远大于它的本来价值，那就是一方面通过上下级法院之间的权力制衡在一定程度上弥补审判程序过多的不恰当；另一方面用权力制衡来预防法官的不负责任和有意犯错。②

一个国家审级制度的确立，是与其社会结构分化、权利救济传统、法律思维方式以及社会的正当程序观念不可分割的。纵观世界其他国家，大陆法系与英美法系的审级制度基本上为"三级三审"或者"四级三审"制，只有中国和几个社会主义国家法院的审级制度采取"四级二审"即"二审终审"制度。这种审级制度上的差异，必然造成再审制度在中国所发挥的功效与承载的功能有异于其他国家。

法院审级制度设计的初衷在于通过审级设计，使法院审判活动受到上级法院和当事人的监督，法院的全部诉讼程序处于一种公开、透明的环境，可以有效避免法官主观擅断和司法不公，通过法院内部的逐级监督，实现在纠纷解决和个案审判上的公开公正，进而维护整个法律价值体系的有效运转。英法等域外国家的审级制度是受到近现代自然法思想的影响，在其演进过程中，形式化法律推理技术的发展和高素质的法官群体的不断推动功不可没，而且与市民社会充分发展、权利救济观念全面普及密不可分。其推崇法院裁判的形式合理性，注重维护司法裁判既判力，为社会提供稳定合理的法律逾期，尽量避免其他因素对法院独立司法的影响。审级制度对中国而言是个"舶来品"，受传统权利文化和正义观的影响，中国古代并不存在审级制度，而是"无限审"，在争讼案件上只要有冤情就可以"直达上听"。晚清至民国时期，在引进西方法律制度的时候，中国确立了"三审终审"制，但新民主主义和社会主义革命时期，受到苏联等

---

① ［美］约翰·罗尔斯：《正义论》，何怀宏等译，中国社会科学出版社 1988 年版，第81 页。

② 章武生：《我国民事审级制度之重塑》，《中国法学》2002 年第 6 期。

社会主义国家法制的影响，"二审终审"制成为一种崭新尝试。新中国成立后，1954年的《中华人民共和国法院组织法》中正式确立了"二审终审"的审级制度并一直沿用至今，与此相伴的是再审制度，不同于西方的"三审终审、再审例外"，中国再审制度一直以来与"二审终审"并驾齐驱，发挥监督和救济功能，虽然学界质疑之声不绝于耳，但我们也必须正视制度选择背后所蕴含的中国特有的权利救济观念和法律思维方式。

中国自古司法制度侧重于伦理价值的实现，审级制度所追求的形式合理性安排不具有生根土壤。西方近现代法制下的审级制度是与权利救济为核心的法治传统不可分割的，正如昂格尔在分析西方社会法律传统时指出的，"如果缺乏普遍性法律和与生俱来的权利这一类概念，多元利益集团没有必要产生用法治解决社会秩序问题的愿望，相反，他就会在不区分行政与立法、司法与行政的前提下，优先选择那种通过灵活地平衡利益而运行的政体。……权利不是社会的一套特殊安排而是一系列解决冲突的程序，这个认识后来成为许多西方政治法律思想的核心"①。在西方社会法治化进程中，崇尚权利和法律就是对抽象道德原则的尊崇，法律的客观和公正可以通过形式的合理性安排来实现，法律正当性和普遍性受到前所未有的弘扬，法院依照正当的审级制度所作出的裁判必然受到尊重。而中国古代司法更加强调道德的教化，尤其是作为私权之争的民事诉讼更是受到严格的限制，当事人与官员之间的关系上，官员在整个诉讼中处于支配性地位，当事人权利始终处于被国家权力压制的状态，不具有主导性地位，其结果必然是对争讼结果实质正义性之期待要超越对形式合理性安排的认可，当事人在受到不公正裁判时，不断地通过上访来化解矛盾、实现公正。这种司法传统必然导致我国不具备以形式公正与实质正义为共同基点的法律思维方式。"在近代西方法治的历史上，有一个压倒一切并包容一切的问题，即法律中的形式问题。"② 西方审级制度的一大特征就是法律审与事实审的分离，前者由法官决定，后者由陪审团决定，这种形式性的制度安排决定了一个案件只要是经过正当的程序，其结果无论在实质上是否公正，都必须被全社会所接受，具有法律上的约束力。而中国自古以来

---

① ［美］昂格尔：《现代社会中的法律》，吴玉章等译，中国政法大学出版社1994年版，第75—76页。

② ［美］昂格尔：《现代社会中的法律》，吴玉章等译，中国政法大学出版社1994年版，第189—190页。

都不具备这一法律思维方式，司法更多的是承受道德教化的功能，关注的是礼法秩序，以追求道德上的实质性公正为价值导向，在处理民事纠纷时关注的是"天理人情，各得其当"，是基于历代圣贤说教而得出的入情入理的裁决，司法不但没有形式上的合理安排，更没有以此为基础的精细化法律思维方式。这种自古以来的司法传统和思维方式即使到了当代中国也未曾完全消弭，"二审终审、审而不终"的现象依旧存在，再审制度在追求法律稳定性方面与西方"三审终审"的审级制度无法相提并论，启动上的"泛化"趋势不可避免。

除了法律传统上的因素，中国转型时期的社会纠纷复杂，社会公众权利救济意识愈发凸显、诉求多样化所导致的"诉讼爆炸"与法院整体疲于应对的现实状况，决定了当下中国再审制度必然承载更多的权利救济功能。改革开放四十余年，中国经济发展取得了举世瞩目的成就，但与此相伴的是社会利益诉求多元化和复杂化，人民群众日益增长的权利救济需求与司法救济能力成为当代法治一个新的矛盾点，亟待解决。从中国目前的审级制度设计来看，目前法院系统分为四级，基层人民法院、中级人民法院、高级人民法院和最高人民法院。根据级别管辖的规定，民事案件除极少数由高级和最高人民法院受理外，大多数由基层法院和中级法院审理，尤其是基层法院，承担了近80%的民事纠纷的重任。随着各种社会矛盾亟须司法解决的现实需求增加和为解决人民群众"诉讼难"立案登记制改革的推进，法院受理案件呈井喷式增长，基层和中级人民法院已经不堪重负，在结案数和结案率的压力下，法院审判质量难免会受到影响。除了工作量与案件审理质量之间的矛盾外，法官受到案外因素影响而导致的结果不公、法官专业能力素质不高等，也成为现阶段桎梏中国司法发展的现实因素。2007年《民事诉讼法》对再审条件修改后，各地申请再审案件呈现井喷式增长，也正说明了目前中国"二审终审"制下再审制度并行的客观性与必要性。

审级制度的立法背景和选择路径直接决定了中国再审制度所担负功能必然具有强烈的本土化特征。西方在自然法观念和程序正义论基础上所设计的"三审终审"制，决定了以破坏司法推崇的稳定性和可预期性为代价的再审制度，在适用程序上必须慎之又慎。但中国再审制度在设计之初，就是以"实事求是，有错必纠"作为指导思想，是以追求裁判的实质性公正为目标的，意味着只要是法院生效裁判存在错误，都应当予以纠正，这就决定了中国的再审程序是与"二审终审"制并驾齐驱，共同发挥监督功能和权利救济功能。① 虽然学界对这种做法一直予以批判，认为其混淆了"法律真实"与"客观真实"的运行逻辑，以牺牲法律的稳定性为代价追求个案公正得不偿失，等等，甚至很多学者倡导重新设计审级，引入"三审终审"制度，但司法改革并非朝夕之间可以完成，不妨正视制度背后的法律传统和社会正义观念，通过对现有再审制度的改良来进一步发挥其转型时期所应当承担的功能。依据现行《民事诉讼法》的规定，再审程序的启动可以通过当事人申请、法院自行启动和检察机关抗诉启动三种方式，依前所述，当事人申请再审是其诉讼权利的延伸，实践中当事人申请再审案件已经大量存在，这本身也可以说明当事人在一审程序中产生的不公不能通过二审程序得到完全纠正，"二审终审"下法院内部的审级监督在当事人权利救济上未能彻底发挥功效，而法院自行启动的再审程序的案件更是"凤毛麟角"，在内部监督运行不畅的情况下，通过外部监督方式启动的再审，在中国现阶段具有合理性。

四　检法关系与现实需求的诱发性因素

检察机关与审判机关的地位、分工、权限、能力以及相互之间的关系，决定了民事检察权介入民事诉讼领域的职能定位，二者的关系和发展路线与民事检察权不同阶段承载功能的发展变迁是相互契合的。在西方三权分立的权力构架下，市民社会成熟完善，司法权独立且通过内部制约实现司法公正，检察权依附于行政权或者司法权，与法院之间不存在监督与制衡的关系，其职能定位为维护公益，并无权利救济功效的发挥空间。但在中国，检察院与法院之间宪政地位处于同一位阶，检察机关的职能是公权监督机关，法院的审判质量、司法水平决定了检察机关介入的民事诉讼的程度和范围，法院在某一阶段所体现出的司法权威、为当事人提供权利救济的成效，甚至人们对于法院审判的满意程度，都与民事检察权在该阶段所承载的功能密切相关，法检之间在民事诉讼实现权利救济方面呈现出此消彼长之态势。正如学者许慧玲所言，"人民法院审判权的运作不能靠其自身的力量达到完美，它和其他国家权力一样需要有效的制约和监督。这种制约与监督作为一种制衡与约束机制，旨在建立科学的诉讼结构，防

---

① 柴发邦主编：《中国民事诉讼法学》，中国人民公安大学出版社 1992 年版，第 123 页。

止和纠正诉讼上的各种失误与偏颇，从而实现诉讼公正"①。民事检察权创设之初，权力的职能定位仅限于审判监督，主要是针对法院生效裁判存在明显错误的抗诉权。但是随着社会发展，人民群众对法院民事司法中出现的司法腐败和司法不公现象日益不满，"申诉难"成为阻碍诉讼主体权利救济的一大障碍。为解决这一问题，民事诉讼法对民事检察权的功能作出调整，将申请监督事由与抗诉事由做了同一化处理，检察机关在立足公权监督职能的同时，开始发挥权利救济功能。此后，民事检察权在立法上呈现出更加强劲的发展之势，为解决法院"执行难、执行乱"问题，畅通权利主体的救济通道，法律赋予检察机关在执行领域的监督权。为凸显司法透明和程序公正，赋予检察机关在民事诉讼程序中审判人员违法行为的监督权，不难看出，民事检察权的每一次功能的调整都与法院提供司法救济的水平和能力密切相关。

此外，司法实践中的现实需求是诱发民事检察权功能发生变迁的重要因素。从西方民事检察制度的发展变迁来看，其最初目的是为维护王室利益和君主统治，但是随着经济社会的不断发展，垄断、信息不对称、环境污染等大规模侵权事件频发，亟须公权机关介入维护公益，检察机关在民事诉讼领域的功能随之调整。中国改革开放以来，农业社会向工业社会快速发展、计划经济向市场经济急速转变，社会经济结构的巨大转型带来新的社会矛盾的凸显，其复杂程度前所未见，在各种利益冲突、矛盾交错的背景下，对权利救济的需求急剧增加。在传统救济渠道日渐萎缩、法院司法救济成为权利救济的主要方式的情况下，人们对法院救济表现出极高的司法期待，虽然这种期待对于确立司法中心主义发展趋势是良性的，但现实中法院自身审判水平的弱势和司法不公的频发，使得上述现实需求无法在一时之间得到充分满足。为调和这一矛盾，检察机关在立足传统公权监督职能之时，在功能上也作出了适度调整，呈现出权利救济的发展趋势。

---

① 许慧玲：《民事检察中检法关系的冲突与协调》，载《广州市法学会法治论坛》，花城出版社 2006 年版，第 186 页。

第三章　民事检察权在中国
权利救济体系中的地位

鉴于当前中国以公力救济为主的权利救济依然处于比较薄弱的状态，以实现权利救济为主的民事诉讼制度中引入民事检察权这一公权力量以进一步确保对权利救济之落实是符合民事检察权固有监督职能和当代中国特色机构需求的。而事实上，中国民事检察权在制度形成之初就已经体现出一定的权利救济作用。

第一节　民事检察权权利救济功能的形成

相较于世界上不少国家，中国民事检察权的出现较晚，大致始于清朝末年。根据当时的法律规定，民事检察权的范围是非常广泛的，基本上涵盖了民事诉讼的全过程。然而，随着清朝的覆灭，军阀混战和地方割据局面使得民事检察权的范围受到极大压缩，主要集中在公益诉讼的领域。而新民主主义革命时期的各个政权对于民事检察权的规定又大有不同。到了新中国成立初期，民事检察权制度在法律中更是经历了发展、消失又恢复的曲折过程。直至 2012 年修改《民事诉讼法》，中国民事检察权制度才走上了不断完善和强化的发展阶段。在整个发展过程中，我们可以管窥民事检察权在权利救济上的功能形成。

一　检察机关权利救济功能的内容初显

从清末到新民主主义革命时期，中国政权处于不稳定状态。更迭的政权主体对民事检察权的态度各有不一，因此在立法中的表现也不尽相同。具体而言，在清朝末年基于变法改制之需要，从国外引进并经过改造的民事检察权制在立法中非常宽泛。而到了北洋军阀和国民党统治时期，民事检察权的内容大大缩水，受到了极大的限制。新民主主义革命时期，由于国内存在大量的政权，因此对民事检察权的立法规定也各不相同。

清末改制之初，从国外引进的具有资本主义特点的检察制度在中国传统文化之下进行了改造，成为中国现代检察制度之源起。而关于民事检察权之规定，也在当时的法律中予以体现。在当时，法律规定的民事检察权内涵非常之宽泛。在《法院编制法》中，检察厅参与民事诉讼是其法定的职权。根据立法规定，"审判衙门为民事诉讼当事人时，应配置该审判衙门之检察厅检察官代理为原告或被告"①。成为检察厅参与民事诉讼重要的法律根据。在地方立法中也有类似的相关规定，如当时四川《检察官服务细则》中就有"审判厅而为民事及行政上之事件之原告或被告事，检察有代表审判厅而为之起诉或应诉之义务"的规定。在《大清民事诉讼法律草案》中，对于检察厅参与民事诉讼职权之规定更是广泛。1906年颁发的类似于今天的组织法的《大理院审判编制法》确认了审判权与检察权的分立，结束了中国几千年行政与司法一体的格局；并且根据该法规定，检察官监视判决后正当实行。② 1907年又颁布《各级审判厅试办章程》，该章程对于民事检察权之规定更是全面。不仅规定了检察官对回避之申请③，还具体规定了检察官在民事案件中的具体权限：包括在民事上诉案件的受理权限，民事调查取证权，民事公益诉讼权，民事审判监督权，民事监督执行权，检察官对婚姻、亲族、嗣续三类案件的监督权，检察官随时调阅审判机关案卷之权力，等等。不过，虽然根据上述法律文本我们可以看出这一时期民事检察权的职权之广泛；但不得不承认的是，检察机关在当时仅仅是审判机关的一个下属机构，对审判机关具有很强的依附性。而且从整体职能来说，在清末法律中关于检察官参与民事诉讼之规

---

① 谢如程、杨勇、李珍苹：《清末检察厅的职权配置》，《江西科技师范学院学报》2009 年第 3 期。

② 《大清法规大全：法律部》（卷七）第三册，考正出版社 1962 年版，第 1851—1854 页。

③ 《各级审判厅试办章程》第 12 条，"除第十一条回避原因外，审判官与诉讼人有旧交或嫌怨，恐于审判时有偏颇者，检察官及诉讼人得请求该审判官回避，但预审系紧要案件时，毋庸回避。"参见《大清法规大全：法律部》（卷七）第三册，考正出版社 1962 年版，第 1857—1867 页。

定的法理，主要在于对国家利益的保护，在这个时候，检察厅是国家利益的代表。检察机关之民事检察权的存在和运行，因不具有独立性特征而长期不受重视，致使其保护私权之功能也难以有效发挥。

封建社会的结束并没有使中国初生的检察制度陷入夭折。相反地，北洋政府和南京临时政府沿用了清末的检察制度并在这一时期形成了一定的制度积累，检察制度逐渐健全。不过，民事检察权的权能范围却是受到了大大的限制。1920 年《民事诉讼执行规则》中直接删掉了对执行的监督权①；1925 年修正的《法院编制法》② 与修正前的《法院编制法》所规定的内容基本相同，同样赋予了检察官以民事案件诉讼代理人之权力。到了国民党统治时期，检察机关的民事检察权的范围进一步缩小，而保留之内容也基本上是在北洋军阀时期颁布的法律基础上修订而来。如《各省高等法院检察官办事权限暂行条例》③ 和《地方法院检察官办事暂行条例》确认的是检察官在提起和参与民事诉讼中的权力，这一权力既包括在普通民事诉讼案件的提起与参与，也包括在公益诉讼中的提起与参与。而在清末立法确认的检察机关参与婚姻、亲子、嗣续等人事诉讼的规定，也在1931 年颁布的《民事诉讼法》中予以取消，且在 1935 年的《民事诉讼法》亦没有对这一规定予以恢复。可以看出，在国民党统治时期，检察机关的民事检察权的范围受到了极大地限制。

到了新民主主义革命时期，由于国内存在大量的政权，而不同的政权又都设立了自己的法律制度。其中，有不少政权设立了检察机关并仍将检察机关设于法院内部，属于法院的下一级机构。④ 对于检察员的职责，该条例也作出了明确的规定，检察员享有预审权和监督权。⑤ 1934 年《中央苏维埃共和国中央苏维埃组织法》则规定了抗诉权。⑥ 而在《中央苏维埃

---

① 徐百齐：《中华民国法规大全》（第四册），商务印书馆 1937 年版，第 5523—5528 页。

② 徐百齐：《中华民国法规大全》（第四册），商务印书馆 1937 年版，第 5384—5398 页。

③ 徐百齐：《中华民国法规大全》（第四册），商务印书馆 1937 年版，第 5306—5309 页。

④ 1932 年《裁判部暂行组织及裁判条例》第 33 条："省裁判部得设正副检察员各一人，县裁判部则设检察员一人，区裁判部则不设检察员。"

⑤ 1932 年《裁判部暂行组织及裁判条例》第 34 条："检察员是管理案件的预审事宜，凡送到裁判部的案件，除简单明了，无须经过预审之案件之外，一切案件必须经过检察员预审过，并且一切犯法行为，检察员有检察之权。"

⑥ 根据 1934 年颁布的《中央苏维埃共和国中央苏维埃组织法》第 37 条的规定，最高法院的职权包括审判"检察员不同意省裁判部或高级军事裁判所的判决，而提起抗议的案件。"

革命法庭的工作大纲》中则有关于检察机关提起对雇主违反劳动法令的公益诉讼权和为工农穷人进行辩护的权力等。① 这些法令虽没有直接规定检察机关的民事检察权,但是仍体现了检察机关在抗诉、提起公益诉讼等方面的权力。

整体而言,从清末到新民主主义革命时期,国家政权处于不断更替的乱局之中。法律制度自然也就难以保持一致和延续。在这一背景之下,初生的中国民事检察权制度在不同政权主体之下呈现出无序变化之格局。

新中国成立以后,随着国家政权的稳定,民事检察权制度也再一次得以确立和发展。这一时期的民事检察权制度最初间接地体现在 1949 年《中央人民政府最高人民检察署试行组织条例》第 3 条,1950 年《中华人民共和国诉讼程序实行通则(草案)》第 36 条、第 56 条、第 77 条和第80 条,1951 年《中央人民政府最高人民检察署暂行组织条例》《各级地方人民检察署组织通则》等法律文件中。到 1954 年颁布的《中华人民共和国人民检察院组织法》,成为新中国成立以来最早明确规定这一制度的立法,其中第 4 条、第 14 条、第 15 条、第 16 条、第 19 条对这一制度作了相关规定。但是在该立法中并没有关于抗诉的规定,只有监督和提起、参与公益诉讼之权。这一时期属于中国民事检察制度的初创时期,它承继了新民主主义革命时期检察制度的传统,借鉴了苏联的相关经验,同时又结合了中国当时的诉讼制度以及司法实践等。在此基础上逐渐形成了中国的民事检察制度。上述立法文件基本体现了当时中国民事检察的全部内容,也为后来民事检察制度的发展奠定了基础。

1966 年到 1975 年,民事检察制度遭到了彻底性的废除。直到 1982年《中华人民共和国民事诉讼法(试行)》颁布,民事检察制度才再次得以规定,不过也仅仅是对监督进行了原则性规定,至于如何监督在立法上并没有予以明确,使得这一制度实际上形同虚设。1991 年《中华人民共和国民事诉讼法》沿用 1989 年《行政诉讼法》中关于检察机关法律监督之原则,在"审判监督程序"一章中添加了检察机关提起抗诉这一监督民事审判活动的方式。也正是因为立法上对制度的确认和完善,使得实践中专司民事检察之职的专门机构在各级检察院得以建立并逐步开展工作。1994 年制定的《检察官参与民事及非讼事件实施要

---

① 徐百齐:《中华民国法规大全》(第四册),商务印书馆 1937 年版,第 87—108 页。

点》第 7 条作了关于检察官参与公益诉讼的规定①。此后，在 2007 年《中华人民共和国民事诉讼法》再次修改，对于民事检察权并没有做大的调整，仅仅是对检察机关抗诉以后法院作出再审裁定的时间期限予以调整。

整体来说，在 2012 年《民事诉讼法》修改之前，"就民事诉讼而言，从新中国成立后对民事检察监督立法规定的沿革看似乎缺乏体系上的连贯性，更像是立法者的偶然心得"②。因此，从制度上并没与形成太多有益的积累，自然对于私权的保护也很难发挥较大的作用。

二　民事检察权利救济功能的制度强化

随着 2012 年《民事诉讼法》再次修订，中国的民事检察权制度得到了极大的完善和强化。此次修改体现了国家对民事检察的立法重视，使得中国的民事检察制度得到了突破式发展。

第一，民事检察监督的环节覆盖民事诉讼和执行的全过程。相较于修订前法律规定的人民检察院对民事审判活动实行监督之规定，修订后的《民事诉讼法》不仅将"民事审判活动"改为"民事诉讼活动"，更是将民事执行活动也纳入民事检察监督的环节。这一修改，将民事诉讼程序和民事执行程序全部纳入检察院的监督范围，使得检察监督从"原来的只对诉讼结果的监督转变为对诉讼过程和诉讼结果的双重监督"③。不过，现有立法对于执行监督只是作了原则性规定，而具体的方式、对象、范围、程序以及监督效力等尚未明确。

第二，民事检察监督的范围得到扩展。鉴于修订之前民事检察监督之范围对调解协议之限制，很多不规范的、甚至是违法的调解协议得不到有效监督，致使国家、集体和当事人的利益在一定程度上遭受损害。2012年《民事诉讼法》将调解协议也纳入民事检察监督的范围，民事检察监督的范围不断扩展的同时，也强化了检察机关的民事检察权。另外，根据

---

① 1994 年《检察官参与民事及非讼事件实施要点》第 7 条："检察官应本于公益，依职权或申请积极参与民事及非讼事件。"

② 熊跃敏：《承继与超越：新民事诉讼法检察监督制度解读》，载中国检察学研究会检察基础理论专业委员会《检察基础理论论丛》，中国检察出版社 2015 年版，第 318 页。

③ 熊跃敏：《承继与超越：新民事诉讼法检察监督制度解读》，载中国检察学研究会检察基础理论专业委员会《检察基础理论论丛》，中国检察出版社 2015 年版，第 320 页。

2012 年《民事诉讼法》，民事检察权不仅仅针对生效的法律文书，第 208 条第 3 款将对人（即审判监督程序以外的其他审判程序中的审判人员）的行为也纳入民事检察监督的范围中来。2017 年《民事诉讼法》再次修订，将检察机关提起公益诉讼也正式纳入法律之中，使得民事检察权的内容更加丰富。

第三，民事检察监督的方式和手段予以扩充。抗诉一直是检察监督在民事诉讼中的主要方式，但并不足以满足实践之需求。检察建议近年来在实践中颇有实效，成为此次民事诉讼修改所吸收的重要内容。2012 年《民事诉讼法》在第 208 条第 2 款中将实践中行之有效的检察建议这一监督方式予以明确，成为立法明确的新的监督方式。此外，2012 年《民事诉讼案法》第 210 条还明确规定了检察机关的调查核实权，从而保障了监督权的审慎、有效行使。

第四，理清了当事人申请再审和申请检察院抗诉的程序关系。对于当事人申请再审和申请检察院抗诉的关系，2012 年修订前的《民事诉讼法》并没有作出明确规定，这在实践中就容易产生程序选择上的矛盾或冲突，进而浪费司法资源和诉讼成本。修订后的《民事诉讼法》对当事人申请再审在先，在"人民法院驳回再审申请、人民法院逾期未对再审申请作出裁定和再审判决、裁定有明显错误"三种情形之下再向检察院申请检察建议或抗诉作出了程序安排。熊跃敏指出，这"对强化当事人的自我救济，缓和检察监督与当事人处分权之间的紧张关系无疑具有重要的意义"[1]。

2012 年修订的《民事诉讼法》将不少民事检察实践上升为法律，为中国民事检察制度的发展和完善作出了极大的努力，民事检察权所承担的权利救济功能也得到了极大强化。然而纵观中国民事检察制度发展的整个历程，其曲折性和复杂性是不言而喻的。在这一过程中民事检察制度受到了国家经济、政治等多方因素的影响，在不同时期表现出较大的差异。也恰恰是因为此，使得民事检察监督制度在整个发展过程中的延续性并不明显。而真正推动这一制度不断前行的是民事检察之实践。

---

[1]　熊跃敏：《承继与超越：新民事诉讼法检察监督制度解读》，载中国检察学研究会检察基础理论专业委员会《检察基础理论论丛》，中国检察出版社 2015 年版，第 323 页。

第二节　民事检察权介入权利救济的争议回应

多年来，民事检察权之存废之争一直伴随着这一制度的构建过程。虽然这种学术上的争论并未阻止该制度的确立和逐步完善，但是也让这一制度的运行受到了极大的干扰。争议点主要在于民事检察权介入本应基于意思自治的权利救济中是否会对法院生效判决之既判力产生影响，而对于由原告、被告以及居中裁判之法院组成的三角形诉讼结构是否会因检察机关的介入而遭到破坏。笔者认为，这种质疑显然是必要的，但是我们不能因噎废食，民事检察权在当前权利救济中仍然有其现实必要性，理由在下文详述。

一　民事检察权与当事人处分权之关系

民事诉讼活动的展开区别于刑事诉讼活动和行政诉讼活动，它所解决的是关于平等主体之间"私权"争议的问题。根据《民事诉讼法》的规定，民事诉讼当事人在诉讼程序中有实体上的权利以及诉讼权利，而且可以根据自由意志予以处分，人民法院应尊重和保护当事人的这一权利。检察权进入民事诉讼程序中来，自然引发了关于民事检察权是否会威胁甚至侵犯当事人的自由处分权的思考。2011 年召开的民事行政检察理论研讨会就专门针对此问题进行研讨。很多学者认为民事检察权会侵犯当事人的自由处分权，指出检察权与当事人的私权之间存在冲突[1]，民事检察权也应遵循"不告不理"的原则，只有涉及国家和社会公共利益的案件上检察机关方可依职权进行监督[2]。这一观点源于检察机关是维护社会公益的机关的认识。笔者认为，民事诉讼中的处分权决定了民事主体可以自行决定起诉或撤诉，决定诉讼的范围，在诉讼中变更、放弃或追加诉讼请求，即当事人既可以处分自己的实体权利，也可以处分自己的程序权利。民事诉讼中的处分权是民事主体是否通过诉讼进行权利救济和救济多少权利的重要内容。民事主体对此有其自主选择权，检察机关对民事诉讼的介入应

---

① 白世平、涂大海：《民事检察权与当事人处分权的冲突与调和》，《法制与社会》2012 年第 13 期。

② 郭宗才：《民事检察中公权与私权的冲突与协调》，《中国检察官》2012 年第 5 期。

当以不损害当事人的此项权利内容为宗旨。这是民事法律关系"私法自治"的基本要求。不过，检察机关介入民事诉讼活动并不必然地威胁和侵犯当事人的处分权，相反地，在一定程度上能间接地保护当事人处分权之实现。

首先，按照民事诉讼活动的参与主体来说，民事诉讼并不是单纯的私人事务所构成的法律关系，在民事诉讼中有国家公职机关即法院的活动。"民事诉讼确实处理的是私人事务，但诉讼活动本身已经体现了公权力对私人事务的介入。"① 中国《宪法》对检察机关的职能设定就是监督公权力的活动，民事诉讼中有法院这一公权力的运行，理应受到检察机关的监督。这与民事诉讼解决"私权"上的纠纷之间根本不是同一个范畴的问题，自然也就不存在对私权纠纷中当事人处分权的干预问题。而且就像人民法院会尊重当事人的处分权一样，检察机关也同样会尊重当事人这一神圣权利。

其次，中国《民事诉讼法》中规定的当事人处分权的内容是"自己的民事权利和诉讼权利"，前提条件是"在法律规定的范围内"。具体分析之可以看到，当事人的处分权是相对的权利，民法中强调的"意思自治"是在法律规定的范围之内进行的，也就是在国家适当干预的基础之上存在的，"否则其处分行为无效"②。当事人违背法律规定的处分权的要求实施处分行为，自然会受到包括检察机关在内的公权力的限制。另外，处分权的内容是当事人自己的民事权利和诉讼权利，而这种权利内容只有在当事人主张或行使的时候才存在。在民事检察的法律程序中，检察机关的监督对象是人民法院的诉讼活动和结果，不解决当事人之间的权利争议。那么在这一程序中，检察机关和人民法院是主体，当事人不能向检察机关提出任何权利请求，即当事人不能主张和行使任何权利。因此，"在民事检察程序中，申诉人以及其他诉讼当事人不是'当事人'，也就没有什么'当事人权利'或'当事人处分权'，从而也不存在检察机关对当事人处分权的尊重或干预问题"③。而从内容上看，检察机关监督的是人民法院的诉讼活动和结果，这根本不是当事人的"私务"，自然也不是其自

---

① 王莉：《民事诉讼与检察监督》，中国检察出版社 2012 年版，第 189 页。

② 张晋红、谢泽帆：《关于对法院调解试行检察监督的思考》，载陈桂明、王鸿毅《司法改革与民事诉讼监督制度完善》，厦门大学出版社 2010 年版，第 485 页。

③ 孙加瑞：《民事检察制度新论》，中国检察出版社 2017 年版，第 73 页。

由处分的权利内容。因而检察机关构不成对当事人处分权的干预。而且检察机关进行检察监督包括依申请和依职权两种情形，立法对检察机关依职权提起的检察监督范围限制在"损害国家和社会利益的调解书以及审判程序中审判人员违法的行为"，这与直接关涉当事人权利的案件自由处分权并不冲突。

更为重要的是，如果我们认为检察机关是以维护公益而进行检察监督以排除当事人的自由处分，那么当前民事检察权功能中当事人权利救济的倾斜就没有存在的合法性基础。同样的论证基础，人民法院依职权再审并非以保护"公益"为前提条件却无相应质疑，那么为何对于检察机关而言就是对当事人处分权的侵犯呢？这显然是对检察机关民事监督之认识误区。因此，检察机关介入民事诉讼活动对于当事人而言，其在诉讼中的处分的权利并没有受到公权力的威胁。

不过，民事检察权和民事审判活动直接关联，而民事审判活动又与当事人的自由处分权紧密联系。因此，民事检察权的行使通过民事审判活动必然地与当事人的自由处分权生出一定的联系，但这种联系仅仅是一种间接的联系。人民法院尊重当事人的处分权是其法定职责，如若违反就会受到检察机关的监督，这实际上是对当事人自由处分权的保护。而且检察机关行使民事检察权是依职权和依申请两种方式进行，尤其是依申请进行的民事检察权是当事人向检察机关进行程序上的求助，其实质上是有利于当事人诉讼权利的主张和行使的，因此在一定程度上反而强化了当事人诉讼权利上的处分权。

二　民事检察权与法院司法权之关系

人民法院在民事诉讼活动中的司法权主要涉及审判独立原则和裁决既判力。法院审判独立原则使得法院在民事诉讼活动中可以不受外力干预作出裁决，保障当事人的权利不会因外界因素而受到不公正对待。裁判既判力决定了已作出裁判的法律强制力，是对经过司法程序以后确认的权利内容的保护。可以说，民事检察权介入民事诉讼活动中对审判独立和既判力产生的影响会间接作用于当事人的实体权利。因此学界对此提出了质疑，认为民事检察权会侵犯人民法院的司法权，进而影响当事人的实体权利。

审判权是人民法院的专属权力。司法独立是现代法治的核心要求，审判独立是司法独立的题中之义。根据中国相关法律的规定，审判独立是指人民法院行使审判权不受任何外力的干预。有学者质疑民事检察权会对法院的审判权造成干预，认为"检察院对法院的监督，尽管没有代替法院作出裁判，但其要求法院修改已经作出的裁判的权力是非常强有力的，对法院审判权的影响是显而易见的"①。我们知道，中国《宪法》规定的检察机关的监督权包含了对人民法院审判权的监督，这是权力制衡的基本规律，其目的是为了保障审判权的正当行使而非干预。审判权独立行使是为了最大限度地追求实体正义，而检察监督有利于遏制干预审判独立的因素，亦能保证实体公正，因此二者具有一定的统一性。另外，人民检察院通过对审判机关作出的已经发生法律效力的裁决、调解书等的检察监督来启动再审程序，这是民事检察权发挥作用的终点，也就是说，民事检察权仅仅是启动了再审程序即告终结，对于案件当事人实体权利之影响的权力仍然掌握在法院的手中。这并不违背人民法院"审判独立"原则的基本要求。在依照法律进行的民事诉讼活动过程中，不管是审判还是执行，法官据以作出裁判的证据采纳、事实确认、法律适用以及程序运行等都不会受到检察机关的干扰甚至干预。这一点在《民事诉讼法》中也可找到佐证。而且对于再审程序来说，检察机关依当事人申请或者是依照职权启动都是以现行《民事诉讼法》第 207 条的规定为法律依据的，这就决定了检察机关并无干预"审判独立"之可能性。由此可知，检察机关通过抗诉行使民事检察权并不会影响法院行使其独立审判权。更为重要的是，当人民法院遭遇影响审判独立的外力因素无力抵御时，检察机关可以通过对这些外力进行监督以排除对人民法院审判独立原则的干预。正如汤维建所言，"检察监督权之被导入民事诉讼领域，其最初动向便于控权……然而，检察监督权被引入民事诉讼领域后……一方面可以卓有成效地对审判权实施监督和制衡，另一方面还有助于保障和支持审判权的独立行使……"② 他认为，"检察监督对于审判独立有强化之功，并无干预之嫌，更没有弱化之虞"③。

裁判的既判力是裁判实质上的确定力，对双方当事人和法院都具有强制性通用力；它是维护法院裁判稳定、法治安定的重要内容。法院的裁判之所以具有不同于其他纠纷解决机制的强制通用力就在于其程序上的正当

①　黄松有：《检察监督与审判独立法学研究》，《法学研究》2000 年第 4 期。
②　汤维建：《民事检察监督制度的定位》，《国家检察官学院学报》2013 年第 2 期。
③　汤维建：《民事检察监督制度的理论基础与未来发展》，《人民检察》2010 年第 13 期。

性。然而，在民事诉讼过程中，基于主观或客观因素会在一定程度上使得具有形式上既判力的法院裁判存在程序上的偏离或实质上对权利救济的不足。如韩清等指出的那样，"再审制度恰恰是解开形式既判力的面纱，并通过再审纠正确定判决的程序瑕疵或实体瑕疵，重塑既判力的正当性"[①]。检察机关通过对法院程序性的监督启动再审程序以纠正形式上具有既判力的失当裁判，不仅不与既判力相冲突，反而具有积极作用。另外，"现代法制下的既判力，不再只是形式上要求人们'一案不再讼'或者让法院'一事不再理'，而是实质上亦要求能够获得既判效力的裁判必须是公正的"[②]。如果我们只是一味地追求法院裁判的既判力而忽视了已经生效的裁判确实侵犯了实体上的权利或违反了诉讼法的程序性要求，那么将会直接侵犯当事人的合法权益与权利救济无益，且与通过诉讼实现正义相背离。因此，正如施瓦布、戈特瓦尔特和雷根斯堡指出的那样，"从法治国家的原则中产生了法的安定性的要求。每一个诉讼都必须一次性终结。因此既判力制度也具有宪法上的地位。但并不因此而禁止当证明了判决基础错误时冲破既判力……实体个案正义的要求，与法的安定性的要求是相对的，所以人们必须容忍法定范围内的既判力冲破"[③]。因为只有这样，我们所追求的所谓既判力才能真正保障司法公正这一第一目标。所以对个案既判力之牺牲，以通过民事检察监督的方式督促司法正义之实现是有必要的，也是合理的。而且从实践的角度看，在大部分的案件中，"检察机关的息诉服判、释法说理工作，有力地维护了法院生效裁判的既判力，有助于法院审判权威的树立，也为审判权的独立公正行使作出了贡献"[④]。

由此可见，民事检察权并不影响法院司法权，不干预人民法院的独立审判和裁判的既判力，而且在一定程度上可以通过对法院审判权的监督保

[①]　韩清、赵信会：《既判力视域下的民事检察监督制度建构》，《河北法学》2011年第11期。

[②]　最高人民法院民事诉讼法调研小组：《民事诉讼程序改革报告》，法律出版社2003年版，第269—272页。

[③]　［德］施瓦布、戈特瓦尔特、雷根斯堡：《宪法与民事诉讼》，赵秀举译，中国政法大学出版社2005年版，第149—197页。

[④]　周林彬、杨金顺：《司法改革背景下对民事检察权问题的再思考》，《政法论丛》2015年第5期。

证实体权利不至于因审判人员的违法行为而造成侵害。而对发生了错误的具有既判力的法院裁判的监督和纠正，能够矫正对实体正义已经造成的侵犯。

三 民事检察权与诉讼平衡之关系

对于民事检察权是否会破坏民事诉讼固有的平衡结构这一争议，部分持肯定意见的学者指出，检察机关介入民事诉讼中"极有可能导致审判不公，因为检察机关的介入破坏了世界公认的'原告＋被告＋法院'的三角形诉讼架构，破坏了程序对等，造成原被告双方诉讼中实际地位的不平等，同时也破坏了法官的中立和独立审判"①。从表面上看，这一观点的确具有说服力，且符合司法独立之法理。从法理上讲，司法独立之于法院就是维持其中立裁判之地位，其审判活动不受外力之干预。

然而，"民事诉讼架构中平等的实现至少需要三方面的保证：一是制度保证，即有完善的立法；二是执法水平的保证，即有秉公执法的高素质的执法队伍；三是当事人守法意识和诉讼水平的保证"②。这三个条件缺一不可，但凡其中一个条件缺失，就必然会导致平衡、稳定的诉讼结构走向倾斜。而诉讼结构失衡的必然结果就是错误的裁判，这又会直接地影响当事人实体上的权利义务，造成权利救济的不足。对于上述条件之二，根据学者郑小楼的统计报告，"中国法官腐败案件中高达 37% 的法官涉及利用职权办人情案、金钱案或者关系案，以及涉及枉法裁判等，民商事案件中的情形更加复杂"③。对于条件之三，如上文所述，中国公民本身就存在着严重的权利观念缺失、诉讼能力薄弱等先天不足的问题。这两个条件的现实缺失，使得实践中诉讼结构平衡之说面临严峻的考验。在按照法定程序两审终结之后，当事人很难引起再审程序的启动，而法院的内部监督又不可避免地存在"遮羞护短"的情况下，立法强化检察机关对审判活动的监督，实质上弥补了权利救济力量的不足，克服了法院内部监督不足的局限，以恢复诉讼结构中被破坏了的平衡并进而保障裁判的公平正义，

---

① 王迎曙：《检察机关在刑事审判中的两种职能及其关系》，《西安政治学院学报》1999 年第 3 期。

② 最高人民检察院法律政策研究室：《我国民事检察权的功能定位和权力边界》，《中国法学》2013 年第 4 期。

③ 郑小楼：《中国法官腐败报告》，《财经》2013 年第 15 期。

这也在一定程度上回应了现实中大众对司法不公的强烈不满。再者，检察机关介入民事诉讼是监督而非站队，不存在对任何一方当事人"偏袒"之必要；而事实上存在违反程序或实体错误的裁判本身就已经造成了诉讼结构的失衡，检察机关的监督实质上是纠正了原本失衡的诉讼结构。

因此可以说，民事检察权介入民事司法活动，不仅不会破坏诉讼结构的平衡关系，相反地，正是因为民事检察权的介入，使得现实中基于客观因素陷入失衡的诉讼结构得到了一个外力的推动而回归本位。而从功能上讲，民事检察权进行民事检察监督的目的正是监督法院之活动以实现诉讼结构之平等，进而维护当事人在民事司法活动中的平等地位。基于上文所述，检察机关进行民事检察监督针对的是法院在审判和执行程序中的合法性问题，并未参与实体性问题的解决中来，所以并不存在检察官代表一方当事人利益一说，也就谈不上对诉讼平衡结构的破坏了。另外，在一方当事人滥用诉权而法院并没有制止和纠正的情况下，检察机关通过监督法院以实现对滥用诉权一方当事人的间接监督，从而使得双方当事人的诉讼地位得到了实质上的平衡，这一监督对于诉讼结构的平衡而言也是至关重要的。正如学者汤维建指出的那样，"检察监督就其本质而言，乃是国家审判权力的单一结构中，添附另一个同性质的司法监督权力，使它们在统一的公权力范畴中形成既分工又制衡的分权状态，从而起到制衡审判权、保障诉权，使失衡的诉讼结构在新的层面重新恢复平衡状态的作用"[①]。所以说，民事检察权介入民事司法活动"和当事人在诉讼程序中所追求的公正以及民事诉讼的程序价值是相吻合的"[②]。

党的十八届四中全会提出了"加强司法监督"的要求，尤其是在司法改革的大背景下，强化通过民事检察对民事诉讼中的审判权和执行权的监督既是检察权职能优化配置的重要内容，更是中国法治进程不断推进的现实需求。权利救济中公平正义之实现是法治文明成果的重要表征。中国正处于法治建设不断推进的关键时期，公民权利的维护和救济是增强法治信仰、强化法治理念的重要渠道。笔者认为，在当下，通过强化民事检察权之权能发挥以监督法院之审判权和执行权，对实现权利救济具有重要的

---

①　汤维建：《民事诉讼法的全面修改与检察监督》，《中国法学》2011 年第 3 期。

②　卲世星：《民事诉讼检察监督的法理基础再论》，《国家检察官学院学报》2001 年第 2 期。

现实意义，且符合中国当前法制建设程度和依法治国进程。基于此，民事检察权之存废之争在中国现阶段不具有指导意义，民事检察权应该加强而不是削弱乃至废除。

第三节　民事检察权介入权利救济的正当性

民事检察权的设置在中国波折重重，直至今天也尚未达成共识。然而，对中国的法律制度和司法实践进行系统性分析就可以发现，民事检察权的设置和运行，具有法理之正当性和实践之必然性。

一　民事检察权介入权利救济的理论基础

中国实行人民代表大会制度下的议行合一的政治体制，权力的分配不同于西方国家立法、行政和司法的三权分置及制衡。检察机关的设置是在横向权力配置上对行政权和审判权的制衡，这是权力制衡原理的要求。民事检察权是检察监督的重要内容，是对法院民事审判活动的监督。从这个意义上讲，民事检察权的设置是为防止民事审判活动中的不法行为，也是对民事审判权的制衡机制中国特有的党政主导和法检关系之下，权利救济模式又呈现出另一番景象。历史的文化积淀和当代的政治、法律体制是民事检察权存在和发展的基础所在。

（一）中国传统制度中的法律监督文化

中国古代封建司法制度秉承行政司法合一、刑民不分的历史传统，虽刻有封建皇权专制的历史烙印，而以御史制度为代表的法律监督文化对今天我国民事检察权制度的发展和完善仍具有文化上的传承和借鉴意义。

中国古代的法律监督制度早在西周时期就有端倪，《尚书·吕刑》中就有"五过之疵"，要求承担罪责甚至"其罪惟均"的记载；《周礼》中亦有关于直诉的记载。这些古籍记载内容都体现了当时统治者对司法行为的监督。到秦汉时期，专司监督之职的监察机关——中央御史大夫和地方监察御史出现，而且对判错案件的司法官吏也制定了责任追究机制；由皇帝、郡守、刺史等主体进行的"录囚"制度也极大地推动了当时对司法的监督活动。这些制度的出现可谓是极大的进步，经历代发展逐渐完备且受到历代君主的高度重视①。至于其职能，历朝历代虽各有不同，但从今天的视角予以总结，主要是行政监察权、犯罪侦查权、起诉权、审判权即审判监督权②。这倒与中国当前检察制度颇有相似之处。

纵观中国古代监察的具体制度，无论是秦汉时期的"失刑罪""纵囚罪"，唐朝改判、重审、三司推事、小三司、死刑复奏等监察制度及司法官不可有"出入人罪"的规定，还是明清时期大审、朝审等制度，都是对审判权的制约；而从中央到地方也形成了独立于司法部门的专职机关予以制约。今天，民事检察监督制度的设置是通过检察权的介入以约束审判权的运行，同时弥补权利救济的不足。这与中国古代监察制度的目标和任务是一致的，为中国当前民事检察权制度奠定了历史的合理性基础。虽然古代监察制度一直依附于封建皇权且为统治阶级之工具，但是，肇始于西周时期的监察制度历经几千年的发展和完善，其中诸如"垂直独立的监督组织体制，监督主体的权威性，广泛的监督权及其保障措施，特定的监督官员的选拔标准和方式，事前、事中和事后相结合的监督方式，严密而具体的监督法纪"③ 等制度，无疑不是当前中国民事检察权制度设置和运行所值得借鉴和吸收的本土资源，是我们进行民事检察权研究的历史渊源。

古人云："察古可以知今"。对司法审判的监督制度从西周时期至今绵延发展几千余年而生生不息，必然有其存在之必然性和规律性。虽然不能否认其有历史缺陷，且监督机构直接修改裁判结果与现代法治不符，但制度中所折射的共性和稳定的内容却不失为精华而应被发扬。可以说，中国的法治之路不能抛弃传统文化之精髓，不能脱离中国特有的传统和实际。具体到民事检察权中，中国传统制度中的法律监督文化是中国当前民事检察权设置和完善的历史根基。

（二）人民代表大会制度下的权力制衡机制

权力制衡是建立在分权基础之上的，是指不同权力机构之间形成的一种监督与被监督或相互监督的关系。④ 分权制衡早在亚里士多德和波里比

---

① 张国臣：《中国检察文化发展暨管理模式研究》，河南大学出版社 2013 年版。

② 王茹：《中国古代检察制度——御史制度》，《楚天法治》2015 年第 6 期。

③ 刘东平、赵信会、张光辉：《民事检察监督制度研究》，中国检察出版社 2013 年版，第56 页。

④ 莫吉武：《转型期国家治理研究》，吉林大学出版社 2015 年版，第 129 页。

阿的论述中有所体现。亚里士多德提出了分权的思想，认为"一个政体都有三个要素，作为构成的基础……三者之一为有关城邦一般公务的议事机能（部分）；其二为行政机能部分……其三为审判（司法）机能"①。波利比阿在分权的基础上提出了制衡，指出"任何越权的行为都必然会被制止，而且每个部门自始就得担心受到其他部门的干涉"②。此后，洛克、麦迪逊、孟德斯鸠等对此进行了继承和发扬。洛克提出了"权力分立"的思想，他指出"如果同一批人同时拥有制定和执行法律的权力，借以使他们免予服从他们所制定的法律，并且在制定和执行法律时，使法律适合于他们自己的私人利益，因而他们就与社会的其余成员有不相同的利益"③。孟德斯鸠则提出了"一切有权力的人都容易滥用权力，这是万古不易的一条经验。有权力的人们使用权力一直到有界限的地方才休止"④。根据分权制衡学说的基本原理，权力必须进行制衡，否则就会衍生出恣意。只有通过权力之间的相互制约进而取得权力之间的均衡，才能防止某一项权力的恶性膨胀。对此，孟德斯鸠提出了著名的"三权分立"思想，认为"立法权、司法权、行政权三项国家权力必须分离开来并互相制约，只有这样，公民的自由才能够得到相应的保障"⑤。在这一学说的指导下，英美法系国家中检察权隶属于行政权，检察官介入民事诉讼是以国家行政权的身份、以政府部门法律顾问的角色出现的。民事检察权介入民事诉讼构成了行政权对司法权的监督，符合制衡之原理。

中国与英美法系国家的政治体制大有不同。按照中国《宪法》的规定，在中国，国家的权力配置体系是人民代表大会之下实行"一府两院一委"体制，其中，全国人民代表大会是最高国家权力机关，行使国家立法权；"一府两院一委"分别行使行政权、审判权和检察权以及监察权。在此体系下，国家权力划分为立法、行政、审判和检察四种分权力。这与孟德斯鸠所提出并在西方国家实行的"三权分立"的平面结构截然不

① ［古希腊］亚里士多德：《政治学》，吴寿彭译，商务印书馆 1965 年版，第 214—215 页。
② ［古罗马］波利比阿：《罗马史》（第 6 卷），李稼年译，三联书店 1957 年版，第 53 页。
③ ［英］洛克：《政府论（下篇）》，叶启芳、翟菊农译，商务印书馆 1961 年版，第 89 页。
④ ［法］孟德斯鸠：《论法的精神》（上册），张雁深译，商务印书馆 1961 年版，第 154 页。
⑤ ［法］孟德斯鸠：《论法的精神》，张雁深译，商务印书馆 1963 年版，第 21 页。

同，而是呈现一种三角锥形的立体结构。人民代表大会是最高国家权力机关居于锥形顶端，主要行使立法权；其下位分别是行政机关、审判机关和检察机关、监察机关；行政机关、审判机关和检察机关、监察机关都是由人民代表大会产生，受其监督；也就意味着在纵向上的权力配置中的监督是自上而下的。而在横向上的权力配置之间却是相对独立的，每一个机关有其各自分工的职能；从制约角度看，审判和检察机关可以对行政机关实行监督，行政机关内部也有一套监督机制；监察机关又可以对所有行使公权力的行为进行监督。可以说，中国立法上并未设立明显的相互制衡的机制。全国人大在享有广泛的立法权之余还承担了众多职能，因此其监督职能只能是宏观的而无法实现经常性的、具体的监督。那么，就需要一个专门的监督机关来制衡行政权和审判权。"马克思主义经典学者通过对历史的考察，提出了在国家的权力机构中，应设立专门的法律监督机关，以保障国家法律的统一正确实施。依照宪法规定设立专门的法律监督机关，这是国家政权结构的重大发展和完善，是历史的进步，在国家政治和法律制度的发展史上具有重要的历史意义。"① 这也是中国检察机关独立于行政权而为独立的检察机关之存在的根本原因所在。中国《宪法》明确了人民检察院是国家法律监督机关的性质和地位，这就以根本大法的形式确认了检察机关的法律定位和主要职能。对此，王桂五先生指出："我国的人民检察制度，是由人民代表大会制度决定和产生的一项法律监督制度。在人民代表大会制度下，法律监督职能从其他国家职能中彻底分离与专门化，是历史的进步。不能仅仅把检察制度看作是一项诉讼制度，主要执行诉讼职能，应从国家政治制度的更高层次上加以研究，充分肯定其法律监督职能，才能看清楚检察制度的本质，从而完善人民代表大会制度下的法律监督机制。"② 这里，检察机关在横向权力配置的层面上完成了对行政机关和审判机关的权力约束和制衡，符合制衡学说的基本原理，防止了行政权和审判权在最高权力机关监督盲区之下的恶性膨胀。

　　总而言之，中国的权力制衡是建立在人民代表大会制度下的分工制衡，区别于西方国家的分权制衡。纵向上全国人民代表大会对下级机关进行约束，横向上检察机关主司监督之职能，辅之各个国家机关之间的互相

---

　　① 张穹：《关于研究有中国特色社会主义检察制度几个问题的理性思考》，《检察日报》2000 年 2 月 24 日第 3 版。

　　② 王桂五：《中华人民共和国检察制度研究》，法律出版社 1991 年版，第 3 页。

监督和内部监督，共同构成了对权力的约束与制衡。正如学者所言的，"在我国政治体制中，以检察机关的专门法律监督为主要特色的权力制衡机制，是与我国的国情相适应的"①。而民事检察权的设置和运行，是中国实现对民事审判权制衡的重要路径。现行《民事诉讼法》也给出了明确的规定②，是中国检察机关介入民事司法活动宪法规定的具体化，是中国民事检察制度的法律基础，为检察机关行使民事检察权提供了明确的法律依据。因此，在中国范围内，检察机关行使民事检察权是符合中国宪政体制要求并有法律依据的，这也是宪法和法律赋予其的重要法定职责。

二　民事检察权介入权利救济的实践需求

民事检察权在实践中可以成为权利救济的重要保障，这可通过其违法监督和民事公诉的权能分别实现。

（一）违法监督为权利救济提供最后保障

现行《民事诉讼法》第 215 条、第 216 条和第 242 条确认的民事检察之违法监督权能中，检察机关不管是依职权启动还是依申请启动，都为权利主体在我国"两审终审制"审级体制后提供了一个纠错机制。检察机关通过外部监督，对人民法院已经生效的裁判、审判人员的违法行为和执行违法行为提出检察建议或抗诉，为当事人遭遇的侵害提供了再次获得公正判决的机会。尤其是依当事人申请启动的民事检察违法监督，开启了"法院纠错先行、检察监督断后"的顺位纠错模式，当事人在穷尽法院救济手段之后，还有一次向人民检察院提出申请监督的机会。对于裁判结果类监督案件，检察机关认为确实存在《民事诉讼法》第 207 条规定的情况的，提出抗诉或向人民法院发出再审检察建议，法院启动再审程序重新作出裁判；如果未获得支持，则当事人司法救济程序就此终结。除对裁判结果的监督外，人民检察院对执行乱象的监督，及时发现和纠正了人民法院在执行中存在的违法和错误，不仅为当事人权利获得事实上的救济提供补充，更对恢复和重建司法权威和公信力具有重要意义。

对弱势群体而言，检察机关提供的最后保障更具重要意义。民事检察权的违法监督权能，为当事人的权利提供一个救济渠道，尤其是残疾人、

---

① 顾培东：《社会冲突与诉讼机制》，四川人民出版社 1991 年版，第 178 页。

② 《民事诉讼法》第 14 条规定：人民检察院有权对民事诉讼实行法律监督。

妇女、未成年人、老人、农民等，当他们遭受民事侵权损害时，往往受到知识水平、自身能力等方面的限制，在个人主张权利救济的过程中遭遇种种障碍而不能起诉甚至不敢起诉，或者不知如何通过诉讼途径获得权利救济，这一情况比比皆是。这一现实使得他们的权利长期处于受损状态而得不到恢复。这既不是权利应有之现状，更不是法治社会的状态。在这个时候，"由具有主动性公权力地位的机关，取得侵权发现权、调查权、程序发动权，公共资源使用权的优势地位弥补私诉权行使的不足而承担弱势群体的救济义务是必要的。"

（二）民事公诉是公益救济的主要力量

现行《民事诉讼法》第58条规定的检察机关在公共利益受到侵害，没有适格主体或者适格主体不起诉的情况下，可以提起民事公益诉讼，是国家利益和社会公共利益获得救济的重要保障。公共利益受到侵害，检察机关通过督促适格主体起诉，为公益救济提供一个及时救济的催促程序。当检察机关发现没有适格主体或者适格主体不起诉的情况下，不能任由公共利益受损而不顾，以自己名义提起民事公诉，使受到侵害的公共利益得以修复。

第一，检察机关担负起公益救济的重任符合我国现阶段国情。《民事诉讼法》规定了"机关、社会团体、企业事业单位"作为民事公益诉讼的起诉主体。但是根据《民事诉讼法》第122条关于起诉的条件规定，要求原告必须与案件具有直接的利害关系。有别于私人利益，国家利益和社会公共利益之直接利害关系的确定显然具有现实的难度。有关机关、社团组织和企业事业单位自身难以辨明，即使有相关主体起诉到法院，人民法院对此是否受理也要进行一番甄别。这在一定程度上会打击有关主体提起民事公益诉讼的积极性，从而鲜有提起。另外，民事公益诉讼具有复杂性和专业性，案件本身在侵权事实确认、损害结果鉴定、因果关系证明等问题上固定证据难度极大，使得一般的组织很难胜任，从而导致立法规定的起诉主体对民事公益诉讼望而却步。

第二，其他适格主体缺乏提起民事公益诉讼的能力与动力。笔者对各地民事公益诉讼进行了调研，结果表明，法定的适格主体提起民事公益诉讼的非常之少，即使是经过检察机关诉前程序，大部分案件也多是没有适格主体或者是适格主体不起诉，社会组织提起诉讼的更是少见。具体情况如表3-1所示。试点期间，各试点单位在检察机关提出督促和催告以后，只有 15.42% 的案件有社会组织起诉，社会组织回复不起诉或不回复以及无适格社会组织的有 80.18%。这就意味着超过八成的民事公益诉讼案件中的起诉主体是缺位的。在这种情况下，赋予检察机关提起公益诉讼的权利是公共利益受损后得以救济的主要力量。

表 3-1　　　　　试点期间民事公诉诉前程序情况统计

序号	省份	民事诉前数	民事诉前程序		
			社会组织起诉	社会组织回复不起诉或不回复	无适格社会组织
1	贵州	18	0	16	2
2	云南	29	0	1	28
3	陕西	4	0	4	0
4	广东	38	14	8	15
5	吉林	14	1	1	10
6	福建	9	1	2	5
7	山东	22	1	0	21
8	湖北	16	0	2	14
9	江苏	55	17	18	14
10	甘肃	2	1	1	0
11	安徽	11	0	10	1
12	内蒙古	2	0	0	2
13	北京	7	0	7	0
	合计	227	35	70	112

数据来源：最高人民检察院办公厅《全国检察机关公益诉讼办案工作 2017 年 6 月情况通报》。

三　民事检察权是实现司法公正的根本保障

司法是公民个人权利救济的最后一道屏障，民事诉讼的价值就在于通过法定有效的诉讼程序以救济当事人权利，恢复被破坏了的公平、正义之基本价值。从根本意义上讲，"公正是司法的生命。"① 党的十八届四中全会公报中指出，"公正是法治的生命线。司法公正对社会公正具有重要引领作用，司法不公对社会公正具有致命破坏作用。"可见，维护司法公正是实践之希冀，同时也是制度的追求。

---

① 肖扬：《法院、法官与司法改革》，《法学家》2003 年第 1 期。

司法的公正是从实体和程序两方面言说的。实体公正意味着当事人权利义务事实上的归位；程序公正则是对司法活动本身提出的要求。就司法活动而言，实体公正是目标，而程序公正是实现实体公正的根本保障。司法程序是司法权在行使过程中应遵循的法定的方式、方法等；其本身具有非常强的专业性和复杂性。司法活动中，在一系列审查证据、认定事实、适用法律和作出裁判的过程中，不仅要求法官对相关的法律条文具有相当的熟悉度，对于专业知识、相关技能、逻辑规则等要求也是非常之高的。因为只有这样，才能在客观、完整的认定事实的基础上选择可适用的正确法律规则以作出裁判。但是，不可否认的是，司法实践中，裁判者不可能都是完美的，基于专业技能、道德素养、实践经验等多方面因素的制约，司法实践中不可避免地会出现错误以偏离司法公正之轨道。

亚里士多德在谈及司法公正时强调裁判者的重要性，认为裁判者（具体到诉讼中即为法官）往往被视为公正的化身、正义的象征。然而，近年来人民法院在审判、执行等环节存在的种种问题为广大民众所诉病。不管是基于何种因素导致的裁判上的不公，仅仅通过法院内部的力量予以监督和纠正显然是不够的，并且难以为大众所信服。而民事检察权的介入，恰是一种具有强大国家保证力的外力对民事审判活动的监督，这能够在很大程度上促使没有依法行使的审判权得以纠正，使得背离公平正义的司法裁判得以归位。而"正因为侵犯法律的正当性的行为发生得极其频繁，所以对于宪法国家有必要采取特殊的保护措施。这种监督不仅应当涉及各种行政行为，而且也应当涉及法院的裁判"[①]。检察权在民事诉讼领域的设置和运行，就是这样一种特殊的保护措施，以一种强大的外力监督的方式，为实现司法公平、正义提供了根本性的保障。

而司法中公平正义之实现，尤其是民事诉讼程序中公平正义的实现，恰是对私权之有力救济。面对尚存的司法不公现象，民事检察权的存在是极为必要的，具有其必然的现实基础。

（一）民事检察权是维护法律权威的必要途径

恩格斯在其《论权威》将"权威"理解为一定的服从。[②] 当然，人们对这种权威力量的服从不能是也不应是强制性的，而是自觉的、得到民众

---

① ［德］施瓦布、戈特瓦尔特、雷根斯堡：《宪法与民事诉讼》，载［德］米夏埃尔·施蒂尔纳编《德国民事诉讼法学文萃》，赵秀举译，中国政法大学出版社 2005 年版，第 200—201 页。

② 《马克思恩格斯选集》第三卷，人民出版社 2012 年版，第 274—277 页。

认可的。法律权威就在于通过人们对法律的自觉服从和内心认同来实现社会秩序。"如果大多数公民不愿意遵守法律，那么强制就会变得毫无意义，以强制作为威胁手段也会丝毫不起作用。"① 法律权威的实现存在于法的运行的各个阶段。然而，"随着现代法治的发展，现代法院的功能确实已经从原先的解决纠纷日益转向通过具体的纠纷解决而建立一套旨在影响当下当事人和其他人的未来行为的规则"②。也就是说，法院的司法判决已经不仅仅拘泥于对纠纷的解决，其对法律权威的实现亦有极为重要的作用。

我们知道，当今社会当事人解决私权纠纷的方式很多，可以通过公力救济或者是私力救济的方式，即使选择公力救济也并非只有民事诉讼这唯一的渠道。正如学者苏力在《送法下乡》一书中指出的那样，在基层的很多民间纠纷除却私力救济之外，往往是通过调解、仲裁甚至是行政的方式予以解决的，法院并非当事人解决私权纠纷的必要选择。③ 那么，在这种情况下，对于诉至法院的私权纠纷案件的个案裁判，就并非仅仅是纠纷解决这样的个案意义，在一定程度上已经转化为一种面向公众的、具有指导性意义的法律宣示。如果这一裁判是公正的，能够保障当事人的合法权益，那么它就能取得并保持民众长时期的忠诚，这是民众认同法律权威的重要前提。一旦法院错误的适用法律或者是法院徇私枉法以作出不公正之裁判，不仅仅使得当事人的私权难以得到有效救济，更为严重的是，这一不公正的裁判向社会、向公众宣示了错误的法律内容。尤其是"在社会公众因不知国家法律而信赖法院裁判的情况下，法院错误裁判将误导社会公众对国家法律的正确认识，把社会公众往错误的法律道路上引导，这将导致国家立法目的落空甚至逆反；在社会公众熟知国家法律而能判明法院错误的情况下，将在相应程度上导致对国家司法的不信任，甚至完全丧失对国家法治的信心"④。正如培根对司法审判之"源流理论"⑤ 中认识的

---

① ［美］E. 博登海默：《法理学：法律哲学与法律方法》，邓正来译，中国政法大学出版社1999年版。

② 王莉：《论民事检察权的边界》，《人民检察》2011年第5期。

③ 苏力：《送法下乡——中国基层司法制度研究》，中国政法大学出版社2000年版，第134页。

④ 张志辉：《中国检察》（第6卷），北京大学出版社2004年版，第13页。

⑤ "一次不公的裁判比起多起不平的举动为祸尤甚，因为这些不平的举动只是弄脏了水流，而不公的裁判污染了水源。"参见［英］培根《培根论说文集》，曹明伦译，北京燕山出版社2007年版，第125页。

一样，他所谓水源其实就是指法律之权威性所在。可见，法院的审判活动对于法律权威之重要意义。

民事检察权介入法院的诉讼活动目的是对法院的审判权进行监督，以避免其发生错误，确保司法裁判的公平与正义。而对于法律自身权威在民众中的树立而言，司法的独立与公正显然是至关紧要的。所以说，民事检察权的设置和运行对于提高司法公信力、维护法律权威而言，具有重要的意义。

（二）民事检察权是化解私权纠纷的重要补充

管仲、商鞅等中国古代学者对法具有"定分（纷）止争"的作用早有论述，而不管其如何表述，其核心都是解决已经发生的纠纷，停止争讼以恢复和谐。具体到民事诉讼中，就是通过运用法律以化解当事人之间的纷争，使当事人的合法权益得以归位。也就意味着是代表当事人利益的私权与代表国家审判权的公权之间的对话和抗衡。国家审判权对私权纠纷进行裁判并得出裁判结果以确认当事人的私权。在私权与公权的对抗中，私权在实践中必然处于一定的弱势的地位，而唯一的公权（审判权）需要受到一定的约束才能确保其在纠纷判断中的中立。从分权与制衡的原理出发，民事检察权作为一种公权力，在现实中的职责就是来保障审判权这一公权力在纠纷化解中的中立性，从而确保权力的良性运行。只有这样，才能真正地实现所谓"定分止争"，以化解私权纠纷。

对于民事诉讼的裁判结果而言无非有两种，当事人接受或者是不接受法院的结果。对于接受，也就无须检察机关的介入（除非违背公法利益或对第三利益造成损害）；只有当事人对法院的裁判结果不予接受并寻求进一步救济的时候，检察机关才介入民事诉讼。如果是检察机关认为裁判公正无误的案件，检察权可以介入民事诉讼，向当事人解释其所申诉案件在适用法律、审判程序方面的法理，以另一种公权力的形式为当事人释法说理，从而使当事人服判息讼、接受原裁判结果，以维护法律的权威。对于当事人申诉的那些仅关涉己身利益而不涉及公法和第三人利益的案件，检察机关可以通过检察和解的形式化解纠纷。如果检察机关认为裁判结果不公正，当事人在寻求其他的权利救济的途径，检察权介入则可以弥补当事人救济的不足，并对审判权予以监督从而促进私权纠纷的化解。正如学者印仕柏所说的那样，"从检察院进入民事诉讼领域实际情况看，检察院受理的绝大部分案件做了息诉、和解处理，平息了当事人对法院的误解和怨气，在当事人和法院之间设置了一个缓冲带，起到了减压阀的作用"①。因此，从这个意义上讲，检察权介入民事诉讼是化解私权纠纷的重要补充。

民事检察权是中国检察制度的重要组成内容，其设置和发展既有理论上的根基，更有实践之必然需求。在中国加强和完善民事检察监督制度，既是检察制度和理论不断完善的体现，更是关乎国家法治建设、关乎社会秩序良性健康发展、关乎公民个人之私权得以实现和维护的关键所在。

---

① 印仕柏：《论民事诉讼中检察权配置的法理基础》，《求索》2010 年第 6 期。

第四章 民事检察权权利救济的制度设置

从 1982 年《民事诉讼法（试行）》中对民事检察监督制度的原则性规定起，中国民事检察权的立法经历了从边缘到重点、从原则到细致、从单一到多元的发展过程。尤其是 2012 年修订的《民事诉讼法》对民事检察权给予了更多的强调，共修改的 60 条中有 8 条与民事检察权直接相关；也正是此次修改，《民事诉讼法》总则、分则共有 9 个条款对民事检察权进行了规定。其中，民事检察的监督范围扩大、监督方式多元等，对实现民事检察权之功能而言是大有助益的。而对于民事检察权功能，学界及实践部门普遍认识到其从最初的"法制统一"逐渐转向了"权利救济"。这与立法倾向和现实需求有着密不可分的关系。而这一点恰恰体现了制度层面对民事检察权存废之争的回应，即在当前时期，民事检察权不仅不能废除，还应继续加强与完善以发挥其应有功能。我们可以从立法设计的角度予以管窥。

第一节 民事检察权范围中的权力救济

《中华人民共和国宪法》第 134 条"中华人民共和国人民检察院是国家的法律监督机关。"《中华人民共和国检察院组织法》更是在第 2 条再次确认了检察院是国家的法律监督机关。这是检察院全面实施监督权力的法律基础。而这一监督权自然包含了对民事司法活动的监督。民事检察监督是检察院对民事司法活动进行监督的方式。民事检察权的范围决定了检察机关介入民事诉讼的程度，也直接关系着民事检察监督功能的发挥。

一　立法规定的民事检察权范围

现行《民事诉讼法》第 14 条规定："人民检察院有权对民事诉讼实行法律监督。"这是关于民事检察权在《民事诉讼法》中的总的体现。此外，现行《民事诉讼法》第 242 条还特别规定"人民检察院有权对民事执行活动实行法律监督。"相较于 2007 年《民事诉讼法》中"人民检察院有权对民事审判活动实行法律监督"的规定，原来仅针对"民事审判活动"实行的检察监督范围扩展到包括"民事执行活动"在内的"民事诉讼"中来。对于第 14 条这一总的规定，在《中华人民共和国民事诉讼法修正案（草案）》中表述为"人民检察院有权以检察建议、抗诉方式对民事诉讼实行法律监督"。这在全国人大常委会委员以及最高人民检察院中产生了不同的意见。最后经法律委员会建议，最终以"人民检察院有权对民事诉讼实行法律监督"予以表述，这与中国《刑事诉讼法》和《行政诉讼法》的表述相一致。而至于最高人民检察院要求进一步明确检察监督的范围和方式则在分则的条款中予以明确。这也体现了中国法律体系本身的统一性要求。

民事检察权在人民法院的执行程序中，《民事诉讼法》总则之第 14 条对"民事诉讼"实行法律监督的规定，其实已经包含了对"民事执行活动"的监督，而在第 235 条单列一条再次明确对"民事执行活动"的监督，足见对民事执行活动监督的重视，也表明了立法对于审判监督和执行监督的同等对待而无重此薄彼之倾向。对于增加关于民事执行的检察监督，在对《民事诉讼法》修正草案的讨论中，不少学者就提出了建议。例如中山大学法学院教授蔡彦敏认为，应"明确赋予检察机关对民事诉讼进行全面监督的权力，包括提起、参与民事诉讼的权力，以及监督民事执行的权力，以使检察监督对民事审判执行的监督权实至名归"①。这也符合《宪法》对检察机关的法律定位。民事执行活动是民事法律实施中的一项重要内容，自然也应该受到检察机关的监督。在 2011 年人大法工委民法提出的《民事诉讼法部分修改的初步方案》中就有了对"民事执行"进行检察监督的内容。经过多次征求意见、讨论、修改之后，全国人大经综合考虑通过了这一修改方案，将对"民事执行"的检察监督在

---

① 陈菲、杨维汉、崔清新：《我国修法拟将法院民事执行活动纳入检察机关监督范围》，http：//www.mzyfz.com/cms/yifaxingzheng/xinzhengyilan/zhengcefagui/html/1462/2011 - 10 - 27/content-194996.html，2021 年 12 月 27 日。

分则中予以强调。不过对执行程序的民事检察仅有两个法条予以规范，缺乏辅之以操作的具体规定而显得过于原则化，因此在客观上也必然限制检察机关监督职能的履行，在具体的实践中也会面临不少的问题。对此我们可从学理上进行分析。总则第 14 条规定的民事检察权的范围，具体到分则中仍应适用。关于民事检察权范围的框定就应适用于具体的执行活动中。当然，检察机关对民事诉讼活动及诉讼法律关系主体的监督不可能事无巨细，尤其是对立法没有予以明确规定的内容，更应审慎处理，限定在一定的边界范围之内。这一点我们将在后面的论述中予以详述。

二　权利救济视角下的范围评析

检察机关的职能在于监督国家公权力的运行。也就是说，只要是有公权力运行的地方，就应该有检察机关的法律监督权。审判活动是人民法院运用审判权这一国家权力解决纠纷、确认权利的活动；执行活动是人民法院的执行组织依照法定的程序行使司法执行权，强制义务人履行已经发生法律效力的人民法院的判决、裁定或其他法律文书所确定的义务的活动。这其中都包含了国家公权力的运行，理应属于检察监督的内容。而从实践层面而言，不仅审判活动中存在公权力违法的行为，在执行活动中公权力违法和滥用也是现实存在的。从这个意义上讲，此次《民事诉讼法》修改对民事检察权的全面性范围设置，符合中国《宪法》关于法律监督的宗旨，而从实践角度而言，也是极有必要的。这是从法律监督的角度看民事检察权范围的立法。

从权利救济的角度看，《民事诉讼法》规定的民事检察权的全面监督，使得在民事诉讼进行的任何环节中可能侵害当事人权利的行为都被确认在检察机关的监督范围之内。检察机关查处违法行为，就使得整个诉讼活动中的违法侵权行为受到法律的约束和制裁。那么，对于当事人而言，查处违法就是对权利的保护。基于对人民法院诉讼活动中的违法行为的依法查控，就使得当事人的权利在事实上得到了救济。立法对民事检察权范围的扩大，事实上也就是扩大了当事人的公权保护范围。因此，从这个意义上看，立法对检察机关民事检察权范围的全面性设定，间接地实现了对当事人在民事诉讼活动中权利救济可能的全面性。这于当前中国权利救济不足的现实而言，无疑不是锦上添花之举。

第二节　民事检察权启动中的权利救济

根据中国现行《民事诉讼法》的规定，民事检察权的启动有依职权启动和依申请启动两种方式。这两种不同的启动方式，在 2012 年修订《民事诉讼法》的时候发生了较大的变化。2021 年再次修改《民事诉讼法》时并未对此进行修订。

一　立法规定的民事检察权启动

现行《民事诉讼法》第 216 条规定了当事人向人民检察院申请抗诉或检察建议的条件，同时在《民事诉讼法》第 215 条又规定了检察机关"发现"监督的内容。检察机关如何"发现"需要监督的情形呢？主要是检察机关通过办理案件或者其他的如当事人超过再审申请期间后向检察机关提出申请，或者是通过媒体等渠道，这种"发现"后的监督又称之为"依职权监督"；而当事人提出申请后进行的监督称之为"依申请监督"。

（一）"依申请"启动的民事检察权

现行《民事诉讼法》第 216 条规定了当事人申请监督的条件具体为：（1）人民法院驳回再审申请的；（2）人民法院逾期未对再审申请作出裁定的；（3）再审判决、裁定有明显错误的。可以看出，当事人向人民检察院申请抗诉或者是检察建议，是以人民法院对当事人的再审申请已经进行处理为前提的。这就说明当事人只有在人民法院的再审申请中没有得到认为应得的救济，才可以向人民检察院提出申请。这是 2012 年修法的重要亮点之一，它取消了先前立法中关于申请人可同时向法院和检察院提出和申请的"两条腿走路"方式，确认了"法院纠错先行、检察监督断后"的监督顺序。这一点在"两高"《关于在部分地方开展民事执行活动法律监督试点工作的通知》的规定和最高人民检察院《关于贯彻执行〈中华人民共和国民事诉讼法〉若干问题的通知》第 2 条规定中体现得更为直接和明确，即"当事人未向人民法院申请再审，直接向人民检察院申请监督的，人民检察院试应当依照第 209 条（现行立法第 216 条）第一款的规定不予受理"。之所以作出这样的修改，是因为从实践角度，"两条腿走路"的方式在一定程度上浪费了有限的司法资源，而且如果法检双方对再审的意见不一致也容易损害司法的权威，甚至扰乱审判监督的程序。而从理论的角度，内在的监督较之于外在督促更有效果。早在 2007 年学者王亚新就提出了"法院纠错先行、检察监督断后"[①]这一顺位模式。在修法中，最高人民法院根据司法实践的情形向立法机关提出意见并经采纳，确认了立法中规定的监督顺序。这也与检察机关"在穷尽审判监督救济渠道之后，再启动检察监督机制"[②]的意见一致。

（二）"依职权"启动的民事检察权

公权监督是民事检察监督的基本属性，因此"对监督功能的强调必然要求人民法院和人民检察院积极主动地纠正裁判错误，这样，由它们依职权启动再审程序，也就理所当然了"[③]。现行《民事诉讼法》第 215 条、《人民检察院民事诉讼监督规则》第 37 条[④]、第 117 条[⑤]和第 124 条[⑥]以及

---

①　王亚新：《民事审判监督制度整体的程序设计——以〈民事诉讼法修正案〉为出发点》，《中国法学》2007 年第 5 期。

②　江必新：《新民事诉讼法理解适用与实务指南》，法律出版社 2015 年版，第 835 页。

③　王俊杰：《法的正义价值理论与民事再审程序构建》，人民法院出版社 2007 年版，第 227 页。

④　《人民检察院民事诉讼监督规则》第 37 条：人民检察院在履行职责中发现民事案件有下列情形之一的，应当依职权启动监督程序：

（一）损害国家利益或者社会公共利益的；

（二）审判、执行人员有贪污受贿，徇私舞弊，枉法裁判等违法行为的；

（三）当事人存在虚假诉讼等妨害司法秩序行为的；

（四）人民法院作出的已经发生法律效力的民事公益诉讼判决、裁定、调解书确有错误，审判程序中审判人员存在违法行为，或者执行活动存在违法情形的；

（五）依照有关规定需要人民检察院跟进监督的；

（六）具有重大社会影响等确有必要进行监督的情形。

人民检察院对民事案件依职权启动监督程序，不受当事人是否申请再审的限制。

⑤　《人民检察院民事诉讼监督规则》第 117 条：人民检察院发现人民法院在多起同一类型民事案件中有下列情形之一的，可以提出检察建议：

（一）同类问题适用法律不一致的；（二）适用法律存在同类错误的；（三）其他同类违法行为。人民检察院发现有关单位的工作制度、管理方法、工作程序违法或不当，需要改正、改进的，可以提出检察建议。

⑥　《人民检察院民事诉讼监督规则》第 124 条：有下列情形之一的，人民检察院可以按照有关规定再次监督或者提请上级人民检察院监督：

（一）人民法院审理民事抗诉案件作出的判决、裁定、调解书仍有明显错误的；

（二）人民法院对检察建议未在规定的期限内作出处理并书面回复的；

（三）人民法院对检察建议的处理结果错误的。

2015 年《最高人民法院关于适用〈中华人民共和国民事诉讼法〉的解释》第413 条至第417 条①分别对检察机关依职权进行民事检察监督权作出了规定。我们对比分析《民事诉讼法》《人民检察院民事诉讼监督规则》和《最高人民法院关于适用〈中华人民共和国民事诉讼法〉的解释》，得出检察机关依职权监督民事诉讼的几个要点：第一，民事检察权依职权进行监督的内容。《民事诉讼法》第215 条规定了在民事诉讼中依职权启动检察监督的内容，主要包括对符合《民事诉讼法》第207 条规定情形的已生效的判决、裁定，损害国家和社会利益的调解书以及审判程序中审判人员违法的行为。《人民检察院民事诉讼监督规则》第37 条明确了损害国家和社会公共利益，审判和执行认为违法行为作为依

---

① 《最高人民法院关于适用〈中华人民共和国民事诉讼法〉的解释》第413 条：人民检察院依法对损害国家利益、社会公共利益的发生法律效力的判决、裁定、调解书提出抗诉，或者经人民检察院检察委员会讨论决定提出再审检察建议的，人民法院应予受理。

第414 条：人民检察院对已经发生法律效力的判决以及不予受理、驳回起诉的裁定依法提出抗诉的，人民法院应予受理，但适用特别程序、督促程序、公示催告程序、破产程序以及解除婚姻关系的判决、裁定等不适用审判监督程序的判决、裁定除外。

第415 条：人民检察院依照民事诉讼法第二百零九条第一款第三项规定对有明显错误的再审判决、裁定提出抗诉或者再审检察建议的，人民法院应予受理。

第416 条：地方各级人民检察院依当事人的申请对生效判决、裁定向同级人民法院提出再审检察建议，符合下列条件的，应予受理：

（一）再审检察建议书和原审当事人申请书及相关证据材料已经提交；

（二）建议再审的对象为依照民事诉讼法和本解释规定可以进行再审的判决、裁定；

（三）再审检察建议书列明该判决、裁定有民事诉讼法第二百零八条第二款规定情形；

（四）符合民事诉讼法第二百零九条第一款第一项、第二项规定情形；

（五）再审检察建议经该人民检察院检察委员会讨论决定。

不符合前款规定的，人民法院可以建议人民检察院予以补正或者撤回；不予补正或者撤回的，应当函告人民检察院不予受理。

第417 条：人民检察院依当事人的申请对生效判决、裁定提出抗诉，符合下列条件的，人民法院应当在三十日内裁定再审：

（一）抗诉书和原审当事人申请书及相关证据材料已经提交；

（二）抗诉对象为依照民事诉讼法和本解释规定可以进行再审的判决、裁定；

（三）抗诉书列明该判决、裁定有民事诉讼法第二百零八条第一款规定情形；

（四）符合民事诉讼法第二百零九条第一款第一项、第二项规定情形。

不符合前款规定的，人民法院可以建议人民检察院予以补正或者撤回；不予补正或者撤回的，人民法院可以裁定不予受理。

职权监督的内容。按照《民事诉讼法解释》第413条①的规定,人民检察院依职权"对损害国家利益、社会公共利益的发生法律效力的判决、裁定、调解书"进行监督,这是对《民事诉讼法》第208条中人民检察院依职权监督的范围限定。然而其第414条②和第415条③的规定显然并不限于这一范围,且《民事诉讼法》第215条第3款的规定以及《人民检察院民事诉讼监督规则》第37条第5项兜底的"依照有关规定需要人民检察院跟进监督"的规定也使得"检察机关依职权监督的其他案件范围,还需根据司法实际在完善有限再审方向继续探索"④。因此,检察机关依职权进行监督在实践中还需审慎,立法也应对此予以明确。第二,现行《民事诉讼法》第216条规定了当事人向人民检察院申请监督的一次性原则,通过对检察机关监督次数的限制避免陷入循环诉讼。但是,根据《人民检察院民事诉讼监督规则》第37条第5项和第124条的规定,检察机关依职权可以再次监督。对此,立法应该予以统一,以维护法制统一。第三,对于审判人员的违法行为,根据现行《民事诉讼法》第215条的规定属于依职权监督的范围且是对"人"的监督,但是在《人民检察院民事诉讼监督规则》中则将其做了复杂规定,分别在第19条⑤第二

---

① 《最高人民法院关于适用〈中华人民共和国民事诉讼法〉的解释》第413条:人民检察院依法对损害国家利益、社会公共利益的发生法律效力的判决、裁定、调解书提出抗诉,或者经人民检察院检察委员会讨论决定提出再审检察建议的,人民法院应予受理。

② 《最高人民法院关于适用〈中华人民共和国民事诉讼法〉的解释》第414条:人民检察院对已经发生法律效力的判决以及不予受理、驳回起诉的裁定依法提出抗诉的,人民法院应予受理,但适用特别程序、督促程序、公示催告程序、破产程序以及解除婚姻关系的判决、裁定等不适用审判监督程序的判决、裁定除外。

③ 《最高人民法院关于适用〈中华人民共和国民事诉讼法〉的解释》第415条:人民检察院依照民事诉讼法第二百零九条第一款第三项规定对有明显错误的再审判决、裁定提出抗诉或者再审检察建议的,人民法院应予受理。

④ 沈德咏:《最高人民法院民事诉讼司法解释理解与适用》,人民法院出版社2015年版,第1094页。

⑤ 《人民检察院民事诉讼监督规则》第19条:有下列情形之一的,当事人可以向人民检察院申请监督:

(一)已经发生法律效力的民事判决、裁定、调解书符合《中华人民共和国民事诉讼法》第二百零九条第一款规定的;

(二)认为民事审判程序中审判人员存在违法行为的;

(三)认为民事执行活动存在违法情形的。

项、第 28 条①和第 37 条②第二项作了规定，且在第 100③ 条将对"人"的监督扩张到对"案件"的监督。

二　权利救济视角下的启动评析

两种民事检察权的启动方式所产生的救济效果有显著不同。

---

① 《人民检察院民事诉讼监督规则》第 28 条：当事人认为民事审判程序或者执行活动存在违法情形，向人民检察院申请监督，有下列情形之一的，人民检察院不予受理：

（一）法律规定可以提出异议、申请复议或者提起诉讼，当事人没有提出异议、申请复议或者提起诉讼的，但有正当理由的除外；

（二）当事人提出异议、申请复议或者提起诉讼后，人民法院已经受理并正在审查处理的，但超过法定期限未作出处理的除外；

（三）其他不应受理的情形。

当事人对审判、执行人员违法行为申请监督的，不受前款规定的限制。

② 《人民检察院民事诉讼监督规则》第 37 条：人民检察院在履行职责中发现民事案件有下列情形之一的，应当依职权启动监督程序：

（一）损害国家利益或者社会公共利益的；

（二）审判、执行人员有贪污受贿，徇私舞弊，枉法裁判等违法行为的；

（三）当事人存在虚假诉讼等妨害司法秩序行为的；

（四）人民法院作出的已经发生法律效力的民事公益诉讼判决、裁定、调解书确有错误，审判程序中审判人员存在违法行为，或者执行活动存在违法情形的；

（五）依照有关规定需要人民检察院跟进监督的；

（六）具有重大社会影响等确有必要进行监督的情形。

人民检察院对民事案件依职权启动监督程序，不受当事人是否申请再审的限制。

③ 《人民检察院民事诉讼监督规则》第 100 条：人民检察院发现同级人民法院民事审判程序中有下列情形之一的，应当向同级人民法院提出检察建议：

（一）判决、裁定确有错误，但不适用再审程序纠正的；

（二）调解违反自愿原则或者调解协议的内容违反法律的；

（三）符合法律规定的起诉和受理条件，应当立案而不立案的；

（四）审理案件适用审判程序错误的；

（五）保全和先予执行违反法律规定的；

（六）支付令违反法律规定的；

（七）诉讼中止或者诉讼终结违反法律规定的；

（八）违反法定审理期限的；

（九）对当事人采取罚款、拘留等妨害民事诉讼的强制措施违反法律规定的；

（十）违反法律规定送达的；

（十一）其他违反法律规定的情形。

检察机关"依职权监督"的目的在于对人民法院的诉讼活动进行监督，是直接进行的公权监督，无须当事人的申请。换言之，只要符合法律规定的条件，检察机关就可以提起抗诉或者检察建议。从形式而言，依职权启动的民事检察权具有公权监督的功能。而根据《民事诉讼法》第215条并结合第207条的规定，检察机关依职权启动检察监督权的条件与当事人申请再审的条件完全一致；尤其是第207条中规定的多项直接关涉当事人实体权益的事项，民事检察权即使是依职权启动也带有了救济私权的意思。

所谓依申请，依的是当事人的申请，而当事人为何向检察机关提出申请，不外乎是为了其救济权利的诉求。加之根据现行立法，当事人向检察机关提出申请变成了其获得司法救济的最后一个途径，是当事人申请司法程序内救济的最后一环。从形式上看就明显地强调了检察机关在权利救济中的重要地位和关键意义，成为再审程序的终局裁定者。另外，《人民检察民事行政案件办案规则》①《人民检察院民事诉讼监督规则》② 和《关

---

①　《人民检察民事行政案件办案规则》第22条：有下列情形之一的，人民检察院应当终止审查：

（一）申诉人撤回申诉，且不损害国家利益和社会公共利益的；

（二）人民法院已经裁定再审的；

（三）当事人自行和解的；

（四）应当终止审查的其他情形。

②　《人民检察院民事诉讼监督规则》第73条：有下列情形之一的，人民检察院应当终结审查：

（一）人民法院已经裁定再审或者已经纠正违法行为的；

（二）申请人撤回监督申请，且不损害国家利益、社会公共利益或者他人合法权益的；

（三）申请人在与其他当事人达成的和解协议中声明放弃申请监督权利，且不损害国家利益、社会公共利益或者他人合法权益的；

（四）申请监督的自然人死亡，没有继承人或者继承人放弃申请，且没有发现其他应当监督的违法情形的；

（五）申请监督的法人或者非法人组织终止，没有权利义务承受人或者权利义务承受人放弃申请，且没有发现其他应当监督的违法情形的；

（六）发现已经受理的案件不符合受理条件的；

（七）人民检察院依职权启动监督程序的案件，经审查不需要采取监督措施的；

（八）其他应当终结审查的情形。

终结审查的，应当制作《终结审查决定书》，需要通知当事人的，发送当事人。

于人民检察院办理民事行政案件撤回抗诉的若干意见》① 中也规定了当事人撤回申诉且不损害国家利益和社会公共利益以及当事人自行和解的，人民检察院应当终止审查或撤回抗诉。然而，笔者认为，民事诉讼中涉及国家利益和社会公共利益的案件少之又少。这一规定很明显地体现了当事人的处分权。检察机关在这里更多的变为当事人启动再审程序服务进而救济权利而非履行其检察监督的职责。

因此可以说，检察机关行使民事检察权的两种方式，或者从内容上，或者从形式上都表明了对权利救济的倾向。尤其对于当事人而言，检察机关进行权利救济的功能是极为重要的一环。

第三节　民事检察权内容中的权利救济

民事检察权是检察机关介入民事诉讼的权利。根据现行立法，其介入民事诉讼以后具体的权利内容概括起来即为违法监督权、提起公益诉讼的权利和调查核实权。检察机关在民事诉讼活动中三项权利的运行，实现了对民事诉讼活动的监督，同时也在一定程度上实现了对私权的救济。

一　立法规定的民事检察权内容

传统意义上的民事检察权即为民事检察监督，一直以来，中国虽然在司法实践中有所谓纠正意见、书面监督意见、检察意见等方式，但在立法中仅确认了抗诉这单一的方式。随着《民事诉讼法》的历次修订，中国又立法确认了检察建议的监督方式。同时，应实践之呼声，立法中首次确认了公益诉讼，并将对公益诉讼的起诉和支持起诉列为民事检察权的新职能。同时，为确保民事检察职能的有效实现，还规定了调查核实权。一系列的修订，使得中国民事检察权的内容不断丰富。根据现行《民事诉讼法》第217 条的规定，调查核实权是检察机关"因履行法律监督职责提出检察建议或抗诉的需要"而设置的，此处将其一并放入民事检察监督进行论述。因

---

① 《关于人民检察院办理民事行政案件撤回抗诉的若干意见》第 2 条：人民检察院向人民法院提出抗诉后，人民法院裁定再审之前，申诉人书面申请撤回申诉或者确认涉案当事人已达成和解协议并提交该协议，经人民检察院审查，认为涉案当事人达成的和解协议不损害国家、集体和第三人利益的，人民检察院应当撤回抗诉。

此，中国民事检察权的内容应包括民事检察监督和民事公益诉讼。

（一）民事违法监督

抗诉是中国民事检察权行使的主要方式之一，尤其是检察建议尚未在立法中予以明确的时候，抗诉是检察机关进行民事检察机关的唯一法定形式，在历次修法中都以保留。2012 年《民事诉讼法》修订，在第 208 条、第 209 条分别确认了检察机关依职权和依当事人申请提起抗诉情形。根据立法，检察机关抗诉的对象是已经生效的民事裁判和损害国家利益、社会公共利益的调解书。这里需要注意两点，一是民事裁判和调解书已经生效，未生效的检察机关不应受理；二是生效的民事裁判和调解书能够适用再审程序，不适用的检察机关不应抗诉，但可以按照《民行监督意见》第 9 条的规定提出检察建议。从抗诉适用的事由而言，《民事诉讼法》历次修改中发生了较大变化。在 1991 年《民事诉讼法》中，对当事人申请法院再审与检察机关违法监督的事由进行了分设处理，到 2007 年《民事诉讼法》修订的时候，这种思路就已经发生了转变，立法将检察机关的抗诉和当事人申请再审的事由做了同一化处理（此后修改对此沿用）。1991 年《民事诉讼法》规定的抗诉事由规定的极为简单，仅有四项；第二项适用法律错误、第四项审判人员违法和 2007 年以及 2012 年的立法相同，其余两项关于认定案件事实主要证据和违反法定程序的规定都较为笼统。2007 年修订后将抗诉事由扩展为 14 项。2012 年修订时删除 2007 年"违反法律规定管辖错误的"内容，抗诉事由为 13 项。检察机关抗诉采用"上级抗上级审"（即上级管辖制度）的监督模式，只有原审法院的上级检察机关才能提出抗诉，原审法院的同级检察机关可以提请上级检察机关抗诉。抗诉具有强制性，只要检察机关提起抗诉，人民法院必须启动再审程序。从积极意义上讲，抗诉能够引起法院对案件的重视；但从消极意义上看，抗诉之强制性很容易造成法院和检察院之间的紧张关系，进而造成司法摩擦并影响民事法律监督的效果。

表 4-1　　　　　《民事诉讼法》规定的监督事由变化对比

序号	2012 年	2007 年	1991 年
抗诉（再审检察建议）事由同当事人申请再审事由			最高人民检察院对各级人民法院已经发生法律效力的判决、裁定，上级人民检察院对下级人民法院已经发生法律效力的判决、裁定，发现有下列情形之一的，应当按照审判监督程序提出抗诉

续表

序号	2012 年	2007 年	1991 年
1	有新的证据，足以推翻原判决、裁定的		
2	原判决、裁定认定的基本事实缺乏证据证明的		
3	原判决、裁定认定事实的主要证据是伪造的		
4	原判决、裁定认定事实的主要证据未经质证的		（一）原判决、裁定认定事实的主要证据不足的
5	对审理案件需要的主要证据，当事人因客观原因不能自行收集，书面申请人民法院调查收集，人民法院未调查收集的	对审理案件需要的证据，当事人因客观原因不能自行收集，书面申请人民法院调查收集，人民法院未调查收集的	
6	原判决、裁定适用法律确有错误的		第 185 条第二项
	/	违反法律规定，管辖错误的	/
7	审判组织的组成不合法或者依法应当回避的审判人员没有回避的	第 179 条第 8 项	
8	无诉讼行为能力人未经法定代理人代为诉讼或者应当参加诉讼的当事人，因不能归责于本人或者其诉讼代理人的事由，未参加诉讼的	第 179 条第 9 项	（三）人民法院违反法定程序，可能影响案件正确判决、裁定的
9	违反法律规定，剥夺当事人辩论权利的	第 179 条第 10 项	
10	未经传票传唤，缺席判决的	第 179 条第 11 项	
11	原判决、裁定遗漏或者超出诉讼请求的	第 179 条第 12 项	
12	据以作出原判决、裁定的法律文书被撤销或者变更的	第 179 条第 13 项	
13	审判人员审理该案件时有贪污受贿，徇私舞弊，枉法裁判行为的	第 179 条第 2 款	第 185 条第四项
14	调解书损害国家利益、社会公共利益的（第 208 条内容）	/	

　　为缓解适用抗诉造成的紧张的法检关系，检察建议在实践中逐渐成为一种民事检察监督方式。2001 年最高人民检察院通过的《人民检察院民事行政抗诉案件办案规则》和最高人民法院下发的《全国审判监督工作

座谈会关于当前审判监督工作若干问题的纪要》中已经提出了"检察建议"的内容；2009 年最高人民检察院又颁布了《人民检察院检察建议工作规定（试行）》；另外诸多司法解释中早都已经有了关于"检察建议"的提法。① 这些都是"检察建议"的司法依据。2012 年修订的《民事诉讼法》在第 208 条第 2 款和第 3 款以及第 209 条中明确了检察建议的适用，吸收了司法改革文件中关于检察建议的重要内容，正式确认了其合法性地位，使之成为抗诉监督的一项重要补充。根据《民事诉讼法》和相关司法解释的规定，民事检察建议所适用的对象是民事审判程序中审判人员的违法行为以及人民法院作出的符合再审条件的生效裁判和调解书。检察建议分为再审检察建议和一般检察建议。再审检察建议是人民检察院认为已经发生法律效力的判决、裁定、调解书确有错误且符合再审条件，向人民法院提出建议以启动再审程序的一种监督方式。《民事诉讼法》第 208 条第 2 款和第 209 条规定的检察建议即为再审检察建议。这一规定确立的"同级监督"模式使得部分案件在原审法院得以纠正而不必抗诉到上级法院。一般检察建议则是人民检察院针对在诉讼过程中不能启动再审的裁判错误或违法行为向人民法院提出建议的一种法律监督方式。第 208 条第 3 款包含了一般检察建议的内容。即在审判监督程序以外的其他审判程序中审判人员的违法行为不符合再审条件的，人民检察院可向同级法院提出纠正违法行为的建议。这一规定将民事检察权跳出了事后监督的藩篱，使得中国民事检察权的范围得到了进一步的扩大。检察建议不具有程序上的强制力，对审判机关而言仅仅是一种督促作用，从而弱化了法检之间的抵触，以协商的方式实现了对民事诉讼活动的检察监督工作。不过也正是由于民事检察建议不具备强制性的法律效力，因此其作用有限。

---

① 有关"检察建议"的司法解释主要包括：2001 年 9 月 30 日最高人民检察院《人民检察院民事行政抗诉案件办案规则》；2009 年 11 月 17 日最高人民检察院《人民检察院检察建议工作规定（试行）》；2010 年 6 月 11 日最高人民法院办公厅、最高人民检察院办公厅《关于调阅诉讼卷宗有关问题的通知》；2011 年 3 月 10 日最高人民检察院与最高人民法院《关于对民事审判活动与行政诉讼实行法律监督的若干意见（试行）》；2011 年 3 月 10 日最高人民法院、最高人民检察院《关于在部分地方开展民事执行活动法律监督试点工作的通知》；2010 年 7 月 26 日最高人民法院、最高人民检察院、公安部、国家安全部、司法部《关于对司法工作人员在诉讼活动中的渎职行为加强法律监督的若干规定（试行）》；2011 年 3 月 10 日最高人民检察院《关于对民事审判活动和行政诉讼实行法律监督的若干意见（试行）》。

表 4-2　　　　　　　　　　　民事检察监督方式比较

	抗诉	检察建议
检法级别	上下级	同级
监督对象	①已经发生法律效力的判决、裁定	
	②损害国家利益、社会利益的调解书	
	/	③审判监督程序以外的其他程序中审判人员的违法行为
监督方式	诉后监督	诉前、诉中、诉后监督
监督效果	必然启动再审程序	可能启动再审程序
错误类型	实体错误、程序错误	

两种民事检察监督方式，不仅使得中国民事检察权的行使多元化，更为重要的是，两种民事检察监督方式互相补充，互相协调，为人民检察院进行检察监督提供了更多选择，也为缓解法检关系、提升监督效果、降低当事人诉累风险提供了可能。

为保障民事检察监督权的有效实施，现行《民事诉讼法》第 217 条新增了人民检察院的调查核实权①作为检察监督权的配套保障性权利，为检察机关在民事诉讼中的调查权提供了法律依据。检察机关调查核实的对象为当事人或者案外人。一直以来，调查权是困扰检察机关民事检察权真正落实的一个重要难题。因为没有相应的调查核实权，检察机关对于民事纠纷而言，只能局限于书面上的审查，这显然不能满足或实现民事检察权的职能需要。新《民事诉讼法》虽然增加了关于检察机关调查权的规定，但同时对该权能实施的条件进行了限制，即只有因"履行法律监督职责提出检察建议或者抗诉的需要"。这样的限制性规定在实践中一定程度上避免了检察机关泛化行使调查核实权的可能性。整体而言，检察机关对当事人和案外人的调查核实权，是检察机关进行检察监督的必要条件和手段，为检察监督权的顺利开展奠定了基础。

（二）民事公益诉讼

在中国，公益诉讼制度产生于 20 世纪以后，但是早在新中国成立以

---

① 《中华人民共和国民事诉讼法》第 217 条：人民检察院因履行法律监督职责提出检察建议或者抗诉的需要，可以向当事人或者案外人调查核实有关情况。

前的清末及民国时期就已经有了相关的立法规定,① 到新民主主义革命时期检察机关维护公益的相关制度真正得以确立;② 到中华人民共和国成立以后国家确立了检察机关参加民事行政诉讼活动的制度, 只是受"文化大革命"的影响, 各级检察机关被取消, 使得检察机关提起公益诉讼的制度一度陷入了停滞状态。直至 1978 年各地人民检察院重建才得到了一定程度的恢复。全国各地检察机关开始了对保护国有资产、保护社会公共利益而主动提起诉讼的探索和实践, 也赢得了人民法院、行政机关的配合和认可。③ 可见, 一直以来中国检察机关在公共利益的救济以及民事公益诉讼的进程中都占据极为重要的地位。

2012 年修订的新的《民事诉讼法》首次在法律层面明确规定了公益诉讼制度。④ 党的十八届四中全会以来, 围绕"保护公益"这一核心, 北京市等十三个省市的检察机关积极推进公益诉讼的试点工作, 并取得较好效果。到 2017 年再次修订《民事诉讼法》时将民事公益诉讼正式确立为民事检察权的新内容, 主要是针对涉及国家利益和社会公共利益的案件, 检察机关代表国家在无适格主体或适格主体不起诉时提起诉讼, 或者在适格主体起诉的情况下支持起诉, 追究相关违法者的民事法律责任。新《民事诉讼法》第 55 条第 2 款的规定确认了检察机关提起民事公益诉讼的法律地位。⑤ 中国经济社会转型发展的同时, 也隐藏着很多危及公共利益的问题。然而由于诉讼上适格主体的立法缺失, 信访问题越演越烈。这其实在很大程度上损害了当事人的私权利益。在这一时期立法中确认了检

①　清末及民国时期颁布了检察机关维护公益职责的相关规定。诸如 1908 年的《高等以下各级审判庭试办章程》、1914 年北洋政府公布的《平政院编制令》和《行政诉讼法》、1927 年颁布的《各省高等法院检察官办事要限暂行条例》以及《地方法院检察官办事权限暂行条例》等。

②　最高人民检察院民事行政检察厅:《检察机关提起公益诉讼实践与探索》, 中国检察出版社 2017 年版, 第 31 页。

③　最高人民检察院民事行政检察厅:《检察机关提起公益诉讼实践与探索》, 中国检察出版社 2017 年版, 第 33 页。

④　2012 年《中华人民共和国民事诉讼法》第 55 条:"对污染环境、侵害众多消费者合法权益等损害社会公共利益的行为, 法律规定的机关和有关组织可以向人民法院提起诉讼。"

⑤　《中华人民共和国民事诉讼法》第 55 条第 2 款:"人民检察院在履行职责中发现破坏生态环境和资源保护、食品药品安全领域侵害众多消费者合法权益等损害社会公共利益的行为, 在没有前款规定的机关和组织或者前款规定的机关和组织不提起诉讼的情况下, 可以向人民法院提起诉讼。前款规定的机关或者组织提起诉讼的, 人民检察院可以支持起诉。"

察机关在公益救济的民事诉讼中的合法地位，恰是为公益诉讼提供了一个公正有力的推动机关，为相关民事诉讼活动的展开奠定了基础。

但是，中国立法只是在原则上确立了检察机关在公益救济中的法律地位，对于检察机关以何种身份提起以及与之相关的具体制度等都没有体现。这就使得检察机关其实只是获得了一个提起的法律权利，至于具体该如何运作，依然处于探索阶段。而试点实践中所反映出来的问题，当前立法也并未解决，这一立法安排还任重而道远。

二 权利救济视角下的内容评析

民事检察权的几项权能内容所承担的功能发生了重大转向，尤其是民事检察监督权的功能，已经由最初的权力监督逐渐向权利救济倾斜。这在立法规定中体现得非常明显。

首先分析民事检察监督。在1991年《民事诉讼法》规定的检察机关民事抗诉的事由明显体现了对人民法院审判权违法的监督；而当事人申请再审的事由除却上述四项外，还有一条"有新的证据，足以推翻原判决、裁定的"情形，这主要体现的是对当事人合法权益的救济。立法上的这一区别规定，足见当时立法中检察机关的抗诉权是以监督权的定位出现的，其目的是为了监督审判权以纠正违法行为。到2007年《民事诉讼法》修改的时候，立法将检察机关的抗诉和当事人申请再审的事由做了同一化处理。"之所以将两者统一，是为了有助于解决当事人'申诉难'，更好地维护当事人的合法权益和国家法制的统一。"[①] 原有立法中的"新证据"以及新增的"据以作出原判决、裁定的法律文书被撤销或者变更"这样完全以权利救济为目的的事项都成为民事抗诉的事由。这意味着"民事抗诉的事由将不仅仅限于审判违法，而是像当事人申请再审一样，概括性地指向了审判错误"[②]。可见在2007年的立法中对当事人权利救济之倾向就已有之。2012年《民事诉讼法》修订时，增加了民事检察建议的监督方式，立法规定的民事检察监督的权利救济功能得到了更进一步的

---

① 胡康生全国人大法律委员会关于《〈中华人民共和国民事诉讼法〉修正案（草案第二次审议稿）》审议结果的报告，最高人民法院《民事诉讼法》修改研究小组：《〈中华人民共和国民事诉讼法〉修改的理解与适用》，人民法院出版社2007年版，第5页。

② 宋小海：《论民事抗诉制度的程序法定位——基于修改后民事诉讼法的分析》，《中外法学》2010年第4期。

强化。如图 4-1 所示，立法仍沿用了 2007 年立法的检察监督事由和当事人申请再审事由同一化的模式，并且在第 200 条（现行立法第 207 条）规定的抗诉事由中，仅有第 4、7、8、9、10、13 这六项事由并不直接关涉当事人的实体权利，主要侵犯的是其程序性的权利；其余七项事由中虽第 2、5、6、11 项与审判权的不当行使有关，但其引发的再审很大程度上会改变原审裁判中当事人的实体权利与义务，由此所反映出来的权利救济之功能是非常明显的；而第 1 和第 12 两项事由则是对 2007 年立法中单纯对救济私权内容的照搬。可以说，从现行立法规定的检察机关提起抗诉或检察建议事由的内容中，2012 年修改后的《民事诉讼法》中有一半以上的内容直接关涉权利救济，足见民事检察监督权之权利救济功能的转向。另外，增加了检察机关审查当事人申请的期限，规定"人民检察院对当事人的申请应当在三个月内进行审查，作出提出或者不予提出检察建议或者抗诉的决定。"这一期限的设置，显然督促了检察机关对当事人申诉的及时回应，有利于当事人权利救济的尽快实现。

其次分析民事公益诉讼中的权利救济意蕴。民事诉讼的主要功能在于权利救济，这种救济既包括对私主体的权利救济，也包括对公共利益的救济，从而形成两种不同的诉讼类型。私益诉讼救济公民个人权利这一点自不必多言。公益诉讼之"公"是相对于"个人"而言的。公益诉讼中之"公益"为"公共利益"之解。按照《现代汉语词典》的解释，所谓"公共"是"属于社会的；公有公用的"① 之意。公共是面向不特定的多数主体的。那么公共利益所面向的也是不特定的多数主体之共享的利益、好处。从法律意义的角度理解，"公益"可作不特定的多数主体的合法权利、利益。在此基础上，检察机关代表国家提起公益诉讼以维护公益，其结果仍会直接延及公民个人。公益是公民个人权利的集合，对公益的维护，也是对个体权利的维护。分散性的社会公共利益受到侵害的时候，其范围、受害主体的不特定以及普遍存在的"搭便车"心态，不可避免地导致权利救济难以实现。检察机关提起公益诉讼表面上维护了公共利益，但也在事实上救济了不特定主体的受损的私人权利。诸如环境污染公益诉讼的提起，在维护社会公益的同时，也使得公民个人免受侵害，保护了个人的生命健康权等。所以说，检察机关提起公益诉讼，在一定意义上也是

---

① 《现代汉语词典》第 7 版，商务印书馆 2016 年版，第 378 页。

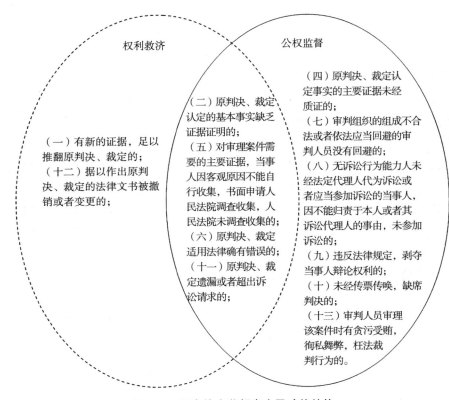

图 4-1　民事检察监督事由及功能结构

对私人权利的救济。只是这种救济是不特定的、以维护公益为核心的。而这也决定了，通过公益诉讼对私人权利的救济依然是检察机关维护公共利益之职能产生的客观结果，而并非其根本宗旨所在。

第四节　民事检察权对象中的权利救济

一　立法规定的民事检察权对象

现行《民事诉讼法》对民事检察权对象的规定，总结起来就是对"人"的监督和对"事"的监督。

对"人"的监督即对审判人员违法行为的监督，其监督内容是民事审判人员在履行审判职责的过程中行为的合法性。现有立法规定的这一监督主要体现《民事诉讼法》第 215 条第 3 款①。"民事诉讼"是人民法院在当事人和诉讼参与人参与下，依法审理和解决民事纠纷的活动，包括从受理、审理、裁判（或者调解）直至执行的全过程。《民事诉讼法》第 14 条是总则的规定，体现民事诉讼的基本原则，即检察监督原则。据此，作为民事诉讼法律关系主体的"人"自然应该属于检察机关监督的范畴，也就是人民检察院有权对所有的民事诉讼活动和诉讼参与人进行监督。《民事诉讼法》的"诚信原则"约束"当事人、法院和其他诉讼参与人"；人民法院对当事人的违法行为可以训诫、罚款、拘留等，如果符合再审条件可以依职权启动审判监督程序。那么检察机关作为法定的监督机关对于当事人和其他诉讼参与人的检察监督也就成为题中之义。当前立法规定了对审判监督程序以外的审判人员违法行为的监督就是对"人"监督的具体体现。对其他诉讼参与人的监督虽在立法中未予明确，但不能据此否定对其的监督。那么，民事检察权在执行监督中理应包括对人民法院的监督以及"人"的监督。这里的"人"既应包括审判人员，也应包括被执行人以及与执行有关的案外人。需要注意的是，现行法律规定的纠正违法行为的检察建议为"审判监督程序以外的其他审判程序"。然而，审判监督程序虽然没有其独立完整的诉讼程序，但依然是人民法院的审判权这一公权力介入的活动，理应受到监督。而且最高人民检察院《人民检察院民事诉讼监督规则》第 98 条对《民事诉讼法》中规定的对违法行为监督的"审判程序"的解释中也包括了审判监督程序。从这个角度也证明了审判监督程序不应排除在违法行为检察监督的范围之外。随着 2010 年"两高三部"《关于对司法工作人员在诉讼中的渎职行为加强法律监督的若干规定（试行）》的颁行，"要坚决纠正民事诉讼中审判人员违法等问题"② 被强调；另外基于公权监督和确保司法公正的要求，检察机关对民事诉讼中对"人"的违法行为监督亦是合乎法理及党的十九大要求的。

对"事"的监督是人民法院民事审判结果和程序（过程）的监督，其监督内容是民事审判结果以及审判程序的合法性。从审判结果的角度，现行《民事诉讼法》第 215 条第 1 款及第 2 款规定了检察机关对已经发生

---

① 《中华人民共和国民事诉讼法》第 215 条第 3 款：各级人民检察院对审判监督程序以外的其他审判程序中审判人员的违法行为，有权向同级人民法院提出检察建议。

② 雷丰超：《强化对民事审判违法行为的监督》，http://www.spp.gov.cn/llyj/201302/t20130227_56364.shtml，2017 年 6 月 24 日。

效力的判决、裁定之检察建议及抗诉权（条件则是援引第 207 条规定的当事人申请再审的条件①），对损害国家利益、社会公共利益之调解书之检察建议和抗诉权②；这其中同时包含了对审判程序违法的监督。第 216 条作为新增的内容，第 1 款主要规定了当事人向检察机关申请检察建议和抗诉的内容，这是检察机关对人民法院再审结果和程序的监督。③ 较之于

---

① 《中华人民共和国民事诉讼法》第 207 条：当事人的申请符合下列情形之一的，人民法院应当再审：

（一）有新的证据，足以推翻原判决、裁定的；

（二）原判决、裁定认定的基本事实缺乏证据证明的；

（三）原判决、裁定认定事实的主要证据是伪造的；

（四）原判决、裁定认定事实的主要证据未经质证的；

（五）对审理案件需要的主要证据，当事人因客观原因不能自行收集，书面申请人民法院调查收集，人民法院未调查收集的；

（六）原判决、裁定适用法律确有错误的；

（七）审判组织的组成不合法或者依法应当回避的审判人员没有回避的；

（八）无诉讼行为能力人未经法定代理人代为诉讼或者应当参加诉讼的当事人，因不能归责于本人或者其诉讼代理人的事由，未参加诉讼的；

（九）违反法律规定，剥夺当事人辩论权利的；

（十）未经传票传唤，缺席判决的；

（十一）原判决、裁定遗漏或者超出诉讼请求的；

（十二）据以作出原判决、裁定的法律文书被撤销或者变更的；

（十三）审判人员审理该案件时有贪污受贿，徇私舞弊，枉法裁判行为的。

② 《中华人民共和国民事诉讼法》第 215 条：最高人民检察院对各级人民法院已经发生法律效力的判决、裁定，上级人民检察院对下级人民法院已经发生法律效力的判决、裁定，发现有本法第二百条规定情形之一的，或者发现调解书损害国家利益、社会公共利益的，应当提出抗诉。

第 215 条：地方各级人民检察院对同级人民法院已经发生法律效力的判决、裁定，发现有本法第二百条规定情形之一的，或者发现调解书损害国家利益、社会公共利益的，可以向同级人民法院提出检察建议，并报上级人民检察院备案；也可以提请上级人民检察院向同级人民法院提出抗诉。……

③ 《中华人民共和国民事诉讼法》第 216 条：有下列情形之一的，当事人可以向人民检察院申请检察建议或者抗诉：

（一）人民法院驳回再审申请的；

（二）人民法院逾期未对再审申请作出裁定的；

（三）再审判决、裁定有明显错误的。

……

2007 年《民事诉讼法》关于民事检察权的规定，增加了对民事调解书的检察监督。需要注意的是，此处，法律规定检察监督只针对"损害国家利益和社会公共利益"的调解书。对于这一点，在"两高"会签文件的商讨中认为，考虑到自愿原则和中央政法委推进的大调解机制的精神以及检察机关法律监督的主要任务，最高人民法院才同意检察机关可以对损害国家利益、社会公共利益的生效民事调解书进行监督，生效调解书违反自愿原则、调解协议违法及损害第三人利益的事由，不属于监督的范围。① 即使如此，学者指出对于"损害国家利益、社会公共利益"也应从宏观利益的角度去审视。② 除却对审判结果的监督，从检察机关提起监督的事由来看，包含了审判过程中违反程序的情形。这就说明，在对事的监督中，只要审判活动和结果存在违法、错误，检察机关就可以进行监督。另外，根据现行《民事诉讼法》第 242 条的规定，民事检察权应全面覆盖执行活动的内容。在民事执行中，包括执行根据、执行措施、执行裁定、执行终结和执行中止等，都应被列入民事检察权的对象之中。

据此，根据《民事诉讼法》总则和分则之规定，民事检察权的对象具体有四：一是已经发生法律效力的民事判决、裁定符合现行《中华人民共和国民事诉讼法》第 207 条和 216 条第一款规定的；二是损害国家利益、社会公共利益的民事调解书；三是认为民事审判程序中审判人员存在违法行为的；四是认为民事执行活动存在违法情形的。检察机关提起公益诉讼既具有监督性质，同时还与民事纠纷的实体问题密切相关，笔者将其单列，此处就不再对其监督的内容详述。

二　权利救济视角下的对象评析

人的行为和事的结果是伴随相生的。对"事"的监督必然涉及对"人"的监督，这一点体现在检察机关依职权对生效的民事裁判启动监督的事由之中；对"人"的监督直接要求对该违法行为所产生的结果进行处理的问题。只不过，对"人"的监督要求审判人员或执行人员在主观上有过错，而对"事"的监督则对此没有要求。在民事检察监督中，应把这两者结合起来：在对"人"的监督中，检察机关要查明审判人员和

---

① 江必新：《新民事诉讼法理解适用与实务指南》，法律出版社 2015 年版，第 827 页。

② 江必新：《新民事诉讼法理解适用与实务指南》，法律出版社 2015 年版，第 833 页。

执法人员在职务行为中存在违法，同时还要注意其是否造成诉讼程序和结果的违法、错误，如果有，则应提起检察建议或抗诉；在对"事"的监督中如果涉及相关人员的违法行为，需要对行为人的主观过错予以查明，如果有，不仅应对裁判结果进行监督，还要针对行为人的行为提出检察建议。将民事检察权的对象结合起来，对检察机关履行检察监督职能而言是大有裨益的。

从权利救济的视角，检察机关对"人"和对"事"的监督相结合，也使得权利救济间接获得了更大程度的保障。人民法院已经生效的判决、裁定一直以来都是民事检察权进行监督的对象。人民法院审判活动终结的一个重要表现就是作出判决或裁定。人民检察院不可能全程参与人民法院对案件的审理过程。那么，对直接关涉当事人实体权利内容的裁判结果的监督，启动再审程序就使得当事人的权利获得再次确认的机会，这无疑使其权利恢复有了多一次的机会。因为立法规定的对调解书的检察监督仅针对"损害国家利益、社会公共利益的"，因此不直接关涉当事人的权利救济。而诉讼活动中的违法行为，往往在事实上造成对私权的侵犯，对违法行为的一般检察建议使得检察机关一经发现并查实违法行为即可向相应法院提出检察建议，这就在事前起到了监督和预防作用，从而避免了对当事人权利的侵害，间接地实现了对当事人的权利救济。在中国民事司法实践中，执行问题一直都是困扰法院执行部门和当事人的重要问题。最高人民法院在《关于解决"执行难"问题的报告》中指出了被执行人难找、被执行财产难寻、协助执行人难以及应执行财产难动的"四难"问题，尤其是以法院或执行人员为主要责任的"执行乱"问题更是造成了对私权的侵犯。对执行的检察监督将在很大意义上改善这一问题，因此执行中的民事检察监督也是对当事人在执行活动中权利救济的一种保障。

综观当前立法对民事检察权的规定，可以看出，尽管在范围、启动、对象以及内容中都可以看到民事检察权对权利救济的保障功能。但不能否认的是，这种功能只能说是对救济权的保障或补充，而非直接体现为进行权利救济。而在司法实践中，基于现实的需要，在公权监督和权利救济间，民事检察权正处在一个尴尬的位置，公权监督是其本质功能所在，却又在权利救济中表现出极为暧昧的态度。

第五章　民事检察权权利救济的现状分析

民事检察权不仅在理论上的争议未平，实践中由于权利救济功能的需求，也使得民事检察权的运行还存在欠缺之处。通过对全国范围内民事检察权的运行情况的现实考察，探究民事检察权在权利救济功能发挥中的现实情况和根本成因，以管窥当前民事检察权的问题，为理论的进一步完善提供实践支撑。

第一节　基于司法案件研究的实证分析

民事检察权的研究不仅仅是理论上的研究，更是实践问题的研究。尤其是中国民事检察权承载了权利救济的功能之后，使其更是成为一个具有实践价值的问题。因此对民事检察权的研究，尤其是本书基于权利救济这一实践需求的视角研究民事检察权，更需要对司法案件进行分析和研判。

本书对权利救济视角下的民事检察权进行现实问题与困境之考察，主要是基于司法案件的研究。笔者就职于某直辖市人民检察院民事检察监督部门，对该市全市民事检察的司法案件有着先天的收集优势。另外，基于工作关系，笔者就民事检察监督案件的办理情况，与相关同事进行深度访谈与交流。因此，对民事检察权运行的考察具有现实可行性。

根据本书研究的需要，笔者主要对所在直辖市的民事检察工作情况进行了调研。收集和整理了 2012 年至 2016 年该市全部提出监督意见的案件办理情况，2014 年至 2017 年 11 月全市民事申请监督案件主要办案指标、各分院办案数据以及所辖区县院办案数据、2016 年和 2017 年所辖基层院同级监督案件情况，以及全市检察机关民事检察人员数量、年龄结构、专业结构数据。这些数据显示了全市各级人民检察院 2012 年至 2017 年 11

月以来民事检察案件的收案、结案、结案率、抗诉、提请抗诉、再审检察建议、再审检察建议采纳、抗诉后再审结案案件、再审改变原判数、检察建议、不支持监督申请、终结审查、再审情况等具体数据，为本书量化分析民事检察权的运行情况提供了可行性和准确性。笔者还逐一阅读了近三年来的民事检察案件的卷宗材料，对案件类型、改判情况等进行梳理和总结，为民事检察权在具体案件中发挥的权利救济作用的分析提供了素材。

另外，鉴于所在直辖市的情况并不能代表全国民事检察权的运行现状，笔者还对全国 2015 年其他各省市民事行政检察工作情况和相关数据进行了收集和梳理。这些数据可以反映出全国 2015 年各地民事检察工作的基本情况、取得的成绩、面临的问题以及下一步的工作部署等。通过对各地情况的了解，论证了本书所阐述问题的普遍性。同时，笔者还对山东省、内蒙古自治区的民事检察工作情况进行了访谈，访谈中了解到了上述两地民事检察工作的运行情况、存在问题以及应对措施以及相关监督案件的类型、检察人员结构情况等。笔者还通过对各地检察机关历年来对同级人民代表大会所作的工作报告、网络新闻、报纸新闻等进行收集，对地方省市在民事检察工作中取得的成绩、面临的问题等进行了分析。通过上述整理和分析工作，佐证了笔者的结论。

第二节　民事检察权在权利救济中的实践成果

2012 年以来，全国检察机关按照最高人民检察院的相关部署，不断推进对民事诉讼活动的监督工作，取得了较大的成绩。整体上看，民事检察权在充分履行监督职责的同时，进一步完善多元化的监督格局；并从以往偏重对裁判结果的单一监督有效转变为对裁判结果监督和审判人员违法行为监督、执行监督的全面发展。全国通过提出抗诉、再审检察建议和检察建议发出监督意见的数量逐年攀升。2014 年，全国检察机关共办理各类民事诉讼监督案件 91154 件，其中对民事生效裁判、调解提出抗诉 4064 件，提出再审检察建议 4877 件，对审判程序中的违法行为提出检察建议 19721 件，对执行活动中的违法情形提出检察建议 29461 件。[①]　各省

---

① 最高人民检察院 2014 年工作报告。

市统计的数据也印证了这一发展局面。在当前权利救济需求不断攀升的大背景下，民事检察权的多元发展与之紧密相关，并呈现出明显的救济倾向。具体表现出如下几个方面的特点。

一　民事检察权利救济效果显著

民事检察权之权利救济功能不仅在立法上得到了确认，而且在实践中也确实发挥了重要作用。不管是民事检察监督还是公益诉讼均实现了权利救济的功能。

第一，通过民事检察监督，案件改判和发回重审的比例较高，当事人的权利得到了实质上的救济。从笔者所在直辖市检察院和各分院对民事抗诉案件的再审情况看，直辖市对应级别法院改判、发回重审和调解的案件占比 2014 年约为 54.8%，2015 年约为 41.2%，2016 年为 84%，2017 年为 48%。

表 5-1　　　　　某直辖市检察院民事申请监督案件处理情况　　　　单位：件

年份（年）	抗诉	再审检察建议	再审情况					再审检察建议采纳数
			改判	发回重审	调解	维持	其他	
2014	31	0	9	4	4	8	1	0
2015	34	1	6	7	1	6	0	15
2016	43	0	20	13	3	13	0	0
2017	50	0	7	16	1	16	0	1

说明：数据来源于某直辖市检察院统计数据。其中 2014—2016 年为全年统计数据，2017 年数据截止时间为 11 月 30 日。

从上述统计数据来看，抗诉后再审审结案件中改变原判数所占比例一直比较高。从 2008 年到 2012 年四年的改判率平均为 62%，2010 年高达 81.25%，2011 年也有 75% 之多（包含民事和行政）；[①] 从 2014 年到 2017 年分别为 77.4%、88.9%、73.5% 和 60%。可以看出，经过民事检察监督有很大一部分有机会得到纠正。

不仅笔者所在直辖市如此，从全国各地通报的情况来看也是如此。如安徽省检察院在召开新闻发布会时指出，2015 年到 2016 年上半年，检察

①　张彬：《北京检察院：民事行政抗诉案六成"改判"》，《法制晚报》2012 年 5 月 11 日。

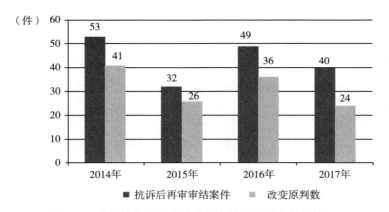

图 5-1 某直辖市民事申请监督案件抗诉再审结案情况

数据来源：某直辖市检察院统计数据。其中 2014—2016 年为全年统计数据，2017 年数据截止时间为 11 月 30 日。

机关提出民事抗诉案件 245 件，在已审结案件中，再审改判率达到 74%。[1] 山东省全省法院民事抗诉案件的改判和发回重审率在 2008 年到 2011 年也是呈上升趋势[2]。

从该直辖市和全国各地统计的数据可以看出，民事检察权之介入，使得民事案件改判和发回重审的比例都比较高，而再审检察建议虽整体较少，但采纳率也非常之高。也就意味着通过民事检察，案件得到了再次审理的机会，而改判又使得原审判决形成的权利错位得到了恢复和救济，为当事人带来司法的公正。

第二，民事检察监督事由反映了对权利救济之倾向。梳理近年来笔者所在直辖市检察机关工作报告，并对抗诉案件的逐一分析，可以发现检察机关运行民事检察权对民事诉讼活动进行的监督，其监督理由多与当事人的实体权利相关。2012 年全年办理的抗诉案件中，因"新证据"这种纯粹的具有权利救济性事由提出抗诉、再审检察建议的案件有 49 件之多，占总监督数量的 22.3%；而以事实认定和适用法律错误这样兼具公权监督和权利救济性事由提出抗诉、再审检察建议的案件分别有 28 件和 75

---

[1] 中安在线：《安徽检察机关一年半向法院提出民事抗诉 245 件》，http：//news. ifeng. com/a/20160714/49351028_0. shtml，2017 年 12 月 4 日。

[2] 范翠真、冯波：《关于山东法院民事、行政抗诉案件审理情况的调研报告》，《山东审判》2012 年第 3 期。

件，占总监督数量的 12.7% 和 33.9%，可见监督案件中具有权利救济性的监督事由占总监督数量的六成以上。以 2014—2016 年笔者所在直辖市人民检察院收到的法院再审判决为研究范本①对检察机关抗诉事由进行统计分析，全市人民检察院民事检察部 2014 年至 2016 年共收到 95 份法院再审判决，依据判决结果，检察机关抗诉事由主要集中在现行《民事诉讼法》第 207 条第（1）、（2）、（6）项，而这三项正是我们前文分析的具有权利救济性的事由。如表 5-2 所示，其中①代表《民事诉讼法》第 207 条第（2）项，认定的基本事实缺乏证据证明；②代表第（6）项，适用法律确有错误；③代表第（2）、（6）项；④代表第 207 条第（1）项，有新的证据足以推翻原审裁判；⑤其他。依据新证据抗诉的案件有 12 件，占全部案件的 12.6%，其中 11 件被法院再审改判，改判率达到 91.7%；适用法律确有错误的有 26 件，占全部案件的 27.4%；认定基本事实缺乏证据证明的 20 件，占全部案件总数的 21.1%；认定事实和适用法律错误的 34 件，占全部案件总数的 35.8%；而程序违法这类纯粹公权监督功能的案件仅有 3 件，占 3.1%；法院再审改判 1 件，改判率也仅有 33.3%。山东省也呈现出相同的特点。由此可见，在实践中民事检察监督事由具有权利救济倾向并不是地方特色，而是一个普遍存在的现象且持续保持。

表 5-2　　　某直辖市人民检察院民事抗诉再审案件抗诉事由统计　　　单位：件

	①	②	③	④	⑤
2014 年	7	3	13	3	0+3②
2015 年	4	7	7	2	0
2016 年	9	16	14	7	3
合计	20	26	34	12	3

数据来源：笔者梳理所在直辖市人民检察院民事检察部收到的再审判决进行分析所得。

对于民事执行之监督事由，从 2012 年至 2016 年的报告中反映出主要

---

①　某直辖市人民检察院民事检察监督部 2014 年至 2016 年共收到 95 份法院再审判决。上表所示数据是当年收到的全部再审判决统计，而案件有些是前一年抗诉，法院后一年才出再审判决的。其中遗漏诉讼请求 1 件，审判组织不合法 1 件，应当参加诉讼当事人因不可归责自身原因未参加 1 件。

②　此处 3 件，是检察机关认为生效裁判除认定事实和适用法律错误外，将裁判显失公平作为抗诉理由叠加适用，显失公平并非《民事诉讼法》第 207 条规定的法定抗诉条件。

集中在对执行法院未穷尽执行措施、超出生效法律文书范围执行、超期查封财产、超期执行"立而不执""执而不结"等问题进行检察监督。上述问题或者是对当事人权利救济之迟迟难以落实，或者本身造成了当事人权利的再次损害。检察机关的执行监督在破解"执行乱"时，也大力解决了当事人的"执行难"。

网络上也报道了很多检察机关行使民事检察权对权利进行救济的新闻。诸如正义网"检察官 15 天帮工人讨回拖欠近两年工资"①；福建永安市检察院通过检察建议的方式帮助当事人追回了对孩子的抚养权②；武汉夏江一起案件通过抗诉虽未实现当事人的改判诉求，但通过理清证据、释法说理等方式不仅使得当事人服判息讼，更使其不至于因周旋于案件而耗费更大的成本。③ 这于当事人而言，也是另一种意义的权利救济。

第三，民事检察工作部署中注重权利救济尤其是对弱势群体的权利救济。权利救济不仅仅是民事检察权运行的间接结果，事实上已经成为全国各级民事检察工作的一项工作内容甚至是工作重点。在最高人民检察院历年工作报告和全国性民事检察工作文件中均反复强调这一点，要求各省市在具体工作中予以落实。如重庆市检察院与重庆市司法局会签《关于加强民事行政检察暨法律援助工作的协作意见》后，依托"检司协作机制"，通过支持起诉，帮助 226 名农民工追讨欠薪 248 万元，积极帮助索赔工龄补偿金、工伤保险补助金等。黑龙江省在 2015 年民行检察工作总结中也提出下一步工作要重点办理房屋登记、拆迁、土地和劳动社会保障、虚假诉讼等群众反映强烈的案件。安徽省在开展诉讼监督工作的同时，民行检察部门坚持为民服务理念，将百姓利益放在重要位置，高度重视关系群众切身利益的案件办理工作，关注弱势群体利益保护。④ 广东、广西、四川等省市的工作总结中也多见对弱势群体权利救济和保护字眼。

---

① 正义网：《检察官 15 天帮工人讨回拖欠近两年工资》，http：//news. sina. com. cn/c/2018-01-08/doc-ifyqinzt0250943. shtml，2017 年 11 月 28 日。

② 吴海珠：《熊平福建永安市检察院执行监督帮助当事人追回抚养权》，http：//www. jcrb. com/procuratorate/jcpd/201705/t20170517_1754004. html，http：//news. sina. com. cn/c/2018-01-08/doc-ifyqinzt0250943. shtml，2017 年 11 月 28 日。

③ 花耀兰：《张冰峰武汉夏江：一起民事抗诉案当事人送来锦旗》，http：//www. jcrb. com/procuratorate/jcpd/201712/t20171211_1824487. html，2017 年 11 月 28 日。

④ 参见安徽省人民检察院工作报告。

第四，支持和提起民事公益诉讼，为大规模侵权行为之责任承担和权利救济提供了路径支持。截至 2016 年 12 月底，公益诉讼试点地区检察机关共在履行职责中发现公益案件线索 5765 件，办理诉前程序案件 3883件。其中，生态环境和资源保护诉前程序案件 2768 件，占比 71.29%；国有土地使用权出让领域 559 件，占比 14.40%；国有资产保护领域 528 件，占比 13.60%；食品药品安全领域 28 件，占比 0.72%。到回复期的民事诉讼程序案件 102 件中，无适格社会组织起诉的 55 件，社会组织起诉 22件，社会组织回复不起诉或不回复 35 件。湖北省通过诉前监督，督促行政相对人缴清土地出让金 1.39 亿元，在国有资产领域挽回国家损失1305.8 万元。各试点检察院向人民法院提起公益诉讼 495 件，87 个试点市（分、州）中，84 个市（分、州）解决空白，占 97%；759 个试点基层院中（因安徽、广东行政区划调整，试点地区基层检察院数目减少 2个），提起诉讼的 407 个，占 53.62%。人民法院共审结 32 件，法院判决支持检察机关诉讼请求 28 件，因行政机关纠正撤诉 2 件，因有法律规定的适格的组织参与诉讼撤诉 1 件，调解结案 1 件。吉林全省提起公益诉讼案件数位居全国第一，率先完成解决 60%基层院诉讼空白的任务。[①]

"官司有理打不赢，检察院里找民行"这一顺口溜已经在老百姓中广为流传，足见民事检察权对于当事人权利救济之现实可能和实际功能。无论是立法层面还是实践层面，民事检察权的救济功能在不断凸显和强化。由此可见，在民事抗诉中，抗诉事由以具有救济当事人权利为内容的居多。这不管是从理论上还是实践中，都会强化民事检察权行使对权利救济之功能的认知。而其实践运行，也确实满足了当事人对权利救济之诉求。

二　民事检察权利救济集中性明显

经调研，近年来全国各地检察机关办理的案件中，民事检察监督案件数量居高。2014 年全国检察机关共办理各类民事行政诉讼监督案件100438 件（其中民事检察案件 91154 件）、2015 年 115568 件；2016 年113958 件。[②]（2015 年和 2016 年最高人民检察院公布数据中未将民事与行政检察案件分别统计数据，但从 2014 年数据也可以看出，行政案件总

[①]　参见最高人民检察院 2016 年工作报告。
[②]　数据来源：最高人民检察院工作报告（2015—2017）。

体占比较小）在这大量的检察案件中，大部分案件来自于当事人申请，这从一个侧面也说明了民事检察权权利救济之实质倾向性。

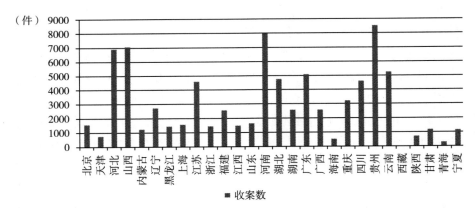

图 5-2 部分省市 2015 年检察机关受理民行检察案件数量统计

数据来源：各省市 2015 年工作报告。

不仅全国数据如此，各地方检察机关情况也大致相似。笔者收集了2015 年全国多个省市的工作报告，并对民事检察监督案件数量进行了统计。如图 5-2 所示，可以看出，各省市检察机关受理案件数量之多。大多数省市在进行工作汇总时并未将民事检察与行政检察案件予以区分。所以图中所示除山东省、湖北省外，都为检察机关受理的民行案件总量。事实上，不管是在全国统计数据中还是各省市统计数据中都可以发现，行政检察案件的占比非常之小，如广东省行政检察仅占 22.87%，2014 年全国行政检察案件占比仅为 9.24%。

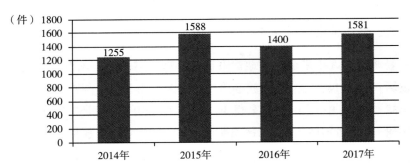

图 5-3 某直辖市检察权受理民事申请监督案件数量统计

数据来源：某直辖市检察院统计数据。

从笔者所在的直辖市近年来的民事检察案件的受理情况来看，2014
年到 2017 年间检察机关受理的民事案件分别为 1255 件、1588 件、1400
件和 1581 件（2017 年的数据仅截止到 11 月 30 日）。整体而言，检察机
关每年受理的民事案件数量相较于刑事监督类案件而言，还是非常庞
大的。

全国及各地检察机关办理的民事案件数量虽多，但是民事检察监督的
案件多由当事人申请。就笔者所在的直辖市检察院而言，2018 年之前几乎
全部案件均来自当事人的申请，依职权进行检察监督的案件数为零。笔者
对 2012 年至 2016 年全市监督案件情况进行了整理。可以看出，该直辖市
检察机关受理的民事案件非常之多且呈上升趋势。从案件类型看，主要集
中在传统的民事纠纷，商事纠纷、公司、证券、知识产权等案件类型较为
罕见。而受理的案件主要为合同纠纷（包括房屋买卖合同纠纷案件、借
款纠纷案件、租赁合同纠纷案件、建设工程施工合同纠纷案件以及其他合
同纠纷案件等）、婚姻家庭析产继承纠纷、物权纠纷、劳动争议和人身侵
权纠纷案件。据笔者在内蒙古自治区人民检察院控告申诉处的调研可知，
内蒙古自治区自 2014 年到 2016 年的三年中接待的民事诉讼监督案件中，
房屋、土地类案件 732 件，占比约 18.64%；合同类案件 648 件（其中包
括买卖合同纠纷 468 件、借款合同纠纷 180 件），占比约 16.5%；侵权责
任纠纷 282 件，占比约 7.18%。可见，检察机关检察监督的案件虽然多而
广，但集中性是非常鲜明的，主要集中于与日常权利极为相近的领域。

表 5-3　　某直辖市检察机关民事抗诉、再审检察建议的案件情况　　单位：%

年份	合同纠纷	婚姻家庭、析产继承	物权纠纷	劳动争议	人身侵权	其他
2012	81.9	6.8	6.3	1.4	0.9	2.7
2013	59.4	5.6	9.1	4.2	2.8	18.9
2014	52.4	12.7	12.7	7.9	9.5	4.8
2015	37	12	16	17	18	——
2016	45	9.8	11.6	15.3	18.3	——

数据来源：2012—2016 年某直辖市办案数据及类型统计分析所得。

从检察机关受理民事案件所涉内容来看，民事检察权之运行，集中性
地解决了与当事人紧密相关的权利事项。事实上起到了对当事人权利救济
的效果。

三 民事公诉案件办理有序开展

"改革试点能否顺利取得预期成效，关键在于能不能办理一批法律效果、政治效果和社会效果较好的公益诉讼案件，扩大影响，巩固成效，完善制度，推动立法。"① 检察机关提起公益诉讼试点以来，不断总结经验吸取教训，有序开展民事公诉活动，取得了不少有益成果，在维护国家利益和社会公益方面作出了极大贡献。

（一）案件线索情况

案件线索是检察机关发现和提起民事公益诉讼的重要源头。实践中，检察机关结合法律监督职责，创新案件线索收集渠道。各检察机关通过加强与内设部门和其他部门的内外联系，通过走访群众以及关注新闻媒体曝光等方式，拓宽了公益诉讼案件的来源，广泛收集案件线索，及时发现影响群众生产生活危及公共利益的案件。在检察机关"一体化"大局观念的指导下，逐步建立公益诉讼案件线索发现机制。

笔者收集了最高人民检察院办公厅《全国检察机关公益诉讼办案工作情况通报》2017 年 7 月至 2018 年 2 月的数据，见表5-4。

表 5-4　　　　各地检察机关民事公诉案件线索情况统计

序号	省份	线索总数	环境资源	食品药品
1	贵州	140（104）	103（79）	37（25）
2	河南	233	215	18
3	吉林	150（31）	81（15）	69（16）
4	云南	98（62）	84（56）	14（6）
5	广东	879（469）	716（386）	163（83）
6	江苏	1004（883）	627（529）	377（354）
7	安徽	427（363）	361（314）	66（49）
8	黑龙江	257	231	26
9	山西	72	48	24
10	山东	434（378）	410（361）	24（17）
11	湖北	455（344）	362（279）	93（65）

---

① 《最高人民检察院民事行政检察厅检察机关提起公益诉讼实践与探索》，中国检察出版社2017 年版，第 68 页。

序号	省份	线索总数	环境资源	食品药品
12	陕西	111（82）	16（8）	95（74）
13	四川	205	135	70
14	浙江	108	84	24
15	福建	190（143）	120（81）	70（62）
15	江西	82	71	11
17	甘肃	68（47）	50（31）	18（16）
18	湖南	244	209	35
19	内蒙古	28（6）	28（6）	0（0）
20	河北	165	144	21
21	重庆	137	129	8
22	北京	222（125）	153（76）	69（49）
23	广西	383	264	119
24	辽宁	147	139	8
25	新疆	56	44	12
26	上海	281	257	24
27	青海	41	19	22
28	海南	79	72	7
29	兵团	6	6	0
30	宁夏	10	10	0
31	天津	15	4	11
32	西藏	3	0	3
32	军检	0	0	0
合计		6730（5561）	5192（4302）	1538（1259）

说明：2015 年以来在 13 个省开展了公益诉讼试点，括号中的数据为各试点 2017 年 1 月至 2018 年 2 月数据，括号外的数据为试点以来至 2018 年 2 月数据。

数据来源：最高人民检察院办公厅《全国检察机关公益诉讼办案工作情况通报》2017 年 1 月至 2018 年 2 月。

截至 2018 年 2 月，检察机关提起公益诉讼试点以来两年多的时间里，全国共发现民事公益诉讼案件线索 6730 件，其中环境资源案件 5192 件，食品药品案件 1538 件。位居前五名的分别是江苏 1004 件，广东 879 件，湖北 455 件、山东 434 件和安徽 427 件。从 2017 年 7 月至 2018 年 2 月的数据来看，这些地区借助了试点期间积累的经验优势，而在此后实施过程中仍居前列，分别是江苏 883 件、广东 469 件、山东 378 件、安徽 363 件和湖北 344 件，这在一定程度上也表明了试点经验的积极效果。

从案件领域来看，环境资源的案件线索较多，这不仅体现在案件线索总数中，在各省份的情况亦是如此。从总数上看，环境资源案件共 5192 件，食品药品案件共 1538 件，分别占总数的 77.15% 和 22.85%。除却陕西、天津和青海食品药品案件线索总数多于环境资源外（而数量往往差距较小），其余省市均以环境资源案件居多且差距非常明显。差别尤为明显者为山东，食品药品和环境资源案件线索相差绝对值为 388，黑龙江、广东、上海、北京等省市差距也较为明显。

整体而言，检察机关在开展公益诉讼试点以来，全国检察机关坚守检察机关的职能定位，主要从环境资源和食品药品领域充分利用并积极拓展多种不同方式，在线索发现、报备、筛选等方面上下联动，整合力量、强化指导，建立了民事公益诉讼线索发现的一体化机制。① 在工作中注重公益诉讼案件线索的界定与甄别，通过考虑公益性、损害程度、时效等确定公益诉讼案件线索的基本原则，并对已经发现的案件线索进行评估和精选，紧密围绕检察机关提起民事公益诉讼的职责，根据《检察机关提起公益诉讼试点方案》和《人民检察院提起公益诉讼试点工作实施办法》筛选和确定民事公益诉讼的案件线索。

（二）诉前程序开展情况

在《人民检察院提起公益诉讼试点工作实施办法》和最高人民检察院和最高人民法院联合印发的《关于检察公益诉讼案件适用法律若干问题的解释》中都对检察机关提起公益诉讼以前履行法定程序作出了相关规定。从立法、司法解释和实践的角度，民事公益诉讼的诉前程序开展情况主要呈现如下特点。

第一，检察机关民事公诉的诉前程序案件主要是环境资源领域和食品药品领域。《人民检察院提起公益诉讼试点工作实施办法》第 1 条第 1 款和"两高"《关于检察公益诉讼案件适用法律若干问题的解释》第 13 条都将检察机关提起民事公益诉讼进行诉前程序的案件范围限定为"破坏生态环境和资源保护、食品药品安全领域侵害众多消费者合法权益等损害

---

① 最高人民检察院民事行政检察厅编：《检察机关提起公益诉讼实践与探索》，中国检察出版社 2017 年版，第 95 页。

社会公共利益的行为"。这就限定了检察机关提起民事公益诉讼的范围，实践中也主要是针对此类领域的案件发出了检察建议，以督促相关适格主体提起民事公益诉讼。

第二，民事公诉诉前程序注重质量，确保案件效果。诉前程序的设置即是为了增强检察机关的监督效力以节约司法资源。试点以来，各检察机关为确保办案效果，在诉前程序探索和积累了不少经验。笔者在最高人民检察院民事检察部门进行调研时获悉，当前民事公诉诉前程序的主要做法包括：一是整合人员，优化专业团队，用有限的人员形成一体化办案体制；安徽省在这方面作出了较好的表率。二是上下指导，形成合力，主要是省人民检察院指导市人民检察院和基层人民检察院进行案件梳理、案情分析以及理论和实务问题的解决等，一方面加强了工作合力，另一方面也对建立和规范审查标准大有助益。三是全面收集和调查核实证据确保诉前检察建议的质量。湖北省人民检察院、福建省人民检察院等在诉前程序中规范了调查取证的人员、程序和手段等，为获取明确的事实根据和法律依据、增强诉前程序的准确性作出了积极地努力。

（三）起诉及受理情况

虽然经过了诉前程序，但是可以看到，很多民事公益诉讼案件并没有得到适格主体的起诉或根本找不到适格主体，检察机关的监督目的尚未实现。因此，在经过民事公诉诉前程序无适格主体或者适格主体不起诉的情况下，检察机关可以提起直接民事公益诉讼。

表5-5　　　　　　试点地区检察院参与民事公益诉讼情况　　　　单位：件

| 序号 | 省份 | 最高人民检察院审查批复数 | | 省人民检察院审查批复数 | | 批复案件总数 | 起诉数 | | | | | 法院审结数 | | | 判决 | |
		审查数	批复数	审查数	批复数		总数	民事	行政	行政公益附带民事公益诉讼	刑事附带民事公益诉讼	总数	调解	撤诉	一审	二审
1	贵州	4	4	172	149	153	153	5	145	0	3	92	2	0	90	0
2	云南	3	1	150	146	147	141	6	127	0	8	31	1	4	26	0
3	吉林	7	4	111	107	111	111	4	106	1	0	58	0	0	58	0
4	山东	7	7	97	97	104	103	21	82	0	0	21	0	0	21	0

续表

序号	省份	最高人民检察院审查批复数		省人民检察院审查批复数		批复案件总数	起诉数			行政公益附带民事公益诉讼	刑事附带民事公益诉讼	法院审结数				判决	
		审查数	批复数	审查数	批复数		总数	民事	行政			总数	调解	撤诉		一审	二审
5	湖北	5	5	117	97	102	102	8	90	0	4	42	0	1		41	0
6	广东	8	6	81	81	87	85	9	75	0	1	34	1	3		30	0
7	福建	4	3	85	78	81	81	7	74	0	0	29	1	0		28	0
8	内蒙古	4	3	80	76	79	76	0	75	1	0	71	0	2		69	0
9	甘肃	9	6	75	70	76	75	2	72	0	1	52	0	1		51	0
10	陕西	5	5	90	68	73	73	3	70	0	0	7	0	0		7	0
11	安徽	8	5	80	66	71	71	15	52	0	0	13	1	1		11	0
12	江苏	9	7	78	64	71	64	10	50	0	4	8	0	3		4	1
13	北京	2	1	10	14	15	15	4	11	0	0	0	0	0		0	0
合计		75	57	1226	1108	1165	1150	94	1029	2	25	458	6	15		436	1

数据来源：最高人民检察院办公厅《全国检察机关公益诉讼办案工作 2017 年 6 月情况通报》。

　　自 2015 年 7 月检察机关提起民事公益诉讼试点至 2017 年 6 月底，各试点检察院共向人民法院提起公益诉讼 1150 件。其中民事公益诉讼 94 件，占总件数的 8.17%；行政附带民事公益诉讼 2 件，占总件数的 0.18%；刑事附带民事公益诉讼 25 件，占总件数的 2.17%。从案件领域看，生态环境和资源保护领域 783 件，占总数的 68.09%；食品药品安全领域 22 件，占总数的 1.91%。从地域角度，山东 21 件，安徽 15 件，江苏 10 件，贵州 5 件，广东 9 件，湖北 8 件，福建 7 件，云南 6 件，北京 4 件，吉林 4 件，陕西 3 件，甘肃 2 件，内蒙古 0 件。在人民检察院起诉的 94 个案件中，人民法院共审结 18 件，结案率为 19.14%。其中，食品药品安全领域 2 件，占 11.11%，生态环境和资源保护领域 16 件，占 88.89%。

　　2017 年 7 月至 2018 年 2 月，全国检察机关共提起民事公益诉讼 147 件，其中民事公益诉讼 35 件，占总数的 23.81%；行政附带民事公益诉讼

0 件；刑事附带民事公益诉讼案件 112 件，占总数的 76.19%。

表 5-6 全国检察机关 2017 年 7 月至 2018 年 2 月民事公益诉讼起诉情况 单位：件

时间	民事公益诉讼	行政附带 民事公益诉讼	刑事附带 民事公益诉讼
2017.7	2	0	2
2017.8	1	0	3
2017.9	0	0	12
2017.10	1	0	11
2017.11	7	0	16
2017.12	18	0	32
2018.1	5	0	16
2018.2	1	0	20
合计	35	0	112

数据来源：最高人民检察院办公厅《全国检察机关公益诉讼办案工作情况通报》2017 年 7 月到 2018 年 2 月。

截至 2018 年 2 月底，试点期间各试点地区共提起的 1150 件公益诉讼案件中，人民法院审结 1016 件。其中，民事公益诉讼 55 件，占 5.41%；行政附带民事公益诉讼 2 件，占 0.20%；刑事附带民事公益诉讼 18 件，占 1.77%。从案件的领域来看，生态环境和资源保护领域 44 件，占 80%；食品药品安全领域 11 件，占 20%。

（四）填补空白情况

截至 2017 年 6 月底，87 个试点市（州）检察机关全部提起公益诉讼；759 个试点基层人民检察院中，提起诉讼的 736 个，占 96.97%，除北京、江苏外，其余试点地区均已解决空白。各地解决空白具体情况如下表 5-7（以基层人民检察院解决空白比例排序，比例相同的以起诉数排序）：

表 5-7 2017 年 6 月底试点市检察机关提起公益诉讼情况 单位：件

序号	省份	起诉数	市（州）解决空白情况			基层院解决空白情况		
			市（州） 数量	解决空 白数量	解决空 白比例	基层院 数量	解决空 白数量	解决空 白比例
1	贵州	153	6	6	100%	56	56	100.00%
2	云南	141	8	8	100%	81	81	100.00%

续表

序号	省份	起诉数	市（州）解决空白情况			基层院解决空白情况		
			市（州）数量	解决空白数量	解决空白比例	基层院数量	解决空白数量	解决空白比例
3	吉林	111	9	9	100%	66	66	100.00%
4	山东	103	6	6	100%	68	68	100.00%
5	湖北	102	8	8	100%	69	69	100.00%
6	广东	85	6	6	100%	50	50	100.00%
7	福建	81	5	5	100%	52	52	100.00%
8	内蒙古	76	7	7	100%	67	67	100.00%
9	甘肃	75	8	8	100%	52	52	100.00%
10	陕西	73	6	6	100%	64	64	100.00%
11	安徽	71	8	8	100%	60	60	100.00%
12	北京	15	3	3	100%	11	9	81.82%
13	江苏	64	7	7	100%	63	42	66.67%
	合计	1150	87	87	100%	759	736	96.97%

数据来源：某直辖市检察院统计数据。

2017 年 7 月到 2018 年 2 月，全国 157 个州市院有起诉案件，224 个州市院未解决诉讼空白；316 个州市院有诉前程序案件，71 个州市院未解决诉前程序案件空白；310 个基层院尚无立案案件，其中包括铁路检察院 34 个，未开展民行业务的矿区、海岛、开发区等特殊检察院 10 个。

表 5-8　2017 年 7 月到 2018 年 2 月全国检察机关提起公益诉讼情况

序号	省份	总院数		解决空白情况								尚无立案案件的基层院
				州市院(辖区)解决空白情况				基层院解决空白情况				
		州市院	基层院	有起诉案件	未解决诉讼空白	有诉前程序案件	无诉前程序案件	有起诉案件	未解决诉讼空白	有诉前程序案件	无诉前程序案件	
1	北京	4	17	3	1	4	0	0	17	13	4	0
2	上海	3	17	0	3	3	0	0	17	17	0	0
3	天津	2	19	0	2	2	0	0	19	11	8	0
4	重庆	5	38	1	4	5	0	1	37	38	0	0
5	河北	11	181	0	11	3	8	2	179	130	51	2
6	山西	12	122	10	2	11	1	25	97	119	3	3
7	内蒙古	13	105	1	12	11	2	1	104	84	21	21

续表

序号	省份	总院数		解决空白情况								尚无立案案件的基层院
				州市院(辖区)解决空白情况				基层院解决空白情况				
		州市院	基层院	有起诉案件	未解决诉讼空白	有诉前程序案件	无诉前程序案件	有起诉案件	未解决诉讼空白	有诉前程序案件	无诉前程序案件	
8	辽宁	16	106	1	15	14	2	1	105	59	47	8
9	吉林	12	80	9	3	12	0	34	46	76	4	0
10	黑龙江	16	176	0	16	15	1	0	176	171	5	5
11	江苏	13	106	13	0	13	0	33	73	100	6	0
12	浙江	11	90	3	8	11	0	3	87	90	0	0
13	安徽	16	106	16	0	16	0	46	60	106	0	0
14	福建	9	84	3	0	9	0	3	81	84	0	0
15	江西	12	105	5	7	12	0	7	98	102	3	0
16	山东	18	162	6	12	17	1	8	154	119	43	0
17	河南	19	163	6	13	19	0	6	157	161	2	2
18	湖北	15	110	14	1	15	0	21	89	91	19	1
19	湖南	14	124	6	8	14	0	5	119	122	2	0
20	广东	22	136	6	16	21	1	4	132	118	18	12
21	广西	15	113	2	13	14	1	1	112	98	15	1
22	海南	5	23	2	3	4	1	0	23	21	2	2
23	四川	22	187	6	16	21	1	6	181	143	44	38
24	贵州	9	88	7	2	9	0	10	78	88	0	0
25	云南	17	131	13	4	2	15	14	117	110	21	0
26	西藏	7	74	0	7	3	4	0	74	7	67	64
27	陕西	11	109	10	1	11	0	13	96	99	10	0
28	甘肃	17	97	12	5	14	3	29	68	84	13	12
29	青海	8	46	0	8	6	2	0	46	21	25	21
30	宁夏	5	22	1	4	5	0	1	21	22	0	0
31	新疆	15	100	1	14	0	15	0	100	3	97	91
32	兵团	13	29	0	13	0	13	0	29	2	27	27
合计		387	3066	157	224	316	71	274	2792	2509	557	310

数据来源：某直辖市检察院统计数据。

　　根据上述办案开展情况可以看到，检察机关积极支持和提起民事公益诉讼，为大规模侵权行为之责任承担和权利救济提供可行性路径。检察机关在试点以来取得的成绩表明了其在保护和救济国家及社会公益方面的可为性。

第三节 民事检察权在权利救济中的现实困境

虽然民事检察权在权利救济的实践中发挥了积极的作用，也取得了显著的成果。但不可否认的是，中国民事检察权在运行中还存在诸多的现实困境，对于满足中国当前救济诉求日益增长但权利救济不足的现状而言，民事检察权实在力不从心。

一 民事检察难以满足日益增长的救济诉求

2012 年《民事诉讼法》修改后，第 209 条规定当事人必须在法院申请再审后再到检察机关申请监督。这样一来，检察机关就成为当事人权利救济的最后一道屏障，当事人救济需求的增加使得民事检察案件受理数也逐年攀升。2016 年司法体制改革后，员额检察官数量减少，司法队伍的不稳定性在一定程度上造成了当事人权利救济诉求和民事检察权利救济能力之间的不匹配。

（一）民事检察权救济能力与权利救济需求不符

如上文所言，基于多数案件进行检察监督是具有权利救济性之事由，而民事检察监督又以当事人的申请为主，所以在实践中民事检察权的权利救济作用非常明显。此外，从监督手段看，民事抗诉比再审检察建议要多。以笔者所在直辖市所辖区县院办理的民事检察监督案件为例，2014 年各区县共提请抗诉 46 件，2015 年提请抗诉 39 件，2016 年提请抗诉 62 件；而同期再审检察建议分别为 2014 年 6 件，2015 年 4 件，2016 年 5 件。[①] 数量差距非常之明显。"倒三角"的权力结构设置使得各区县检察院提请抗诉的案件，都交到了上一级分院进行办理，导致各分院不仅要承办自行受理的案件，还要办理各区县院提请抗诉的案件。工作量大为增加。表 5-9 中统计了 2014 年至 2017 年 11 月某直辖市各分院结案数量，每年分别为 992 件、1293 件、1183 件、1132 件。前文中也就各省市在

---

① 数据来源：某直辖市检察院统计数据。

2015 年受理的民行检察案件数量进行了统计。案件如此之多直接反映了
当前权利救济需求之大。

表 5-9 某直辖市民事申请监督案件结案构成情况

年份	分院	结案总量（件）	自办		协办	
			数量（件）	比例	数量（件）	比例
2014	一分院	423	106	25%	317	75%
	二分院	548	76	18.9%	472	81.1%
	三分院	18	6	33.3%	12	66.7%
	铁检分院	3	/	/	/	/
2015	一分院	467	160	34.3%	307	65.7%
	二分院	626	114	18.2%	512	81.8%
	三分院	199	21	10.6%	178	89.4%
	四分院	1	1	100%	0	0
2016	一分院	357	162	45.4%	195	54.6%
	二分院	460	207	45%	253	55%
	三分院	365	36	9.9%	329	90.1%
	四分院	1	1	100%	0	0
2017	一分院	305	288	94.4%	17	5.6%
	二分院	455	409	90%	46	10%
	三分院	367	279	76%	88	24%
	四分院	5	5	100%	0	0

数据来源：某直辖市检察院统计数据。

说明：2014—2016 年为全年统计数据，2017 年数据截止时间为 11 月 30 日。

除案件办理外，民事检察部门还要承担大量的释法息讼工作，鉴于审
判程序的特殊性，大部分案件不予支持当事人的监督申请，但作为最后一
道司法程序，信访压力陡增，无形中又增加了检察机关的工作量。据统
计，2014 年至 2016 年三年中，内蒙古自治区检察院接待的民事监督案件
中重复访达 867 件，占接待民事行政监督案件总数的 22.08%；缠闹访 51
件，占比 1.3%。① 可见，制度设定在一定程度上造成了检察机关不得不
承担案件办理外的信访压力。

———————————

① 数据来源：内蒙古自治区人民检察院控告申诉处。

那么，实践中如何缓冲上级院的办案压力呢？各地做法不一。以笔者所在直辖市 2016 年之前办案情况看，各分院会将受理案件交下级院协助审查。根据表 5-9 对某直辖市分院民事检察案件结案情况统计的数据来看。事实上，各个分院在 2016 年之前七成以上的案件是由所辖区县院协助结案的，其中 2016 年三分院有九成的案件是通过协助审查方式结案。2017 年年初取消了协助审查制度，所以比例明显下降。但是案件数量不减反增，由谁来分流如此艰巨的权利救济需求仍无化解之法。虽然全国各级检察机关普遍增强了民事行政检察工作机构队伍建设，比如陕西省人民检察院分别设立民事检察处和行政检察处，增加编制 8 名；云南省人民检察院民行处分设为民事检察处、行政检察处和环境资源检察处；福建省人民检察院行政检察处司法体制改革后配员额检察官 5 人，占全处 62.5%；江苏南通市人民检察院、河南周口市人民检察院分设民事检察处、行政检察处。① 但即使如此，根据各省市民行检察工作的总结可以明显地看出，检察机关办案人员不足成为当前工作面临的一个主要问题。

可以说，各地民事检察在权利救济中发挥了极为重要的作用，并且在一定程度上甚至将权利救济尤其是对弱势群体的权利救济作为其工作的一个重点进行部署。但受到救济方式以及救济能力等因素的制约，使得民事检察监督权在运行过程中尚不能在充分实现其监督职能的同时满足现实对权利救济之诉求。对此，不仅是各实践部门需要着重解决的问题，更是理论和立法应重点关注的问题。只有从制度上进行根本性完善，才能在实践中实现其预期效果。

（二）申诉主体和救济主体存在供需矛盾

当前中国权利救济体系还存在缺失，民事法律活动中当事人权利救济不足是一个非常现实的问题。检察机关通过民事检察这一具有监督属性的公权力间接为当事人提供权利救济渠道成为当前立法和实践普遍关注和给予厚望的方向。然而，与日益增长的权利救济诉求相对应的是检察机关救济能力不足的现实情况。何以出现如此情况呢？笔者在调研中发现，权利救济主体弱势和检察资源缺乏是造成供需矛盾的主要原因。

第一，申诉主体弱势需要寻求外部强力救济。我们在检察机关接待的民事申诉案件数量上可以看到，当事人向检察机关提出申请的情况非常之

---

① 参见最高人民检察院及相关省检察院年度工作报告。

多。而在这些申诉的案件中，申诉主体多为弱势主体这一点表现得非常明显。大部分案件的申请人不具有专门的法律知识，且没有能力委托专业诉讼代理人，或者即使委托代理人也存在代理人选任不够专业的问题。这使得检察机关在行使民事检察权的同时，权利救济成为其一项客观上极为必要之功能。

某直辖市 2014 年至 2016 年间申请检察监督民事案件 4243 件，其中法人或其他组织提出申请的有 1421 件，占总数比例 33.5%，而申请人为自然人的有 2822 件，占全部案件数量的 66.5%。① 而中国自然人作为主体在权利救济中本身处于弱势地位一直是亟须解决的问题。在自然人申请救济的案件中，仅有 975 人委托了律师，不足自然人为当事人申请的一半，在总人数占比中则不足三成。我们对自然人申请监督的情况再进一步分析，发现其中有固定职业的 1693 人，而无固定职业的 1129 人。从这些数据中可以看到，原本处于弱势地位的自然人在申请权利救济的时候，自身能力不足，专业知识欠缺的自然人是向检察机关寻求救济的主要人群。2013 年某直辖市所辖区检察院在实践中发现，很多当事人对民事检察权之职能和程序并不熟悉，仅有的对程序基本熟悉的 10% 的申请人还主要是企业法人、公司法务或者是专业的代理律师等，约 60% 的申请人不甚清楚，而高达 30% 左右的申请人甚至是全然不知的。②

表 5-10　　2014—2016 年某直辖市申请检察机关监督主体情况分析

申请人	法人或其他组织	自然人
案件数	1421	2822
占总数比例	33.5%	66.5%

数据来源：笔者就所在直辖市人民检察院检察管理监督部案件统计。

不仅笔者所在直辖市如此，笔者在调研中发现，内蒙古自治区也存在同样的情况。在内蒙古自治区接待的民事诉讼监督案件中，弱势群体为申诉主体的占比比较重。其中，又以 50 周岁以上、文盲、半文盲及法盲居多，申诉主体年龄最高的 86 周岁。在其职业构成上主要涉及的是农民和无业人员。其实，这一点我们从案件受理的集中性这一特点也可以管窥。

---

① 　数据来源：某直辖市检察院统计数据。

② 　正义网北京检方：《九成民事检察监督案当事人不知监督程序》，http://news.163.com/13/1107/17/9D3J3P7B00014AEE.html，2017 年 11 月 29 日。

前文统计中，涉及土地和房屋纠纷、土地合同纠纷的案件是申请民事检察监督的主要案件类型，而这类案件涉及的人群主要为农民。虽然近年来中国农村地区经济、文化、教育水平有了显著提高，但不得不承认的是，此类人群在法律这种专业性很强的领域中，权利救济会陷入被动和不利地位。在自身弱势的情况下，必然亟须一种强大的外部力量予以帮助。检察机关通过事后监督的方式介入民事诉讼尤其是以当事人申请的民事检察监督就成了权利救济的必然。

第二，检察资源相对缺乏导致救济力不足。如前文所述，不管是中央还是地方，都一再地反映办案压力大这一问题。而产生这一现状的根本原因就在于检察资源上的缺乏，这种资源缺乏一方面表现在人员配备上；另一方面表现在专业能力方面。

首先，从人员配备数量上看，各地都存在着民事检察办案人员数量少但案件多的现实困境。据笔者调研，如表 5-11 所示，笔者所在直辖市全市民事检察人员仅有 154 人，专司办案的员额检察官只有 62 人，还不到总人数的一半。

表 5-11　　　　　某直辖市民事检察人员情况统计　　　　　单位：个

	总人数	员额	辅助	书记员	其他
市院	17	7	6	3	1
分院	52	20	24	8	0
区县院	85	35	35	12	3
总计	154	62	65	23	4

而几年来，某直辖市人民检察院、各分院以及区县院的民事检察厅收案数却保持较高数量且有增长趋势。尤其是各分院层面承担了大部分监督案件的办案任务，除却自行受理的案件之外，还要办理所辖各区县院提请抗诉的案件，数量更为庞大。

但是，各分院民事检察人员包括书记员、辅助人员和其他人员总共也只有 52 人，而能够独立办理案件的员额检察官仅有 20 人。也就意味着全年近千件案件由如此之少量的工作人员来承担。虽然司法辅助人员也在承担办案任务，但由于司法责任制的改革，员额检察官的办案压力并未因此减轻。大量案件背后是急剧增加的权利救济需求，仅有为数很少的人员供应，显然无法满足。尤其是 2017 年取消了区县院协助审查的结案方式以后，分院层级的检察人员的办案压力实在令人忧心。

其次，检察资源的缺乏不仅体现在人员不足上，还表现为专业性方面。"民行检察队伍的业务能力和监督水平还不能完全适应新形势下民行检察工作的需要，特别是行政检察人员和基层院民行检察人员在数量和素质上与下一步工作要求还有很大差距"是各地在工作总结中常见之表述。根据调研，笔者所在的直辖市民事检察人员154人，其中30岁以下（不含30岁）的31人，占比20.1%；30岁到40岁（不含40岁）的66人，占比42.9%；40岁到50岁（不含50岁）的27人，占比17.5%；50岁以上的30人，占比19.5%。从从事民事检察工作的年限来看，1年以下（不含1年）的9人，占5.8%；1年至2年（不含2年）的19人，占12.3%；2年至5年（不含5年）的36人，占23.4%，5年至10年（不含10年）的44人，占28.6%；10年至20年（不含20年）的40人，占26%；20年以上的6人，占3.9%。多年从事民事检察工作的人员中具有民事诉讼和民商法专业背景的人员数量极少。还存在一个极为严峻的现实是，新生代的民事检察工作人员虽理论专业知识较强，但缺乏丰富的实践经验。这种情况在各省市都普遍存在。各省报送的工作简报和年度总结等材料中显示，各地民事检察干警普遍存在着年纪轻、学历高，但从事民事检察工作时间短、经验不足的问题，影响了民事检察工作的发展。这就使得办案人员在工作中仍各有短板，成为民事检察工作顺利开展、权利救济实现的桎梏。另外，由于同级监督领域案件规模有限，办案人员缺乏有效的实践经验积累，导致新领域的人才匮乏，专业化程度不够。笔者在调研中发现，江苏省、浙江省、安徽省、江西省、山东省、河南省、湖北省、广东省、重庆市、贵州省、陕西省、甘肃省等省市在工作中或者开展民事检察人员培训，或者在工作部署中对人员培训进行计划。这从另一个侧面反映了民事检察对专业技能之需求。

实践中还存在由于当事人不了解申请检察监督的具体程序而给检察机关带来了更为繁重的工作。当事人尤其是弱势主体希望通过检察机关获得权利救济和检察机关由于人手、专业性等资源缺乏而能力不足造成的供需矛盾逐渐形成。这种需求与能力之间的错位如果长时间无法化解更容易衍生出闹访、缠访等问题，不仅检察机关难堪重负，当事人的权利也没有办法得到及时、有效的救济。

可以看出，申诉主体之弱势决定了民事检察权救济功能之现实需求。

而逐年攀升的受案数量，表明要进行救济的权利在不断增加。可是对于民事检察资源而言，不管是从人员配备还是专业能力方面，还存在极为相对之现实挑战。作为申诉主体的当事人弱势和作为预期权利救济主体的检察资源缺乏造成了权利救济之需求和权利救济之能力之间的供求矛盾关系，从而决定了民事检察权救济能力与权利救济需求之间的不匹配。

二　民事检察建议权利救济能力甚微

从实践数据和理论角度分析，民事检察建议的权利救济较之于抗诉而言效果甚微。虽然与抗诉一样，检察建议也是一项重要的监督手段，但在实践中抗诉使用非常之广泛，而检察建议却少有适用。这主要是立法中对民事检察建议的设计预判不足导致。

（一）民事检察建议使用率明显较低

从立法的角度来看，民事抗诉较之于民事检察建议具有更明显的法律效果。检察机关提起抗诉人民法院必须启动再审程序，而其提出检察建议后并不能产生同样的强制力，同级法院可以不采纳而使监督空置。基于此，不管是出于检察机关业绩考核，还是出于当事人之权利救济诉求，抗诉往往在民事检察权运行中更受欢迎。这一方面体现在实践中抗诉提起的比例高于再审检察建议；另一方面也可从全国及各省市始终居高不下的抗诉改判率管窥一二。

第一，从采取数量上看，民事抗诉之采用比再审检察建议多。根据统计，各省市检察机关提出再审检察建议的案件非常少，在动辄千计的收案中，再审检察建议多为个位数。以 2015 年为例，各省提出再审检察建议情况如下：其中较多的吉林有 200 件、重庆 147 件、浙江 122 件，北京、天津、河北、山西、重庆、辽宁、云南、甘肃、浙江等省市的民行检察案件中，检察机关提出再审检察建议所占比例非常之小。①

以笔者所在直辖市为例具体分析，检察机关提起抗诉和提出再审检察建议的数量差距非常明显。2014 年市院提出抗诉占收案的 43%，而再审检察建议数为 0；分院提出抗诉 14 个，再审检察建议仅有 3 个。2015 年市院提出抗诉占收案的 39%，而再审检察建议为 1.15%；分院提出抗诉 2 个，再审检察建议 1 个。2016 年市院提出抗诉占收案的 42.57%，而再审

---

① 数据来源：各省市 2015 年检察工作报告。

检察建议为 0；分院提出抗诉 3 个，再审检察建议为 0。2017 年市院提出抗诉占收案的 40.98%，而再审检察建议为 0。

表 5-12　　　　某直辖市民事申请监督案件主要办案指标统计　　　　单位：件

年份（年）	检察机关	收案	抗诉	再审检察建议	检察建议	不支持监督申请
2014	市院	72	31	0	1	47
	分院	1061	14	3	16	/
	区县院	976	/	6	21	/
2015	市院	87	34	1	0	41
	分院	1401	2	1	1	/
	区县院	1193	/	4	8	/
2016	市院	101	43	0	0	1
	分院	1220	3	0	1	/
	区县院	939	/	/	/	/
2017	市院	122	50	0	0	77
	分院	1269	0	0	0	/
	区县院	/	/	/	/	/

数据来源：某直辖市检察院统计数据。

说明：2014—2016 年为全年统计数据，2017 年数据截止时间为 11 月 30 日。

上述数据表明，在民事检察中，抗诉的运用较之于再审检察建议而言更为广泛。前文已经讲过了，当前民事检察的案件多为涉及当事人的实体权利纠纷的案件，对审判违法行为的检察监督较少。而监督案件的提出也是以当事人提出申请为主，也就意味着案件办理从一开始就是以权利救济为主旨的。在这个基础上再考察民事检察监督的两种方式，就可以清晰地得出抗诉较之于再审检察建议而言救济效果更为明显。

第二，从民事检察权的法律效果看，抗诉改判率较高，而再审检察建议采纳率较低且有下滑之趋势。全国抗诉再审改变率从 2012 年至 2015 年（数据截止到 8 月）分别为 81.05%、77.11%、75.04%、68.50%①，虽有下降但整体数值都非常之高。根据 2015 年各省市检察工作报告中民行工作的数据，各地抗诉再审改变率都比较高，且较之于前一年大部分省市都

---

①　数据来源：最高人民检察院民事行政检察厅对全国检察机关民事行政诉讼监督工作情况的调研报告，参见 2015 年全国检察机关民事行政诉讼监督座谈会参阅文件。

有升高。

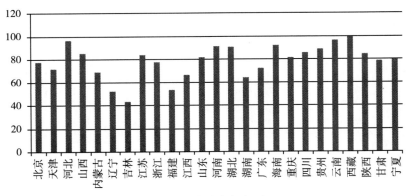

图5-4　部分省市2015年民行检察案件抗诉再审改变率统计

说明：1. 数据来源：各省市2015年检察工作报告。

2. 图中北京市、吉林省、福建省、山东省、湖北省的抗诉再审改变率为民事检察案件，其余省份为民行检察案件的抗诉再审改变率。

相较于较高的抗诉再审改变率，再审检察建议的采纳率则比较低。从全国数据来看，再审检察建议采纳率呈现出下降的趋势。如2015年重庆市抗诉再审改变率为81.4%，而再审检察建议采纳率仅有29.9%；四川省抗诉再审改变率为85.7%，而再审检察建议采纳率仅有40.9%，且再审建议采纳率较之于2014年下降了14.5%；云南抗诉再审改变率为96.4%，而再审检察建议采纳率为32.9%；甘肃省抗诉再审改变率为78.6%，而再审检察建议采纳率为43.3%。

根据调研，之所以会出现再审检察建议适用不多且存在下降的趋势，主要原因既有法院的外部因素、也有检察机关基于内部办案流程和业绩考核的因素。法院方面，部分在于法院以最高人民法院2011年《第一次全国民事再审审查工作会议纪要》第29条规定"上级人民法院裁定驳回再审申请后，原审人民法院依照民事诉讼法第一百七十七条规定决定再审的，应当报请上级人民法院同意"为由，对上级法院已经裁定驳回再审申请的，案件不予采纳再审检察建议；甚至部分法院直接要求检察机关对符合监督条件的案件提出抗诉。检察机关方面，现行程序设计虽然将检察建议限定在同级监督，但对提出再审检察建议的案件、检察机关内部要求应当经过检察委员会。作为检察机关内部的议事机构，检察委员会程序相对烦琐，再审检察建议程序相对抗诉而言也显得复杂很多。此外，还存在内部考评的因素，部分法院将依据再审检察建议启动再审程序的案件归因为院长发现或通知当事人申请再审，而无法体现检察机关的监督效果。但整体而言，由于抗诉的法律强制效果和再审改判率之持续保持高位状态，检察机关出于业绩考核等因素也会予以采取。而从权利救济的角度而言，当事人自然更愿意选择民事抗诉而非再审检察建议。

（二）检察建议的有限性导致救济效果不佳

检察建议在立法规定上存在有限性，一方面原因在于检察建议的效力弹性过大。中国现行《民事诉讼法》第 215 条、第 216 条和第 217 条三个条款中规定了民事检察建议，人民检察院在民事诉讼活动中履行法律监督职能时可以向同级人民法院提出检察建议。根据上述三条之规定，民事检察建议的适用范围包括生效的民事裁判和损害国家、社会公共利益的调解书以及审判监督程序以外的审判人员的违法行为。但检察建议是源自于实践的一种检察监督方式，在实践中创造了多种形式，相关规范性文件也表明检察建议的适用范围在期待上更广。有限的立法规定和实践的需要形成了适用上的反差。而这并非在民事权利救济中适用不足的根本原因。最重要的因素在于立法上对民事检察建议法律效力之规定不明。

"权力运行必然产生一定的程序强制力，以保障权力有效运行。"[①] 较之于检察建议，检察抗诉具有刚性效力是中国《民事诉讼法》第 218 条予以确认的，但是法律并未对检察建议的法律效力作出任何规定。这就意味着民事检察建议并未有明确的法律强制力以保障其有效运行。在实践中，检察机关不管是以何种形式向人民法院提出检察建议，人民法院都没有法律上必须予以回应或纠正的义务。人民法院大可以采取置之不理的态度而自行其是。而调研中所反映出来的再审检察建议数量逐年下降的情况以及根据访谈得到的反馈都可印证上述情况的存在。检察建议发出以后其效力的刚性不足，又进一步导致检察机关对检察建议使用的频率。

另一方面原因在于检察建议程序的复杂性。根据《人民检察院民事诉讼监督规则》的规定，再审检察建议的提出需要经过检察委员会的决定，而这一决定程序相比较提起抗诉而言更为复杂和严格。但内外部程序

---

① 廖中洪：《关于完善〈中华人民共和国民事诉讼法修正案（草案）〉有关"检察建议"规定的若干问题》，《西南政法大学学报》2012 年第 3 期。

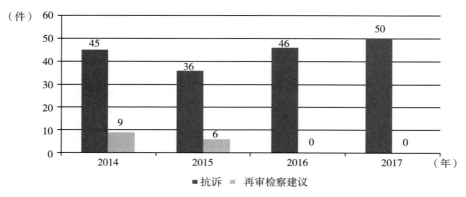

图 5-5　某直辖市民事申请检察监督案件监督方式情况

数据来源：某直辖市检察院统计数据。

说明：2014—2016 年为全年统计数据，2017 年数据截止时间为 11 月 30 日。

不对等导致经过检察委员会的案件在进入法院系统以后，无须经过审判委员会，甚至是否采纳仅需要征求案件原办理法官意见后就可以作出决定。从这个层面上看，再审检察建议发出之程序严格性和人民法院办案规则的简化性之间的不对等关系也在实际上重重挫伤了检察机关发出再审检察建议的积极性。由此出发，检察建议尤其是再审建议的适用会更为减少。

综上，检察建议尤其是再审检察建议在适用范围、法律效力和决定程序上的有限性决定了其适用效果不佳。而从当事人的角度看，由于检察建议法律效力之不足，较之于能确定引发人民法院再审的抗诉方式，检察建议自然容易被急于寻求权利救济的当事人所摒弃。而"对检察建议的回应，实际上是对国家权力的尊重。"①

三　有限再审导致权利救济困局难解

2012 年修改《民事诉讼法》时在第 209 条第 1 款规定了当事人申请民事检察的前提，确立了"法院救济先行，检察监督断后"的申请再审前置程序。从积极意义上讲，这一规定进一步规范了当事人行使申诉权的路径，解决了之前立法可同时申请造成的多头申请、多头审查从而造成司法资源浪费等的问题，在一定程度上减少了民事检察的工作量。该条第 2 款中又对人民检察院受理当事人申诉案件进行了审查期限的规定，这对提

①　张智辉主编：《检察权优化配置研究》，中国检察出版社 2014 年版，第 88 页。

高民事检察办案的效率、为当事人及时提供救济具有重要意义。第 2 款对当事人申请检察机关抗诉或检察建议以一次为限的规定又限制了当事人的反复申诉，保障了司法之权威。可以说，修改后的《民事诉讼法》的有限再审制度具有重大的积极意义。

但是，有限再审制度的新设置，也为民事检察权在权利救济方面带来了较大的制度桎梏。首先，申诉前置程序的设定，对于当事人而言，即意味着对人民检察院提出申诉是其权利得以救济的最后一次机会，因此在实践中，当事人会极为关注检察机关受理申诉以后的进展情况，不时地询问、了解案件进展成为其等待期间唯一能做的事情。这就会极大地增加检察机关的接待工作量。其次，在司法实践中，案件类型和情况各有不同，复杂程度也各不一样。检察机关的工作能力很多时候根本无法应对各种工作需求。在没有例外规定的情况下，很难在高强度之下保证案件质量，实质上影响对当事人权利的救济。正如前文对内蒙古自治区调研的数据显示，高达 900 多件的重复访和缠闹访案件通通涌向了人力明显不足的省级以上检察机关，有的案件甚至重复访多达十几次甚至几十次之多。这就需要大量的人员来接待并展开释法说理工作。可以说，作为最后一个救济渠道的民事检察实质上承担了极为重要的权利救济重担，释法息讼工作的难度也增大了。进而当事人信访不信法，不断上访的情况就会不断发生，造成司法秩序混乱和司法权威衰落。

上述立法导致实践中形成了一个恶性的循环，检察机关因为人力不足而难以满足当事人的申诉请求；当事人因权利没有得到及时救济而再次向检察机关施压。不管是当事人的权利救济诉求也好，还是检察机关履行监督职能也罢，在当前检察资源极为紧张的现实情况下，立法中有限再审程序的设计，再一次使得民事检察和权利救济陷入了一个难以摆脱的困局之中。

四 调查核实权无适用规则致使救济不畅

2012 年《民事诉讼法》修改增加了人民检察院调查核实的权利，根据法律规定，检察机关调查核实的情形包括三种：一是民事判决、裁定、调解书可能存在法律规定需要监督的情形，但案件基本事实通过阅卷审查现在材料难以认定的；二是审判人员在审判程序中可能存在违法行为；

三是执行活动中可能存在违法情形等。① 调查核实的对象为当事人和案外人。这是当前立法对民事检察权之调查核实的全部内容体现。

实践中，检察机关在民事检察活动中调查核实权的适用非常之少。学者范卫国在对 S 市 2013 年至 2014 年民事检察调查核实权的适用调查结果显示，在 1026 个案件中民行案件调查核实共 67 件，仅占总数的 6.7%。② 如图 5-6 所示，高兰胜、李欣宇、范晓蓉对北京市 2012 年、2013 年和 2014 年民事申请检察监督案件抽测调研中，调查核实的案件数每年均约为抽测总数的 50%。③ 其他各地也有类似情况，调查核实权在实践中的适用比例非常之低。就调查核实的方式而言，实践中主要有向当事人询问核实、向案外人询问核实、咨询专业人士（或向专家咨询）、鉴定评估审计、勘验物证、勘查现场等多种方式，其中，向当事人和案外人（知情人）询问核实是最为普遍的方式，在范卫国对 S 市的调研中其占比 50.7%；而在高兰胜、李欣宇、范晓蓉对北京市调研抽测的 661 个案件中，向当事人和案外人（知情人）询问核实 589 件，占总数的 89.1%。

整体而言，对检察机关在民事申请检察监督案件中的调查核实并不常用。而使用也多以救济当事人权利为倾向。检察机关进行调查核实更多关注申诉人的申诉意见和证据，并主动积极地调查核实。但是，《民事诉讼法》并未对检察机关调查核实的规则予以详细规定，《人民检察院民事诉讼监督规则》也未予以细化。关于调查核实的启动、方式、程序，以及针对不同的调查核实对象调查手段的采用等都由办案人员自己决定。笔者在调研中发现，调查核实在实践运用中随意且不规范，甚至存在不当履行职责的问题。另外，调查核实所得之证据的效力和作用为何在法律中也尚不明确，这就决定了检察机关的调查核实始终处于一个"有实无名"的状态。

没有具体适用规则的调查核实权，在实践中很难发挥其应有的作用。笔者在调研中就有办案人员表示，"不知道如何适用调查核实权是不采用调查核实的重要原因"，有些案件的承办人更是本着"多一事不如少一

---

① 王猛：《中国民事检察监督的范围、方式与程序探析》，载颜廷君、顾建光《中国经济与管理》，上海人民出版社 2014 年版，第 225 页。

② 范卫国：《民事调查核实权运行机制研究》，《北方法学》2015 年第 5 期。

③ 高兰胜、李欣宇、范晓蓉：《检察官行使调查核实权的实践与完善——以北京为样本的实证分析》，http://www.sohu.com/a/203451282_159412，2017 年 12 月 2 日。

事"的心理消极应对当事人的申请。我们知道，从权利救济的角度看，对于当事人而言，有些证据的调查核实难以实现，而检察机关享有法定的调查核实权在一定程度上能够对当事人在再审程序中获得权利救济起到重要作用。但是检察机关基于没有明确的法律规则可以适用，或者不行使调查核实权对申诉当事人的权利救济无功，或者随意行使调查核实权而给双方当事人的权利救济造成不公平之局面。

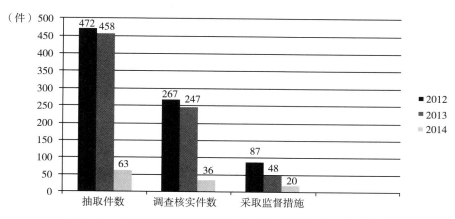

图 5-6　检察机关对案件的调查核实及采取监督措施情况①

由此可见，当前缺乏明确适用规则的民事检察调查核实权，在实践中存在消极对待、适用混乱等问题。这就使得立法和实践中的民事检察调查核实权并未对权利救济产生积极的意义，从当事人角度作为一种救济补充手段之一的调查核实权，在运行中并不畅通。

同时，一个不得不予以重视的问题是，不管民事检察权如何发挥救济功能，都始终要坚守其公权监督的法定职能。这反映到实践中就必然会造成上述民事检察权之检察监督权和权利救济的双重兼职能。立法以及实践中的这种尴尬源自检察机关对其法律监督机关之定位的坚守和对当事人处分权之干预的避免。在公权监督与权利救济双重功能需求的并存之下，当事人的诉权（私权）限制了检察机关之法律监督职权，从而使得公权监督的功能难以发挥；而公权监督之职权主义又不可避免地会对私权造成干预，从而使得满怀救济希望之私权难以得到应有的救济。在双重职能的天

---

① 高兰胜、李欣宇、范晓蓉：《检察官行使调查核实权的实践与完善——以北京为样本的实证分析》，http://www.sohu.com/a/203451282_159412，2017 年 12 月 2 日。

平两端，只能忽高忽低、顾此失彼而难以兼顾。

综上所述，我们可以看到，检察机关在民事检察权的运行中，确实发挥了权利救济的效果，但是因为存在实践层面权利救济需求和检察救济资源不符形成的供需矛盾；立法方面有限再审制度形成了需求和救济能力的循环困局，检察建议在范围和效力的方面的有限性又难以发挥权利救济功能，调查核实权缺乏细化的规则难以有效应用；在理论层面，立法对公权监督和权利救济双重功能的认可和模糊性规定，使得运行中缺乏针对性而难成实效。这一系列的问题使得民事检察权在权利救济方面的功能乃至其公权监督职能都难以得到有效发挥。这是理论和立法层面亟须解决的问题。

五　民事公诉的救济渠道仍有阻碍

要切实有效地发挥民事公诉权能中公益救济的预设功能和积极效益，就必须清醒地认识到现阶段阻碍民事公诉发挥效能的负面因素，并深究其背后所隐藏的深层原因，只有找准病因，才能做到对症下药。

（一）公共利益的界限模糊

公共利益的界定直接关系到民事公诉的案件范围，是检察机关是否能够提起民事公诉的核心性要素。虽然中国从宪法到各个部门法中都有关于公共利益保护的内容，但是对于公共利益的具体内涵和外延都没有进行清晰的界定。

目前学界关于公共利益内涵界定的代表性学说主要有"共同利益说"[1]"个人利益总和说"[2]"抽象秩序说"[3]和"普遍利益说"[4]，其中"共同利益说"和"个人利益总和说"都是从利益主体多数性出发，只是"共同利益说"更强调利益的某种公共性因素，将其假定为一种全体公民共同享有的利益，而"个人利益总和说"侧重于利益的个体性，强调公共利益并非独立于个人利益的特殊利益，而是社会成员个人利益的总和。"抽象秩序说"认为公共利益本身无法通过客观描述予以界

---

[1]　胡建淼、邢益精：《公共利益概念解析》，《法学》2004年第10期。

[2]　朱晓飞：《公益诉讼语境下的公益涵义解析》，《环球法律评论》2008年第3期。

[3]　姜涛：《检察机关提起行政公益诉讼制度：一个中国问题的思考》，《政法论坛》2015年第6期。

[4]　薛波主编：《元照英美法词典》，北京大学出版社2013年版，第1116页。

定，只是人们头脑中经过抽象而得出的一种秩序。"普遍利益说"将"抽象秩序说"中的"秩序"予以特定化，认为与公众普遍利益休戚相关的应当予以保护和认可的利益就是公共利益。但这些学说关于公共利益的界定也主要侧重于各自的学科背景和领域，并未形成权威性论证，且本身关于公共利益的边界也并未给出一个在实践中较为客观、容易掌握的标准。

公共利益界限模糊为民事公诉案件确定范围和摸排线索增加了难度。中国现行《民事诉讼法》第 58 条将民事公诉的案件范围采取了"列举"加"等"字概括兜底的立法方式，将目前亟待保护的生态环境、自然资源和食品药品明确在法条规定中，但实践中除了上述领域之外，需要予以保护的救济的公共利益可谓比比皆是，立法上用"等"字给民事公诉的司法实践留出了空间，但对于"等"字如何准确把握，民事检察权如何能在坚守职能定位的情况下实现权力的良性运转，权力的尺度和边界如何把握，都需要对公共利益这一作为前提的基本概念予以准确的理解和把握。

作为解决经济社会发展问题的新制度，实践先行是中国民事公诉制度的发展特征，这就对民事检察权的具体运行提出了更高的要求。实践虽然可以为理论提供经验支撑，但同样需要严谨的理论和精细化的立法予以指导。中国目前民事公诉范围在立法上列举较小，不管是从外延还是从内涵的角度看，在公共利益仍是一个比较抽象和难以准确界定的概念。笔者认为，公共利益的"基本内涵是指从私人利益中抽象出来的能够满足共同体中全体或大多数社会成员的公共需要，经由公共程序并以政府为主导所实现的公共价值"[①]。然而即便如此，对于公共利益之界定在实践中的掌握标准肯定会有所不同，对公共利益的不同解释产生的直接影响就是各地检察机关在线索摸排、立案起诉以及受理上的差异，这显然不利于法制统一和监督目标的实现。不仅如此，还可能出现公共利益泛化趋势，对不具有公共性的私人利益侵害以公益诉讼的方式提起，导致浪费司法资源并增加检察机关的工作难度。如何能够结合中国国情合理界定公共利益的范围，既能保证民事检察权对公共利益受到严重侵害亟须救济的领域提供保

[①]　最高人民检察院民事行政检察厅编：《检察机关提起公益诉讼实践与探索》，中国检察出版社 2017 年版，第 97 页。

障，又能恪守公权谦抑性，不滥用和过度侵犯私人权利空间，是目前摆在民事公诉制度面前的一个难题。

（二）多元化利益诉求尚未理顺

民事公诉所涉及的主体甚多，作为一项实践先行的新制度，立法和理论的相对滞后会给实践中带来很多阻力和障碍，是否能够协调好各方主体之间的多元化利益诉求，不但直接影响民事检察权在实现公共领域内权利救济的效果，还关系中国司法的整体公正性和权威性。

民事公诉制度的探索始于党的十八届四中全会部署的政治任务，无论是从制度构建还是实践运行方面都基于"新"而缺乏积累，切实有效的工作方法更是没有现成经验可以借鉴。一个民事公诉案件涉及侵权主体、受害人、法律规定的机关和社会团体、鉴定评估机构以及人民法院等多方主体，各方主体之间的利益诉求既有冲突又有叠加，检察机关在办理民事公诉案件过程中，必须具有协调和整合各方的能力，任何一个环节出现纰漏都会可能会导致案件"流产"。

首先，与侵权主体之间的对立关系可能产生公权滥用。民事公诉制度规定于民事法律之中，应当遵循民法及民事诉讼的一般原理和规律，这与检察机关在刑事公诉中的追责基础和权力行使方式有很大不同，检察机关作为公共利益的代表向存在违法侵权的主体追究民事责任，这种对立关系很容易让其在权力行使过程中越界；其次，与法定机关和社会组织之间的单向监督关系可能产生对抗性。民事公诉的诉前程序是法定的必经程序，检察机关通过发出检察建议、督促起诉等方式要求法定机关和社会组织履行职责，督促和建议所蕴含的前提是上述机关和组织的失职和不作为，这就难免会在实践中产生对抗性，协调合作的基点难以达成；再次，与法院之间立法缺位可能导致责任推诿。虽然"两高"之间达成共识并出台司法解释等文件，为检察机关提起民事公诉奠定了制度性基础，但是实践中依然存在较大阻力。笔者翻阅试点期间原最高人民检察院民事行政检察厅的工作总结报告发现，检法之间还有许多问题需要达成共识。如部分法院在民事公诉案件审理过程中，要求按照现行《民事诉讼法》有关司法解释或规范性文件的规定，"将检察机关等同于普通原告，要求检察机关在起诉时提交法定代表人身份证明、组织机构代码和授权委托书，向检察机关发放权利义务告知书，用传票通知开庭时间；部分地方法院不支持下级法院与检察机关就民事公益诉讼工作中的相关问题进行沟通协调，明确要求不能与检察机关会签文件"①。这些问题严重阻碍了检察机关开展民事公诉的进程。最后，受害人范围不确定、流动性强、"搭便车"心态导致案件线索发现难，鉴定评估机构技术水平难以满足民事赔偿诉求等因素，都制约了民事公诉发挥实效。

可以说，民事公诉整体而言更像是检察机关的独舞，在这场社会公共利益的维护中，外部力量尚未给检察机关进行权利救济提供更多的帮助和条件，协调不好反而会导致检察机关在公益救济的过程中受到极大的阻力而举步维艰。

（三）与私益救济未能有效衔接

公共利益和个人利益很难完全割裂开来，在公共利益内涵界定上具有代表性的"个人利益总和说"② 更是将公共利益视为不特定主体的个人利益叠加。一个侵权行为，可能既造成公共利益受到损害，也使个人私益遭受侵犯，针对同一侵权行为，民事公诉旨在通过追究违法行为人的民事责任实现对公共利益的维护，而民事私益诉讼旨在通过侵权行为之诉使受到侵害的私人利益得到有效救济。针对同一违法主体的同一违法行为提起的救济对象、救济范围存在叠加关系但性质完全不同的两个诉讼，在司法实践中大量存在。就如公共利益无法脱离个人利益存在一样，民事公诉和民事私益诉讼也互相牵绊，如何将二者进行有效的衔接，更好地发挥权利救济的功效，成为当前困扰司法实践的一个难题。

第一，救济范围有限导致私益救济不足。从域外公益诉讼发展比较完善的国家来看，检察机关参与民事诉讼所涉领域要宽泛很多，如美国检察机构可以对侵害联邦利益、涉及征税或缴税、证券欺诈等案件提起民事诉讼；德国检察官享有对涉及国家和社会公共利益的重大案件防范的参与权，对于涉及生产企业疏忽造成的重大环境污染案和重大侵犯消费者权益等案件可以参与或者提起诉讼；法国检察官可以参与婚姻、确认主体行为能力等民事诉讼，都是本国经济社会发展中存在的问题在法律上的抽象反映。中国目前处于社会矛盾多发、各方利益冲击碰撞严重的转型时期，需要保护和救济的公共利益更加复杂和多元化，但目前法律界定的民事公诉范围仅局限于环境和食药安全领域，虽然有向"等"外发展的趋势，但

---

① 最高人民检察院民事行政检察厅编：《检察机关提起公益诉讼实践与探索》，中国检察出版社 2017 年版，第 79—80 页。

② 朱晓飞：《公益诉讼语境下的公益涵义解析》，《环球法律评论》2008 年第 3 期。

也十分有限，致使很多亟须公权力救济的领域目前无法涵盖。

第二，民事公益救济与民事私益救济之间诉讼关系尚未厘清。在侵权事实发生后，检察机关已经提起民事公诉的，私益主体是否可以再提起侵权诉讼？两个诉讼之间关系是什么？如私益主体在民事公诉前曾提起过诉讼但因证据不足被法院驳回诉讼请求，在民事公诉后是否可以再就同一事实提起诉讼？法院能否以"一事不再理"驳回其诉请？如检察机关和私益主体同时向法院提起诉讼，是否需要对私益诉讼中止审理，待民事公诉查清事实后再作出裁判？这些疑问只零星见于法院在某一领域案件审理的司法解释中①，在《民事诉讼法》层面尚未给出明确系统的答案。

第三，民事公诉与民事私益诉讼之间诉请救济的范围存在叠加混乱。民事公诉和民事私益诉讼在性质上都属于民事侵权之诉，目前根据中国法律规定，侵权责任的承担方式包括停止侵害、排除妨害、消除影响、赔礼道歉、损害赔偿等，前几项诉求在民事公诉和民事私益诉讼之间并不存在冲突，但是在民事私益主体已经请求损害赔偿的情况下，检察机关是否还能请求赔偿？如果可以，赔偿的范围和数额如何具体计算？私益主体能否再就检察机关已经求偿的部分再次求偿？由于计算过于复杂，有学者甚至主张检察机关不能请求损害赔偿。② 但如果检察机关提起民事公诉仅起到制止侵权行为的效果，不责令侵权人承担经济赔偿，显然不能起到预设效果。

---

① 《最高人民法院关于审理环境民事公益诉讼案件适用法律若干问题的解释》第29条：法律规定的机关和社会组织提起环境民事公益诉讼的，不影响因同一污染环境、破坏生态行为受到人身、财产损害的公民、法人和其他组织依据《民事诉讼法》第119条的规定提起诉讼。

② 周翠：《民事公益诉讼功能承担与程序设计》，《北方法学》2014年第5期。

第六章　民事检察权进入权利救济的功能展望

民事检察权在当前司法救济中肩负起重任，这不仅在理论、制度上是可行的，在实践中也是必要的。可以预见，在当前中国转型和司法改革的关键时期，民事检察权在权利救济领域仍将大有可为。权力扩张要求的谦抑性原则的另一个方面就在于对当事人权利的尊重和保障，即前文在私法领域对当事人意思自治、法律地位平等以及自由权之尊重。这就使得民事检察权的权力范围不得及于当事人的权利内容。因此，民事检察权介入私权救济的民事诉讼程序，首先要做的就是要恪守谦抑性的基本原则。

第一节　恪守公权进入私法的谦抑性原则

"私法所至，公法所止"，公权力介入以平等、自治为原则的私权关系中必须有约束机制，应当时刻恪守谦抑性原则。关于"谦抑性"的说法最初是在刑法领域提出，逐渐被宪法学、行政法学等公法部门所接受。谦抑性原则的目的在于约束和克制国家权力，进而避免国家公权力之间的冲突和公权力对私权利的过度干预。谦抑性原则要求民事检察权在介入民事诉讼活动时要克制其权力扩张，不能超越合理范围，不当干预审判权和当事人私权。

一　尊重当事人私权自治

民法领域奉行私权神圣，并以当事人意思自治为核心，以各方法律地位平等为基本原则。民事检察权进入民事诉讼活动，虽是以对公权力监督的原本面貌进入，但不可避免地会涉及私权纠纷的解决问题，对民事检察权的理论诟病也一直集中于此。为避免学理上担忧，同时发挥其应有功能，就要在保持其公权属性与尊重私权自治之间寻求一种平衡。

　　私权自治对民事检察权提出的第一层次的要求即克制。滥觞于古罗马法的私权自治理念在现代私法中处于至高无上的地位。德国学者罗伯特·霍恩及海因·科茨等指出，"私法最重要的特点莫过于个人自治或其自我发展的权利"①。"私权自治原则是市民社会的核心价值和法治国家的内部驱动力"②。意思自治是"私权领域的基本原则，更是私法与公法相异的基本特征"③。将权利自治这一民事法律领域的基本原则运用到民事诉讼活动中，即意味着当事人享有自治权。"对诉讼程序的起始、发展和终结以及对诉讼上某些权利的支配和处分，均应依当事人本人的意思而定。"④ 这就要求民事检察权必须首先遵从私法领域的当事人自治，充分尊重当事人的权利。即使是出于违法监督目的而依职权启动的民事检察权，在与当事人私权自治相冲突时，也要让位于斯。

　　私权自治对民事检察权在第二个层次上要求即中立。民事检察权并非任何一方当事人的利益代言人，即使是因一方的申请而启动，甚至根据案件需要进行调查核实，但都是严格按照法定条件进行而不能恣意为之。民法上的权利具有平等性，在民事诉讼活动中，双方当事人和居中裁判的审判机关共同构成了等腰三角形的诉讼结构。在这一诉讼结构中，双方当事人的法律地位是平等的，检察机关虽然是以监督审判活动为目的介入，但是不可避免地在现实中产生有利于一方而不利于另一方的客观结果。如果检察机关在此过程中没有必要的节制，就会触及一方当事人的权利，继而破坏原有诉讼结构中双方当事人的平等法律地位。即使是经一方当事人申请而启动，也仅限于启动程序而非解决实体上的纠纷。因此，诉讼结构平等性要求民事检察权之谦抑性，确保其在权利救济的过程中，不偏向任何一方当事人，而是客观、公正地履行职能，进而实现对合法权益受损之救济。

---

　　① ［德］罗伯特·霍恩等：《德国民商法导论》，楚建译，中国大百科全书出版社 1996 年版，第 90 页。

　　② 陈迅：《法律基础》，重庆大学出版社 2005 年版，第 119 页。

　　③ Andersen, Camilla Baasch, "General Principles of the CISG-Generally Impenetrable", Camilla B. Andersen/Ulrich G. , *Sharing International Law across National Boundaries*: *Festschrift for Albert H. Kritzer on the Occasion of his Eightieth Birthday*, Wildy, Simmonds & Hill Publishiing, 2008, pp. 13-33.

　　④ 张兴中：《民事抗诉谦抑性原则》，《国家检察官学院学报》2010 年第 6 期。

　　私权自治对民事检察权在第三层上的要求即保护。近代法治国家公权力的设置是以实现和保护公民权利为基本目标的，国家公权力存在的正当性基础在于此。权利自治是自由和平等的重要内容，但没有国家强制力为后盾的自由无法从根本上实现，这就要求民事检察权介入民事诉讼中既要持有谨慎态度，谨防造成对自由权的过度干预，又要坚守公权运行正当性的基本底线和原则。

　　私权自治是民事检察权谦抑性原则的核心要素，民事检察权要始终尊重在私法领域内当事人的自主性，克制公权所特有的天然扩张性，保障公民权利而非过度干预自由。

二　限制公权力无限扩张

　　公权力有扩张的本能和惯性，没有约束和制衡的权力极容易产生权力寻租并释放其腐化堕落的一面。国家权力配置体系中设置民事检察权的初衷，就是防止审判权扩张并对其进行制衡。而检察权本身作为一项已经形成了的国家权力，自身也不可避免地存在权力的自我扩张。因此，必须将其权力的行使限定在合理的范围之内。

　　权力的扩张限制要求其在法定职权内行使，不能超越自身职权范围不当越界，对其他公权力造成干涉。以大陆法系最具代表性的德国为例，公权力的设置和运行要遵循"功能的适当原则"，这一原则是指"国家公权力机关必须恪守宪法和法律赋予其的功能界限，只能在自己的功能范围内行使权力，不能通过权力行使去扩大自己的职权范围，不能通过权力行使去改变宪法和法律对于国家权力的配置"①。同时，按照这一原则，"当某机关的结构与其行使的基本功能之间不适配时，那么这种功能的行使和分配就是被禁止的"②。这一点同我们出于《宪法》和法律上的要求对民事检察权的谦抑性要求是相同的。中国《宪法》分别规定了人民检察院和人民法院的职能范围，并在第140条明确规定了二者在办理案件时应"分工负责、相互配合、互相制约"，这是民事检察权在运行过程中必须坚守的原则。此外，审判独立是《宪法》确定的原则，按照《宪法》和《民事诉讼法》的规定，在民事诉讼活动中，检察机关是法律监督机关，司监督之职，法院是审判机关，解决纠纷实现权

---

　　①　张翔：《功能适当原则与宪法解释模式的选择》，《学习与探索》2007年第1期。

　　②　［德］康拉德·黑塞：《联邦德国宪法纲要》，李辉译，商务印书馆2007年版，第383页。

利救济，监督与审判是互相制衡的。通过监督促使审判公正进而实现权利救济，程序性和间接性是民事检察权与民事审判权在权利救济问题上的分野，必须恪守而不能越界。

公权扩张限制的另一个要求是对当事人权利的尊重和保障，即在私法领域对当事人意思自治、法律地位平等以及自由权之尊重。民事检察权的权力范围不得及于当事人基于私权自治的处分权范畴。最高人民检察院副检察长孙谦就曾指出，"法律监督权不可干涉其他权力和公民权利的行使"①。足见民事检察权保持谦抑性原则之必要。

三　遵循公权程序性要求

民事检察权程序性要求目前主要体现在两个方面，一是对违法监督侧重于事后监督；二是提起民事公诉有前置程序要求。在恪守谦抑性原则方面，这种程序性要求仍需继续强化和完善。

第一，违法监督必须坚持"事后"的时间节点。《民事诉讼法》规定的是对民事诉讼活动的全程监督，但并不代表检察机关在任何时间都可以提出监督，检察监督的"事后性"要求"监督的行为现象出现后的这一事实"②。《民事诉讼法》第215条规定的监督是在生效判决、裁定存在第200条规定的十三种情形的情况下进行监督；民事调解书要出现损害国家利益和社会公共利益的情况才能被监督。第216条规定的当事人申请监督也是在人民法院对再审申诉作出了相应的结论以后。因此，正如学者孙谦所说的，"法律监督虽然是一种主动的法律行为，但这种权能的启动是有严格限制的，绝非想监督谁就监督谁，想什么时候监督就什么时候监督，想怎样监督就怎样监督。它只是在一定层面上发挥作用。司法活动、行政活动、国家工作人员职务活动的各种违法程度是不同的，只有与达到一定程度的违法出现后，才能实施监督。在没有出现法律规定的情形时进行所谓事前监督，应被视为对其他国家权力或公民权利的不当干涉"③。这里的"事后"是指作出违法裁判或实施违法行为之后，而非整个诉讼活动结束之后。

第二，民事公诉必须坚持诉前程序。检察机关虽为国家利益和社会公

---

① 孙谦：《中国的检察改革》，《法学研究》2003年第6期。
② 郑新俭、胡卫列：《民事行政检察业务教程》，中国检察出版社2015年版，第84页。
③ 孙谦：《中国的检察改革》，《法学研究》2003年第6期。

共利益之代表，但即便在公共利益受到侵犯的情况下，也应当保持克制，只有在主体缺位的情况下才能提起，诉前程序不能忽视。民事诉讼中，法律规定的适格主体是私法上明确利害关系的权利主体，公益诉讼中的适格主体是符合法律规定的社会公益组织，只有在监督适格主体进行公益救济而不得的情况下检察机关才能提起民事公诉。

此处所强调的"谦抑性原则"，并非是对民事检察权的弱化，而是对民事检察权提出的合法性限制。"权力谦抑是权力膨胀的对立面，表现为严格遵守宪法和法律授予的权限，规范谨慎行使，非法勿言，非法勿行。"① 正如学者韩静茹指出的那样，"民事检察权的行使应当以社会自治和公民自治优先为整体理念，从而有效平衡国家干预与意思自治、公益维护与权利保护之间的关系，避免公权力对社会民事活动的不当干预，防止国家利益和社会公益对私人合法权益的不当牺牲……民事检察权应当将上述理念融入各自的运行准则之中，以比例原则、谦抑原则、有限原则等作为制度施行的基本方针"②。

第二节　完善民事检察权能的救济功能

转型时期权利救济的需求决定了民事检察权功能之负重。从目前情况而言，作为历史选择的权利救济功能在短时期内不会转变，可以预见，未来很长一段时间内民事检察权仍需兼顾公权监督和权利救济的双重功能。然而，负重而行并非长久之计。民事检察权既要坚守其法律监督的根本职能，也要符合当前实践对其权利救济功能之刚需；我们必须从务实的角度进行必要的制度改良，从而满足其双重功能的现实需要。在中国当前司法现状中，正如上文分析的那样，民事检察权的权利救济功能是中国特殊国情和中国特色决定的。实践的需要使得检察机关在民事诉讼中本应作为一个外在的审视者，同时也变成一个实质的参与人。但是兼顾双重功能又使得检察机关在民事检察权的运行中很容易顾此失彼。我们必须接受这一现实并寻求解决。检察建议和抗诉的类型化规定，使得公权监督与权利救济

---

① 方工：《刑事司法权需要谦抑》，《检察日报》2011 年 6 月 23 日第 3 版。

② 韩静茹：《社会治理型民事检察制度初探——实践、规范、理论的交错视角》，《当代法学》2014 年第 5 期。

难以区分，更难实现针对性，这就使得双重功能都难以有效落实。笔者认为，依据民事检察权的不同权能特点，在谦抑性原则的基础上设计民事检察权在权利救济中的具体路径，使其分担不同的功能，倒不失为中国特色民事检察权双重功能实现之最好选择。

一 强化检察建议的救济效能

从当前立法的角度看，民事抗诉主要是针对生效的裁判和调解书以及基于当事人申请启动再审；而检察建议的范围显然要广于抗诉，还包括了对违法行为的纠正。从这一立法中可以看到，抗诉多与实体性纠纷有关，而对纯粹程序性的监督则由检察建议来实现。实践中也是如此，对于确有错误但不影响当事人实体权利的行为往往不会提起抗诉，而不涉及私权的审判人员违法行为则以检察建议的方式进行监督。另外，从检察建议的适用而言，并不必然启动再审程序无关当事人实体权益，这就在一定程度上摆脱了当事人主义的约束，而是根据职权对人民法院的行为提出改正建议，可谓是纯粹的公权监督行为。而从检察建议的效果而言，检察建议直接针对人民法院的行为，通过发出检察建议提出改正意见；而抗诉则是通过启动再审程序来进行监督，实则为间接性的监督。[①] 更为重要的是，公权监督本身带有检察机关对人民法院的审视之倾向，采用抗诉这一刚性方式要求人民法院必须启动再审程序，很容易引发人民法院的抵触情绪，而较为柔和的检察建议通过同级监督既破解了"倒三角"所导致的检察机关在民事诉讼工作中的工作困扰，也容易为人民法院所接纳。从实践的层面而言，当事人在进行权利救济的选择上更倾向于抗诉，而检察建议自然就应承担其公权监督之职能。基层检察机关的检察力量恰能实现同级监督之资源配置。只是，目前中国立法对检察建议的法律效力规定尚有不足，在一定程度上影响了其监督实效。这一点需要在接下来的制度完善中予以强调，以确保公权监督职能的发挥。

基于强化检察建议的公权监督职能，对于检察机关提出检察建议的具体制度设计必须围绕这一目标。在检察建议的内容中体现对审判人员违法行为和诉讼活动中的违法监督。为确保监督之有效性，还必须对检察建议的法律效力予以明确。

---

① 王鸿翼：《谈民事行政检察权的配置》，《河南社会科学》2009 年第 2 期。

（一）完善检察机关提出检察建议的具体内容

检察建议肩负公权监督之重任，在监督审判人员的违法行为、存在错误的人民法院裁判以及执行活动中的违法及错误中，检察机关应充分履行其监督职能。当前立法对检察建议的适用规定过于抽象，本书在研究中从民事检察建议之类型、提起时间、监督级别、适用对象、适用事由和适用后果方面予以细化，以规范检察机关提出检察建议，进而实现其监督职能。

表6-1　　　　　　　　　　民事检察建议的具体内容①

民事检察建议类型	提起时间	监督级别	适用对象	适用事由	适用后果
纠正违法行为	审判程序动态进行的全过程	同级	审判程序、调解程序中实施违法行为②的审判人员	①审判人员具有主观上的过错②违法行为实质性危害司法公正③违法行为具有纠正的可能性和必要性③	不予接受和采纳逾期不予回复和纠正且不说明理由或理由不成立，提请法院或有关部门追究违法人员的法律责任④接受和采纳，及时纠正
再审检察建议	人民法院的裁判、调解书形成并生效后	排除最高人民检察院对最高人民法院的同级监督	①民事判决、民事裁定、民事调解书②民事决定、命令、处分和通知⑤	①《民事诉讼法》第200条规定的情形⑥②调解书损害国家利益、社会公共利益	不予接受和采纳且理由成立，放弃检察建议不予接受和采纳，且不说明理由或理由不成立，通过提级，由上一级人民检察院向上一级人民法院提出异议或提请上级人民检察院提起抗诉接受和采纳，启动审判监督程序

---

①　民事检察建议的制度设计中，学者吴岳翔的研究对本书研究具有重要的启发。参见吴岳翔《民事检察建议制度研究》，法律出版社2017年版，第58—149页。

②　此处"违法行为"应限定为违反中国《民事诉讼法》的规定，以作为或不作为的形式，致使诉讼程序操作不合法、不规范或者是审判权的行使不当等行为。行为在违法程度和情节上应对程序正义产生了实质性的侵害。

③　考虑到检察监督的必要性和可能性，无法列举，可设定原则。

④　孙加瑞：《民事检察制度新论》，中国检察出版社2013年版，第214页。

⑤　民事决定、命令、处分和通知等是民事诉讼活动中具有程序性的事项，且在实质上对当事人的实体权利能够产生影响。将其纳入检察监督的范围中来与中国传统的司法习惯相吻合，更是对民事诉讼活动监督的完善。

⑥　当前中国立法规定的提起检察建议的事由与当事人申请再审的事由相同，但是对关于事实认定和法律适用问题等涉及公民私权利的事由，检察院不应依职权主动监督，否则会影响法院的独立审判与自由裁量权。参见全国人大常委会法制工作委员会民法室《民事诉讼法立法背景与观点全集》，法律出版社2012年版，第62页。

续表

民事检察建议类型	提起时间	监督级别	适用对象	适用事由	适用后果
执行检察建议	执行活动进行的动态过程	同级	执行依据	执行终结裁定 执行标的物的实体权利争议的裁定 涉及执行当事人实体权益的裁定错误 采取执行措施所作的裁定 上级法院驳回当事人关于拘留、罚款决定的复议申请 驳回提级执行或变更执行法院申请的决定①	不予接受和采纳且理由成立，放弃检察建议 不予接受和采纳，且不说明理由或理由不成立，通过提级由上一级人民检察院向上一级人民法院提出异议或提请上级人民检察院提起抗诉 接受和采纳，根据具体情形撤销执行依据或重新作出裁定等
			执行行为	执行人员执行行为违法 执行人员执行行为不当	不予接受和采纳且理由成立，放弃检察建议 不予接受和采纳，且不说明理由或理由不成立，通过提级由上一级人民检察院向上一级人民法院提出异议或提请上级人民检察院提起抗诉 接受和采纳，撤销执行行为

（二）规范检察机关提出检察建议的法律效力

完善检察建议，一个不可忽视的内容在于检察建议的效力问题。检察抗诉具有刚性效力是《民事诉讼法》第 218 条予以确认的，但是法律并未对检察建议的法律效力予以规定。笔者认为，既然作为一种法定的法律监督方式，尤其是现阶段其承担主要的程序性监督功能，更应当具有一定的强制性法律效力。因为"权力运行必然产生一定的程序强制力，以保

---

① 执行检察建议中，执行依据如果是已经生效的裁判在执行过程中发现错误，应将其作为生效裁判，对应提起再审检察建议；对于法律已经赋予不予执行的裁定以救济方式的：1. 仲裁裁决，可以就争议根据双方当事人的约定重新仲裁或者向人民法院起诉。2. 经过公证的债权文书，可以通过仲裁或向人民法院起诉。3. 案外人对执行标的提出异议的，人民法院可裁定中止执行或驳回，案外人不服认为原判决、裁定错误的，依照审判监督程序办理；与原判决、裁定无关的，可以提起诉讼（《民事诉讼法》第 227 条）。4. 执行回转的，对已被执行的财产，人民法院责令取得财产的人返还；拒不返还的，强制执行（《民事诉讼法》第 233 条）。5. 中止执行（《民事诉讼法》第 256 条），可按照法定程序实现救济，不需要检察监督。参见全国人大常委会法制工作委员会民法室《民事诉讼法立法背景与观点全集》，法律出版社 2012 年版，第 544 页。

障权力有效运行"①。"民事检察建议的约束性是民事检察建议取得实效的基础，是民事检察建议严肃性及规范化的必然体现。"② 不过，"检察建议应该是强制力较弱的一种权力"③。而且，基于检察机关介入民事诉讼活动的谦抑性原则，民事检察建议之法律效力也并非纯粹的强制性效力，应体现出一种刚性和柔性相结合的特征。对检察建议的法律效力可按照其提出检察建议的不同阶段设置不同的程度的法律效力要求。

如图 6-1 所示，检察机关提出的检察建议之刚性效力和柔性效力交织，其刚性效力在于强制性要求法院对检察机关提出的建议进行接收和审查并作出相应的说明或回复，是一种程序强制力；而柔性效力则在于人民法院对检察机关提出的检察建议有拒绝或接受的自主选择权，尊重了人民法院的主体性。可以说，检察建议所具有的这种法律效力特征，使其在各个阶段具有不同程度的约束力。这样一来，检察建议既因其刚性效力在程

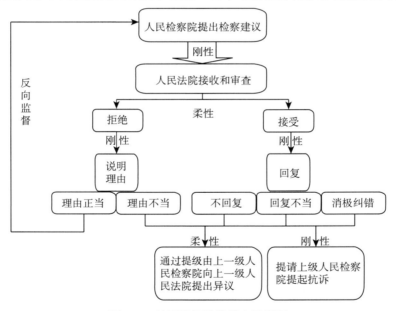

图 6-1　检察建议法律效力示意图

---

① 廖中洪：《关于完善〈中华人民共和国民事诉讼法修正案（草案）〉有关"检察建议"规定的若干问题》，《西南政法大学学报》2012 年第 3 期。

② 许海峰：《法律监督的理论与实证研究》，法律出版社 2004 年版，第 536 页。

③ 高维俭：《宽严相济刑事政策研究之检察视角——理念、实证与实践》，中国人民公安大学出版社 2008 年版，第 216 页。

序上实现了对人民法院诉讼活动的法律监督职能，而且因其柔性效力缓和了检察机关与人民法院监督与被监督之间的对立冲突。当检察建议难以实现监督职能时，还可以通过提级由上一级人民检察院向上一级人民法院提出异议，或提请上级人民检察院提起抗诉，两种柔性和刚性的监督方式来获得救济，从而确保监督的可能性。这对当前阶段检察建议功能的发挥具有重要的意义。而人民法院有权对检察机关提出的检察建议进行反向监督，一方面符合中国现行司法权二元结构下审判权和法律监督权的双向互动和相互制约①；另一方面也可以预防和避免检察机关滥用检察建议权，这也是中国民事检察权运行之谦抑性原则的要求。

（三）注重不同类型检察建议之间的有效衔接

检察机关在民事诉讼活动中可提出纠正违法行为检察建议、再审检察建议和执行检察建议三种，三种检察建议必然会存在一定的联系；尤其是在同一诉讼活动中，这种联系更为紧密，形成一定的竞合和转化。

纠正违法行为的检察建议事由并不属于构成再审检察建议的事由，但是纠正违法行为检察建议的事由与其他事由的组合可能会使得生效裁判构成再审事由。如学者汤维建所言，"对诉讼过程的监督是一种服务于生效裁判形成或生成的监督，基于检察监督所产生的各种观点和主张，内化到了生效裁判形成过程和最终结果之中"②。对违法行为的及时监督，能够避免裁判形成并生效以后发现错误提起再审检察建议。对于检察机关和人民法院而言，提出再审检察建议和启动再审程序较之于纠正违法行为要复杂得多。而且，不管是纠正违法行为的检察建议还是再审检察建议，其目标是相同的，都是为了监督诉讼活动以维护法制统一和保障当事人的合法权利。纠正违法行为的检察建议既可以是诉中监督也可以是诉后监督，与再审检察建议的诉后监督相衔接，如果发生在诉讼进行中的纠正违法行为检察建议没有救济成功，且该事由属于再审检察建议的事由，即意味着可以进行双重救济；如果违法行为不属于再审事由，按照制度设计中纠正违法行为检察建议的必要性和可能性原则，可对其进行纠正违法行为检察建议之监督；如果违法行为是在已经作出生效裁判以后才发现且属于再审事由，则可以通过再审检察建议的方式进行救济。这样一来，通过检察建议

---

① 吴岳翔：《民事检察建议制度研究》，法律出版社 2017 年版，第 145 页。

② 汤维建：《民事检察监督制度的十大趋势》，《检察日报》2010 年 10 月 11 日第 3 版。

的方式对诉讼活动进行了及时和全面的监督。纠正违法行为检察建议和再审检察建议之间的这一有效衔接，可以节省大量的司法资源。

二　强调检察抗诉的救济功能

2012年修改的《民事诉讼法》中第200条关于再审情形的规定相比旧法第179条的规定，删除了对违反法律规定管辖错误的，以及违反法定程序可能影响案件正确判决、裁定的案件的再审。根据现行《民事诉讼法》第215条的规定，检察机关抗诉主要针对的是在案件中存在实质性错误的情形，而程序性的错误则交给了检察建议。新《民事诉讼法》实施后，针对此类案件检察机关要依法改变其监督方法。即使强调检察抗诉对权利救济功能的倾向，但是该救济也要坚持应有的谦抑性原则，注重度的把握。这个度一方面是抗诉对权利的救济仅限于程序救济，以保障诉讼程序的合法进行为标准，不能干预人民法院对实体问题的裁决；另一方面就是通过抗诉的方式督促和监督人民法院维护私权，而不是主动出击维护私权。"对于其他司法机关及其工作人员侵犯诉讼权利和阻碍诉讼权利行使的私权救济，检察机关的法定救济方式只有三项：一是提出检察建议；二是提出中止违法意见；三是通过侦查或者起诉追究刑事责任。检察机关必须依照法律规定的条件和程序进行私权救济。"①

抗诉作为中国检察机关在民事诉讼活动中的重要方式，随着实践对其功能发挥的需求，在当前立法中逐渐呈现出权利救济的倾向。在实践研究中我们也发现抗诉对当前民事检察权之权利救济功能实现更具可行性。在此基础上我们对检察机关提起抗诉的具体内容和约束机制进行设计。

（一）规范检察机关启动抗诉的具体内容

根据上文分析，抗诉具有较强的权利救济效果，因此可以从权利救济的角度对检察机关启动抗诉进行制度设计，以确保抗诉权利救济之针对性。

表6-2　　　　　　　　检察机关启动抗诉的具体内容

项目	内容	限制
启动方式	依申请启动为主，依职权启动为辅	除涉及国家利益和社会公共利益依职权启动外，抗诉依当事人申请启动

---

① 谢鹏程：《检察规律论》，中国检察出版社2016年版，第93页。

项目	内容	限制
适用范围	以当事人的申请为限 检察建议被人民法院拒绝接受且理由不当或者虽然接受但不回复、回复不当或消极纠错	不得超越当事人申请的范围 提请抗诉而非自行启动抗诉
撤诉处理	当事人申请撤回抗诉，检察机关及时终结	原裁判损害国家利益和社会公共利益的，不因当事人申请撤回而终结
调查核实	对当事人申请之案件中人民法院诉讼活动的合法性进行调查核实	不对实体权利义务进行调查核实

在抗诉制度的具体设计中，考虑到检察机关提起抗诉之主要职能在于权利救济，为避免出现职权主义对私权之干预，抗诉之提起坚持依当事人的申请启动，除非案件涉及国家利益和社会公共利益以及由下级人民检察院提请抗诉，否则检察机关不得依职权启动。由此也决定了抗诉之适用范围的缩小，即以当事人申请为限，不得超出当事人申请的范围；即使在审查中发现审判人员有枉法裁判、徇私舞弊等不法行为也是如此。如果经审查提起抗诉，则对审判人员违法行为一并实现了纠错，如果经审查不应提起抗诉，那么则另行提出检察建议，对审判人员的违法行为进行监督。另外，需要注意的是，因为检察建议的强制效力不及抗诉，在检察建议被人民法院拒绝接受且理由不当或者虽然接受但不回复、回复不当或消极纠错的情况下，可以提请上一级人民检察院提出抗诉，从而强制性要求启动再审监督程序。这样，可以保证检察建议效力不足情况下，抗诉之补充作用。基于权利救济之前提，当事人申诉以后又撤回申诉的，检察机关应及时终结，不过应排除损害国家利益和社会公共利益案件的当事人撤回之终结。因为检察机关是国家监督机关，始终肩负保证公共利益维护之责及其公权监督职能的体现，对该类案件不因当事人撤回而终结。至于调查核实，在抗诉中应仅对案件诉讼活动中的违法性进行调查核实，不参与实体权利义务的调查。

从上述具体内容的改良中，基本上剔除了民事抗诉之公权监督的功能，主司权利救济之功能。而也正是这样的制度设计，才实现了抗诉程序之当事人主义，从而与权利救济之诉求契合，避免了当事人主义和职权主义之间的冲突。而因国家利益和社会公共利益以及基于对检察建议监督功能之补充，并非出于权利救济，采用职权主义也并不会对当事人的私权自主性造成影响。明确的适用范围和检察建议与抗诉之程序衔接，在实践中也不会形成功能上的模糊。

（二）对检察机关启动抗诉的约束机制

《民事诉讼法》对抗诉提起的期限和次数作出了限制，这是对抗诉进行约束的一个进步。然而，由于当事人对权利救济诉求的迫切性以及检察机关对抗诉的偏爱，实践中检察机关的抗诉权还存在"寻租""死磕"以及"违法启动"等问题①，仍须予以约束。这就要求我们在对民事检察权之抗诉进行具体内容设计的同时，对其进行应有的约束，以确保其在权利救济功能发挥的同时，不至于侵犯私权领域自治和诉讼领域之独立，更不至于成为一方当事人之帮手而形成诉讼中的不平等。

第一，检察机关在民事抗诉中中立地位的确证。抗诉虽有权利救济之责，但其并不是申诉方当事人的助力，而应站在中立的立场客观的进行审查并进行相应的调查核实。这一点需要通过检察官的客观义务来实现。学者龙宗智就指出，"检察官为了发现真实情况，不应站在当事人的立场，而应站在客观的立场上进行活动"②。这在民事检察权中仍应体现。这种客观义务体现为除非涉及国家利益和社会公共利益，以及基于下一级检察机关的提请，以当事人申请为启动抗诉的前提条件，并对案件进行严格审查，确保双方当事人法律地位的实质平等。通过客观义务实现对检察机关的约束，从而"……防止矫枉过正而导致原本以弱势群体保护为正当性基础的制度异化为与当事人诉讼地位平等原则相抵触的不当干预"③。

第二，建立检察机关错误抗诉和滥用抗诉的追责机制。在调研中，笔者发现实践中存在很多不科学的考核机制等问题，使得抗诉制度在运行中发生了异化。原本不需要抗诉的案件，因为检察机关抗诉考核之需要而进行抗诉或要求案件拖延直至裁判生效而提起抗诉。这些行为如果不予以规制，则不仅不会对当事人权利救济带来益处，也会造成大量的资源浪费。学者陈瑞华指出，"法律的生命在于公正的执行和自觉遵守，根据形式理性观念，所有法律原则、规则或制度一旦建立并具有实际效力，就必须得到遵守，所有对这些原则、规则或制度的违法，不论出于什么样的动机和

---

① 刘英俊：《民事抗诉权的滥用与规制》，《社会科学研究》2017 年第 4 期。

② 龙宗智：《论检察》，中国检察出版社 2013 年版，第 1 页。

③ 韩静茹：《社会治理型民事检察制度初探——实践、规范、理论的交错视角》，《当代法学》2014 年第 5 期。

意图，都必须承受消极的法律后果，或者受到相应的制裁"①。那么对于抗诉错误或者滥用抗诉权的行为，必须设立相关的追责机制，来保障抗诉的有效性和必要性。这一点也是民事检察权谦抑性要求的内容。

（三）细化检察机关调查核实权的规则

现行《民事诉讼法》第 217 条规定了检察机关的调查核实权，基于检察建议和抗诉的需要，可以向当事人或者案外人调查核实有关情况。检察机关的调查核实权是检察监督职权得以实施的保障和辅助，"无调查核实权，一切皆为空谈"②。"如果没有规定履行监督职责相应的调查权和知情权，监督方式多为消极、被动和事后的。"③ 对调查核实权完善的规定才能保证检察机关监督职能的有效发挥。当前立法对调查核实权的抽象性规定成为民事检察权运行不畅的重要原因之一。有必要从制度上对其加以完善，以充分发挥其作用。

表 6-3　　　　　　　　　　　**检察机关调查核实权的具体规则设计**

调查核实权	内容	限制
目的	查明民事诉讼活动合法与否，监督人民法院诉讼活动的合法性	保持立场中立性 不解决当事人实体权利义务之争议
对象	当事人、审判人员、其他诉讼参与人和案外人	强制性调查措施的禁止
客体	原审证据为主，新证据为辅	新证据调查核实需确有必要
方式	调卷，阅卷，询问，要求说明理由、勘验物证、勘查现场等	程序性要求
范围	损害国家利益、社会公共利益的证据 人民法院在原审中应依职权或依申请收集证据但未依法进行的证据 用于证明当事人进行恶意诉讼和虚假诉讼的证据 用于证明审判人员在原审过程中存在程序性违法的证据 对审判人员职权性违法犯罪行为的证据	确有必要 客观真实
证据效力	经质证以后方可认定	质证程序要求

在这里应该注意的是，检察机关的调查核实权仅是为了查明民事诉讼

---

① 陈瑞华：《刑事诉讼的前沿问题》，中国人民大学出版社 2000 年版，第 215 页。

② 张卫平：《新民事诉讼法条文精要与适用》，人民法院出版社 2012 年版，第 529 页。

③ 张雪樵、王晓霞：《司法规律视野下法律监督的立法完善》，《人民检察》2010 年第 10 期。

活动中的违法事项，监督法院的诉讼活动之合法性；即使是基于当事人之申请，也应在双方当事人之间保持平衡；因此其应秉持一种中立的态度和立场。这样并不会使得诉讼双方当事人在获取证据方面失衡，也不会侵犯当事人的实体权利和程序权利内容。《人民检察院民事抗诉案件办案规则》第17条规定检察机关调查核实应对原案卷进行审查，非确有必要不得进行调查。在调查核实中，检察机关可调阅和查阅人民法院的审判卷宗，这是"确保人民检察院依法履行法律监督权的重要保障，尤为重要……"① 可以在保持中立的立场情况下询问双方当事人和其他诉讼参与人；可以要求知情的案外人提供材料和说明情况；可以要求法院说明裁判的理由；可以询问存在违法行为的审判人员。不管是对谁的调查核实，都应注意程序性要求；这种程序性要求可参照检察机关的侦查权要求。在调查核实的范围上，检察机关应遵循民事诉讼法的证据规则要求、在"确有必要"的情况下对证据进行客观真实的反映，以避免抗辩双方地位之不平等。对于检察机关通过调查核实权获得的证据，笔者认为不应当直接适用，而应经过再审之质证方可认定。因为，在民事诉讼活动中，双方当事人提供的证据应经过法定的质证程序，《证据规定》第51条也明确规定法院依职权所调查收集证据应在庭审时出示，由双方当事人质证。检察机关在民事诉讼活动中获取证据并不具有任何程序优势，也必然应经过质证方可认定，不得有任何特权。

通过对检察机关民事调查核实权的具体构建，明确检察机关在调查核实中的目的、对象、范围、方式、证据效力以及相应的谦抑性限制，才能使得检察机关在进行调查核实的过程中有法可依、有据可循，更能保障检察机关在调查核实权运行中偏离其应有职能。

三　保证公益诉讼的救济能力

作为中国现阶段公益救济的主要力量，民事检察权的民事公诉权能还处于起步阶段，针对实践探索过程中发现的问题，必须在理论和制度中给予相应的回应。

（一）合理界定公益救济范围

实践中民事公诉案件严格依照法律列举中的规定，绝大多数限于环境

---

① 张卫平：《新民事诉讼法条文精要与适用》，人民法院出版社2012年版，第31页。

资源领域和食品药品领域，虽然在向保护英烈领域有所延伸，但毕竟有限。在试点期间以及当前中国民事公诉刚刚起步阶段，将范围界定狭窄可以理解，但同时也折射出制度初期的一种不自信和不得已。如前文所述，新型大规模的侵权案件近年来频频发生，法定机关、社会团体和企业事业单位能力尚且不足，而依靠个人来实现权利救济更不可能，将检察机关提起民事公诉的范围设定得如此狭窄似乎难以满足实践中权利救济的强烈需求。笔者认为，虽然不必按照域外立法予以具体详细的列举，但至少可以通过明确原则或增加兜底性条款的方式，拓展民事公诉的受案领域，保障更多公益得到保护和救济。具体原则可从以下几个方面把握：

第一，危害重大原则。公权运行应当与其权力属性相当，检察机关对公共利益的救济应当着眼于对公共利益具有重大损害和威胁的案件，对其他小型的公益诉讼案件则可以通过督促适格主体起诉或支持适格主体起诉的方式进行干预。在判断是否是重大危害国家和社会公共利益的案件时，可从受害人的多寡、案件所涉地域范围（尤其是是否跨行政区域）、社会影响程度、侵权主体的社会背景、侵权的客体（主要是国家利益或国家安全等）以及特殊时期应予以重点保护的社会利益等方面入手。这样一方面保证了那些最为重要的、影响重大的国家和社会利益得到了保障和救济；另一方面也减轻了检察机关民事公诉的负担。

第二，效益最大原则。对于无适格主体起诉或适格主体起诉困难的情况，为保障公共利益得到及时救济，无论案件是否为重大案件，检察机关都应当提起诉讼。究其原因，是以效益最大化为制度设计初衷，既不能因为检察机关是公权机关就可以在所有案件领域自由发挥，也不能因为检察机关主要针对危害重大的案件起诉就忽略对权利人利益的保护。

第三，专属管辖原则。① 对于部分案件而言，基于专业性、复杂性等原因，普通民众、社会组织等提起诉讼胜诉率小，对于此类案件检察机关可以不必经过诉前程序，直接提起民事公诉。笔者认为，在今后民事公诉日趋完善并积累大量经验的情况下，可以考虑扩大检察机关专属管辖的范围，将特定弱势群体案件、人事诉讼案件纳入检察机关提起公诉的范围之内。弱势群体的保护是世界各国检察机关的重责，在中国也不例外，但并非所有的弱势群体案件都纳入检察机关专属管辖的范围之内，具体范围

---

① 潘申明：《比较法视野下的民事公益诉讼》，法律出版社 2011 年版，第 296—297 页。

由法律通过列举规定。人事诉讼案件主要是指那些涉及婚姻、家庭以及侵犯受教育权等类型的案件，由于家庭是社会的基石，家庭的稳定关系社会的稳定，因此此类案件在世界范围内也受到检察机关的普遍重视，可以考虑将其纳入检察机关专属管辖范畴。

上述三项原则相辅相成，明确了检察机关支持、参与和提起民事公诉范围。立法再辅之以更为严格的审查和受理机制，可以在扩大检察机关提起民事公诉范围的基础上保持适度性，一方面可以起到对侵犯社会公共利益的行为的司法威慑；另一方面也能在必要情况下对亟须救济的公共利益施以援手。

（二）有效防止诉讼主体越界

公共利益得到及时、全面、有效的保护离不开各方主体的协调配合，检察机关针对侵犯公共利益的违法行为提起民事公诉只是公共利益保护中的一环，民事公诉要实现良性运转并发挥预设功能，必须将各方主体都放置在法定程序规范之下，最终实现权利与权力的良性互动。

遵循权利救济平等性原则，恪守权力的"有限性"和"程序性"。虽然检察权在查控违法、制裁犯罪上具有先天的优势，在民事公诉案件中是公共利益的代表，但其身份还是类似于民事诉讼中的"原告"，应当遵循民事诉讼的一般规则，不应因其公权属性而享有超出民事诉讼一般规律的特权。保守克制的同时，还要发挥优势，主要体现在检察机关对侵权证据的调查与收集方面。笔者建议对于目前检察机关的调查核实权在立法上予以进一步明确，对被调查对象不予配合的，应当责令其承担一定的法律责任。

诉前程序适度节制，实现司法救济、行政救济和社会救济的有效协调。民事公诉权能的运行必须与社会治理的基本原理和理念相契合，正确处理司法、行政、社会和个人在社会治理领域的权能分配和相互关系。在民事公诉中，检察机关要时刻发挥"国家补充功能"[1]，通过践行司法被动和社会自治优先的理念，最大限度地培养行政效率和社会理性，在公共利益领域内始终遵循"由最贴近问题并掌握着解决问题所需信息的主体予以处理"[2] 这一理念，只有当行政救济、社会救济等方式均无法解决相

---

[1]　陈建民：《公法学札记》，中国政法大学出版社2001年版，第79页。

[2]　韩静茹：《公益诉讼领域民事检察权的运行现状及优化路径》，《当代法学》2020年第1期。

关问题时，检察机关才以符合其权能属性和职能运行模式的方式予以介入。首先，适度让位，从主力军变成替补者。检察机关与民事公诉中所涉权利义务内容并无直接利害关系，之所以能够作为主体提起诉讼，是现行立法的规定，但有着严格的条件，即没有适格主体或者适格主体不提起诉讼。民事检察权的基本职能是监督，诉前程序的设置既是民事检察权监督职能的体现，也是对民事检察权的必要限制机制。其次，检察机关要充分发挥沟通协调能力，转变监督就是"挑错"的理念，放弃部门之间片面的业绩观，树立在公共利益保护方面双赢、多赢、共赢的思维。检察机关在提起民事公诉之前，应当以公告的方式告知法律规定的机关和有关组织提起诉讼。对于通过法定职能机关履职就能实现的救济，在发送检察建议督促起诉前，可以通过工作函的方式先行商议，能够及时履职达到救济效果的终结诉前程序。最后，检察机关在提起民事公诉时要以社会自治优先为原则，努力培育、支持有关社会组织承担起公共领域的治理能力。对于社会组织不提起诉讼的，要区分情况区别对待，对于有起诉能力而怠于履行的，通过检察建议方式促使其履职，建议后不及时回复或者多次无故不起诉的，可以建议民政部门对其加强管理；对于有起诉意愿但是能力有限的，通过支持起诉提供帮助，将公共利益保护的诉讼主体让位于社会组织，实现公共利益保护向社会救济回归。

依循合法性原则，理顺各方之间关系。民事检察权作为公权力介入以意思自治为主的私权关系中，必然应当严格依循法律规定的程序设置，必须在具备法定依据的前提下，在法定的范围内、以法定的方式运行。中国民事公诉制度实践先行的自由生发式发展模式和立法规范的滞后零散现状，显然不符合权力运行的基本遵循。这个根本矛盾没有解决，必然会引发类似于在试点过程中与法院之间的冲突和摩擦。为避免这种混乱和无序所造成的尴尬局面，就必须在现有经验的基础上进行有益提炼，将在正当程序规范基础上建立起来的制度予以系统化和法定化，以扭转规则不统一、缺乏明确性和可操作性依据的无序状态。

对检察机关提起民事公诉进行规范并纳入法治化，是公权运行的要求，也是社会治理现代化和节约司法资源的必要。从长远来看，明确检察机关在保护公共利益方面的补位作用，对检察机关的适度限制，也是推动中国社会团体发展、承担社会责任的重要契机。中国权利救济的进一步保障和落实，不单单是公权机关的职责，更是全社会义不容辞的责任。在现代法治社会背景下，不断推进全社会"知法""守法"和"用法"，任重而道远。

（三）推动公私诉讼救济融通

民事公诉旨在当公共利益受到损害，救济主体缺失或能力不足时，通过民事检察权的介入使受到损害的公共利益得以恢复，民事私益诉讼旨在个人利益因侵权行为遭受损失时获得民事赔偿，虽然二者制度目标和价值取向存在差异，但正如个人无法离开国家和社会独自生存发展一样，私益的救济也无法与公共利益的保护割裂开来，民事公诉和民事私益诉讼在权利救济方面具有很多共通性。只有理顺二者在权利救济上的关系，才能更好地发挥各自制度优势，对权利实现全方位的救济。

第一，树立"私益救济优先"的救济理念。在公益救济与私益救济发生冲突时应当如何解决？对于这一问题在民法学界已经不是新的论题，在《中华人民共和国侵权责任法》出台之前热议曾达到顶峰，现在已经基本达成共识。该法第四条规定，因同一行为应当承担侵权责任、行政责任和刑事责任，侵权人的财产不足以支付的，先承担侵权责任。民事责任优先受偿已无争议，其立法背后的价值归依是对个人权利的尊重与保护，体现了当代法治的人文主义精神。虽然民事公诉和民事私益诉讼都是追究侵权人的民事责任，但在侵权人财产不足以清偿时，在民事责任受偿顺位上还是应当秉承之前一贯的"私益救济优先"原则。

第二，拓展民事公诉救济范围。纵观世界各国，检察机关提起民事公益诉讼的范围显然要广泛和具体得多，尤其是大陆法系的法国、德国和日本，不但在公共领域发挥作用，在一定的私人领域也承担起重任，如将关涉婚姻家庭、亲子以及未成年人保护的案件也纳入了检察机关民事公益诉讼的范围之内，以实现对弱势群体的保护宗旨。中国目前公共领域权利救济不足的现状使得目前民事公诉案件范围显得过于狭窄，需进一步拓展是毋庸置疑的。笔者建议，在保护的范围可以突破现有的环境、食品药品消费领域，对农民工讨薪、证券市场上的小投资者、互联网上个人信息保护等个人私益受到损害却救济能力不足、求偿困难的领域予以拓展。

第三，增设民事公诉惩罚性赔偿金，通过"公益救助基金"方式将赔偿金用于无法获得救济的私益损害。惩罚性赔偿金因为突破了民法关于损害赔偿的填平性原则曾经引发争议，但其能通过惩罚行为人达到威慑预防的效果，与民事公诉功能预设具有内在契合性。有学者主张，为了让行为人内化其违法行为导致的社会成本，强有力地威慑行为人的违法行为，为已经遭受损害的不特定多数受害者给予实质性救济，检察机关应当有权主张惩罚性赔偿。① 对于检察机关通过获得的赔偿金，笔者认为可以参考美国做法，将获得款项成立专项的公共利益保护基金，基金款项主要用于因侵权行为受到损害的私益主体的救济和一般性的公益事项保护。

第三节　构建检法监互动的权利救济模式

民事检察权的运行绝不是孤立的存在，检察机关可以通过内部各职能部门之间及外部与法院、监察委的沟通协作，在程序运转上实现良性互动，形成权利救济合力，共同维护司法公正。

一　形成内部联动提升民事检察实效

党的十八届四中全会提出要"完善检察机关行使监督权的法律制度，加强对刑事诉讼、民事诉讼、行政诉讼的法律监督"，在权利救济的时代需求下，全面贯彻这一要求更显迫切。笔者通过总结自身多年民事检察工作经验，从工作机制层面对检察机关内部职能部门之间的配合联动提出一些设想，以期通过内部职能部门之间的优势互补，提升民事检察的整体实效。

第一，成立三大诉讼联动工作小组。当前的司法实践中，检察机关对刑事和民事、行政活动的监督分属于刑事、民事和行政部门履行。按照现有的逻辑，各个部门在进行案件处理中往往只考虑本部门所涉案情，而忽视案件中包含的其他部门的违法犯罪行为。由于缺乏这种整体性的思维和联动机制，各部门工作人员在办案中所谓"各司其职"却也制约了工作的持续健康发展。按照检察机关各部门工作"一盘棋"的整体思维，可以探索将刑事、民事和行政三大诉讼有机结合，综合检察机关各部门的专业能力，对同一案件中存在的不同监督内容及时、有效地进行输出并处理，形成整体监督观念和一体化的监督工作机制。这就要求检察机关内部

---

① 杜乐其：《消费民事公益诉讼损害赔偿请求权研究》，《法律科学》（西北政法大学学报）2017 年第 6 期。

形成一个涵盖刑事、民事和行政部门负责人，并以主管副检察长为组长的领导小组，在树立全局观念的基础上为部门联动奠定制度基础。

第二，建立交叉案件共享机制。诉讼联动的首要任务在于在刑事、民事、行政案件之间搭建沟通桥梁，案件信息共享机制就是这一桥梁所在。各部门确定相关联络人员主要负责审查案件中是否存在对方业务内容的线索，并对存在交叉业务的案件在受理环节即予以标记，及时完成案件之间的对接和线索的转移，在这一环节完成案件信息的共享。各部门对标记的交叉案件由领导小组组织讨论会进行研究确认，针对存在争议的案件可邀请法律政策研究部门或相关专家参与讨论征求意见。交叉案件共享机制的建立，意义在于节省司法资源，并及时发现案件线索，弥补当事人依申请提起监督之不足，发挥检察机关在监督和权利救济中的主观能动性。

第三，健全各部门配合调查机制。在刑事和民事、行政部门中，检察机关调查权以及调查要求存在区别。当一个案件属于上述交叉案件且所涉事实、证据等问题疑难复杂时，民事检察部门可以请求刑事检察部门予以配合，并将刑事检察中固定的调查结果直接使用。各部门配合的调查机制不仅补强了民事检察中的调查核实权相对弱化的缺陷，而且有利于提升办案效率，对于民事案件当事人而言，更是可以节省诉讼成本并获得精准救济。

加强内部联动以及各部门之间的协作对于检察机关维护民事诉讼领域的司法公正无疑是大有裨益的。通过内部的诉讼联动机制，检察机关在案件发现、工作协作、信息共享等方面形成检察合力，为当事人权利救济提供更为坚实的基础。

二　设置检察与监察的协作监督机制

为进一步加强对国家公职人员的监督，预防并惩治腐败问题，国家大力推进监察体制改革，2016 年，党的十八届六中全会公报首次将国家监察体系与政府、法院和检察院相提并论，监察委成为国家权力体系的重要组成部分。在经过两年试点后，于 2018 年 3 月第十三届全国人民代表大会上通过《宪法修正案》和《中华人民共和国监察法》，正式规定各级监察委员会属于国家监察机关，对所有行使公权力的公职人员进行监督，调查职务违法和职务犯罪，开展反腐工作。原隶属于检察机关的反贪污贿赂局和反渎职局职能，归属到监察委。在监察体制与检察体制双重改革的背景下，检察权与监察权的法律定位及职权配置都面临着变革与新生，检察院作为传统的法律监督机关与监察委这一新生以反腐败为目标的政治监督机关之间，具有天然的共生因素，必然存在制度性交合，配合得当定能够最大化发挥二者的预设功能。

民事检察权与监察权之间存在协作的必要性。民事检察监督以程序性、法定性和事后性为主要特征，强调对"事"的监督，而监察监督以全面性、处分性和反腐性为主要特征，强调对"人"的监督。鉴于监察委对所有公职人员行使监督权，具有覆盖面广、手段多样和权威性强等特征，在涉及对审判人员和执行人员监督时，必然会与民事检察权存在交叉。而民事检察权在对审判权、执行权进行违法监督时，也必然存在涉及权力行使主体职务犯罪的可能性。如《民事诉讼法》第 215 条第 3 款规定，对审判监督程序以外的其他审判程序中审判人员的违法行为，有权向同级人民法院提出检察建议。该条规定在立法上本身就存在模糊不清之处，究竟是对审判程序违法进行监督还是对审判人员的违法行为进行监督？无法从立法条文本身得出结论。只是从目前检察权本身的权力属性和民事检察权所肩负的职能出发，对该条理解上进行了限缩，在实践中也表现为对一般审判程序的违法监督，如对法院审理中超出审限、合议庭组织不合法、财产保全超标的等一些相对轻微的程序违法行为，检察机关通过提出检察建议的方式，建议同级法院予以纠正。再如，《民事诉讼法》第 207 条规定的抗诉条件中，第（13）项明确规定审判人员审理该案件时有贪污受贿，徇私舞弊，枉法裁判行为的，应当对该裁判提出抗诉。

民事检察权与监察权之间存在协作的可行性。民事检察监督的对象和范围是法院的审判权及民事诉讼的全过程，由于民事诉讼程序、事实认定和适用法律本身具有较高的复杂性和专业性，对监督主体的专业化能力和监督水平要求较高，而民事检察部门在监督传统、人才培养和规范化建设方面具有明显优势。监察委的优势在于对司法领域内行使公权力的公职人员的违纪、贪腐行为进行侦查。对民事诉讼领域内公职人员违纪违法行为的认定必然无法脱离对具体民事诉讼案件办理程序和办理结果的审查和认定，《中华人民共和国监察法》明确规定，检察机关办理职务违法犯罪案件，应与检察机关相互配合；监察机关在工作中需要协助的，有关机关和单位应当根据监察机关的要求依法予以协助。此处协助的机关和单位，自然包含检察机关。

笔者认为，鉴于二者之间存在职权交叉，具有协作的必要性与可行性，可以在司法实践中设置检察与监察的协作监督机制，对"人"监督与对"事"监督双管齐下，共同惩治腐败，维护司法公正。

三　优化法检关系进而发挥救济合力

"创设检察官制度的重要目的之一，在于通过诉讼分权模式，以法官与检察官彼此监督节制的方法，保障司法权限行使的客观性与合理性。"① 权力具有天然的扩张本性，如不加以制衡，极易滋生腐败，以权力制约权力是当代法治国家通行理念。正如汉密尔顿所说，"野心必须用野心来对抗"②。检法之间的诉讼制约，在增强权力的约束力度，提升司法公正和权力运行效能方面，具有重要的作用。要实现权力的制约和平衡，要求权力之间的内容上具有对抗性，强度上具有可抗衡性。检察权设立的初衷，就是为了防止审判权的恣意与滥用，使民事诉讼中因公权强大所可能导致的权力与权利之间的失衡得到调整与平衡，民事检察权的发展思路也应当依循这一规律，在当事人权利救济诉求与审判权异化之间寻求一种动态的平衡，最大化地实现法院审判权依法公正行使和当事人权利得到充分保障。

按照列宁的观点，"检察长的职责是使任何地方政权机关的任何决定都不同法律抵触，所以检察长有义务仅仅从这一观点出发，对一切不合法律的决定提出异议，但检察长无权停止决定的执行"③。按照这一思路所设计的民事检察权，从权力的内容和强制力来看，尚未形成与法院审判权、执行权的有效制衡与对抗。"这种监督关系的实质不是要被监督者必须服从监督者，必须按照监督者的意志纠正自己的错误，而是被监督者与监督者之间的一种制衡关系，它要求被监督者必须重视监督者的意见，重新审视检查自己的行为。如果认为确有错误就应当按照被监督者自己的意志来纠正错误。"④ 依据中国现行《民事诉讼法》的规定，民事检察权对权利的救济限于程序性的启动和推进，实体性的纠纷解决和实现权利救济，最终由法院通过审判权和执行权来完成。即使是监督效力最强的抗诉

---

① 林钰雄：《检察官论》，台北：学林文化事业有限公司 2000 年版，第 16—17 页。
② ［美］汉密尔顿等：《联邦党人文集》，程逢如等译，商务印书馆 1995 年版，第 264 页。
③ 《列宁全集》（第 43 卷），人民出版社 2017 年版，第 200 页。
④ 张智辉：《法律监督三辨析》，《中国法学》2003 年第 5 期。

案件，也仅具有启动再审的效力，至于案件结果是否改变，最终仍由法院决定。至于检察建议的效力就更加弱化，从名称来看，就仅为建议权，是否采纳及如何采纳，完全由监督对象决定。学界所担忧的是否存在检察权不当干涉审判权、造成审判权失去独立性等问题，则完全只是一种理论上的假设，实践中不但并未发生，而且实际情况恰恰相反，经常出现的情况是法院从自身业绩等因素考虑，或者对检察机关的检察建议不予采纳，或者对抗诉案件维持原判，民事检察权并未充分发挥其预设功能。

为解决实践中程序性权力在对实体性审判权无法有效制衡的问题，笔者认为，在现有权力格局未发生实质性变化的情况下，可以通过以下几个方面进行改良：首先，转变监督思路，正如张军检察长在全国大检察官会上所讲，"监督不是高人一等，而是技高一筹"，要以"双赢多赢共赢"的思维，与法院共同维护司法权威和司法公正。在重大敏感、涉及面广、具有影响力的案件办理中，加强与法院的沟通和联系，除了在法律层面达成共识外，在政策性、技术性等问题上也应当加强沟通，提升案件的抗诉改判率和检察建议采纳率。其次，要充实和强化民事检察权的内容，实现权力之间的同步与有效制衡。在现有立法基础上通过细化规则赋予检察机关保障性权力和对审判、执行违法行为的制裁性权力，如对调查核实权进行细化与强化，对审判卷宗及副卷的调取法院必须配合，对审判人员、执行人员的违法行为的检察建议强制回复，对有充分证据证明法院裁判错误而拒不改判的案件进行跟进监督等。只有使民事检察权的权力内容和强度达到权力制衡的预设标准时，才能切实发挥民事检察权的功效，实现对法院审判权和执行权的有效监督与制约。而只有审判权和执行权受到有效的规制，才能更好地实现司法公正，实现权利的司法救济。

监督和制约只是手段，与法院共同提升和促进司法公正，保障法治国家的建设，才是最终目标。当事人最终是否能够获得公正的裁决或者公共利益是否最终能够得到修复，还需要依循民事诉讼的基本规律，由法院通过公正的审判来实现权利的实体性救济。在当下这种检法关系模式下，只有在具备权力抗衡条件的前提下，转变思路，优化法检关系，共同提升司法效能，才能更好地发挥民事检察权的权利救济功能。

参考文献

一　中文著作

陈醇：《权利结构理论》，法律出版社 2013 年版。

陈新民：《宪法基本权利之基本理论》，台北：元照出版有限公司 1999 年版。

陈焱光：《公民权利救济论》，中国社会科学出版社 2008 年版。

陈焱光：《公民权利救济基本理论与制度体系构建研究》，长江出版社 2013 年版。

陈征：《国家权力与公民权利的宪法界限》，清华大学出版社 2015 年版。

程燎原、王人博：《权利及其救济》，山东人民出版社 1998 年版。

丁南：《民法理念与信赖保护》，中国政法大学出版社 2013 年版。

董保城：《法治与权利救济》，台北：元照出版有限公司 2006 年版。

樊崇义：《检察制度原理》，法律出版社 2009 年版。

范愉：《非诉讼纠纷解决机制研究》，中国人民大学出版社 2000 年版。

方志平：《民法思维》，中国政法大学出版社 2016 年版。

付春杨：《权利之救济——清代民事诉讼程序探微》，武汉大学出版社 2012 年版。

傅郁林：《法国民事司法》，中国政法大学出版社 2010 年版。

高留志：《民事权利的理论框架》，郑州大学出版社 2016 年版。

高志明：《法律与权利》，中国社会出版社 2004 年版。

顾培东：《社会冲突与诉讼机制》，四川人民出版社 1991 年版。

韩春晖：《现代公法救济机制的整合：以统一公法学为研究基础》，北京大学出版社 2009 年版。

韩大元、王建学：《基本权利与宪法判例》，中国人民大学出版社 2013

年版。

何志鹏：《权利基本理论：反思与构建》，北京大学出版社 2012 年版。

黄娟：《当事人民事诉讼权利研究——兼谈中国民事诉讼现代化之路径/民事程序法论丛》，北京大学出版社 2009 年版。

冀宗儒：《民事救济要论》，人民法院出版社 2005 年版。

江必新：《新民事诉讼法理解适用与实务指南》，法律出版社 2015 年版。

黎晓武：《司法救济权保障研究》，群众出版社 2006 年版。

李季璇：《从权利到权力：洛克自然法思想研究》，江苏人民出版社 2017年版。

李强：《转型时期中国社会分层》，辽宁教育出版社 2004 年版。

李昕：《俄罗斯民事检察制度研究》，中国检察出版社 2012 年版。

李永军：《民事权利体系研究》，中国政法大学出版社 2008 年版。

李忠芳、王开洞：《民事检察学》，中国检察出版社 1996 年版。

李祖军等：《民事诉讼法·诉讼主体篇》，厦门大学出版社 2005 年版。

梁成意：《中国公民基本权利》，中国政法大学出版社 2016 年版。

梁慧星：《为权利而斗争》，中国法制出版社 2000 年版。

梁慧星：《民法总则》，北京法律出版社 2010 年版。

梁治平：《寻求自然秩序中的和谐——中国传统法律文化研究》，中国政法大学出版社 1997 年版。

刘飞：《德国公法权利救济制度》，北京大学出版社 2009 年版。

刘作翔：《权利冲突：案例、理论与解决机制》，社会科学文献出版社 2014 年版。

罗思荣、陆剑锋：《以案说法：民事活动中的权利与义务》，浙江大学出版社 2006 年版。

骆东平：《非诉低成本权利救济机制构建实证研究——以宜昌市法务网格为例》，厦门大学出版社 2014 年版。

马登科等：《案外人救济制度研究》，法律出版社 2016 年版。

马鹏飞：《权利与保障同行》，兰州大学出版社 2015 年版。

莫吉武：《转型期国家治理研究》，吉林大学出版社 2015 年版。

钱福臣、魏建国：《民事权利与宪政：法哲学视角》，法律出版社 2010年版。

全国人大常委会法制工作委员会民法室：《民事诉讼法立法背景与观点全

集》，法律出版社 2012 年版。

邵华：《自组织权利救济：多元化纠纷解决机制的新视角》，中国法制出版社 2007 年版。

申卫星：《民法基本范畴研究》，法律出版社 2015 年版。

史尚宽：《民法总论》，中国政法大学出版社 2000 年版。

苏力：《送法下乡——中国基层司法制度研究》，中国政法大学出版社 2000 年版。

苏永钦：《走向新世纪的私法自治》，台湾：月旦出版股份有限公司 1994 年版。

孙加瑞：《民事检察制度新论》，中国检察出版社 2017 年版。

田平安：《民事诉讼法原理》（第二版），厦门大学出版社 2005 年版。

佟柔：《中国民法学·民法总则》，中国人民公安大学出版社 1990 年版。

万毅：《一个尚未完成的机关——底限争议视野下的检察制度》，中国检察出版社 2008 年版。

王桂五：《中华人民共和国检察制度研究》，法律出版社 1991 年版。

王俊杰：《法的正义价值理论与民事再审程序构建》，人民法院出版社 2007 年版。

王莉：《民事诉讼与检察监督》，中国检察出版社 2013 年版。

王利明：《法律解释学》，中国人民大学出版社 2011 年版。

王泽鉴：《民法概要》，中国政法大学出版社 2003 年版。

王泽鉴：《民法思维》，北京大学出版社 2009 年版。

魏振瀛：《民事责任与债分离研究》，北京大学出版社 2013 年版。

吴宁：《社会弱势群体权利保护的法理》，科学出版社 2008 年版。

吴岳翔：《民事检察建议制度研究》，法律出版社 2017 年版。

肖春竹、闵敢：《民法基础与民事法律关系分析》，华中科技大学出版社 2010 年版。

谢鹏程：《检察规律论》，中国检察出版社 2016 年版。

徐国栋：《民法对象研究》，法律出版社 2014 年版。

徐国栋：《民法哲学》，中国法制出版社 2015 年版。

徐昕：《论私力救济/法律文化研究文丛》，中国政法大学出版社 2005 年版。

许海峰：《法律监督的理论与实证研究》，法律出版社 2004 年版。

杨立新：《论民事诉讼监督与监督方式完善检察论丛》第 2 卷，法律出版社 2001 年版。

杨立新：《民法思维与司法对策》（上、下），北京大学出版社 2017 年版。

杨巍：《民事权利时间限制研究》，武汉大学出版社 2011 年版。

杨伟民：《论公民福利权利之基础》，北京大学出版社 2017 年版。

余少祥：《弱者的权利》，社会科学文献出版社 2008 年版。

翟羽艳：《民事权利救济模式的选择：在公力救济与私力救济之间》，法律出版社 2017 年版。

张国臣：《中国检察文化发展暨管理模式研究》，河南大学出版社 2013 年版。

张红：《基本权利与私法》，法律出版社 2010 年版。

张晋藩：《中国法律的传统与近代转型》，法律出版社 1997 年版。

张培田、张华：《中国法律的传统与近代转型》，中国政法大学出版社 2004 年版。

张千帆：《权利平等与地方差异》，中国民主法制出版社 2011 年版。

张伟涛：《权利的优先性——罗尔斯道义论权利理论研究》，中国政法大学出版社 2014 年版。

张卫平：《新民事诉讼法条文精要与适用》，人民法院出版社 2012 年版。

张文郁：《权利与救济》，台北：元照出版有限公司 2005 年版。

张翔：《基本权利的规范建构》（增订版），法律出版社 2017 年版。

张智辉、杨诚：《检察官作用与准则比较研究》，中国检察出版社 2002 年版。

赵旭东：《纠纷与纠纷解决原论：从成因到理念的深度分析》，北京大学出版社 2009 年版。

郑贤君：《基本权利原理》，法律出版社 2010 年版。

周枬：《罗马法原论》，商务印书馆 1994 年版。

朱庆育：《民法总论》，北京大学出版社 2013 年版。

朱庆育：《论民事执行救济》，北京大学出版社 2016 年版。

庄建南等：《民事抗诉属性研究中国检察》（第 6 卷），北京大学出版社 2004 年版。

卓泽渊：《法的价值论》，法律出版社 1999 年版。

最高人民检察院民事检察厅：《检察机关提起公益诉讼实践与探索》，中国检察出版社 2017 年版。

费安玲、桑德罗·斯奇巴尼：《罗马法·中国法与民法法典化（文选）——从罗马法到中国法：权利与救济》，中国政法大学出版社 2016 年版。

二　中文译著

［德］阿克塞尔·霍耐特：《自由的权利》，王旭译，社会科学文献出版社 2013 年版。

［美］艾伦·肖德维茨：《你的权利从哪里来》，黄煜文译，北京大学出版社 2014 年版。

［苏］安·扬·维辛斯基：《国家和法的理论问题》，法律出版社 1955 年版。

［日］北川善太郎：《日本民法体系》，李毅多、仇京春译，科学出版社 1995 年版。

［德］伯恩·魏德士：《法理学》，丁晓春、吴越译，法律出版社 2003 年版。

［美］博登海默：《法理学：法律哲学与法律方法》，邓正来译，中国政法大学出版社 1999 年版。

［德］茨威格特、克茨：《比较法总论》（上），潘汉典、米健、高鸿钧、贺卫方译，中国法制出版社 2017 年版。

［澳］彼得·凯恩：《阿蒂亚论事故、赔偿及法律》，王仰光等译，中国人民大学出版社 2009 年版。

［英］彼得·斯坦、约翰·香德：《西方社会的法律价值》，王献平译，中国法制出版社 2005 年版。

［意］彼得罗·彭梵得：《罗马法教科书》，黄风译，中国政法大学出版社 1992 年版。

［古罗马］查士丁尼：《法学总论——法学阶梯》，张企泰译，商务印书馆 1989 年版。

［德］布洛克斯：《德国民法总论》，邵建东译，北京大学出版社 2013 年版。

［英］戴雪：《英宪精义》，雷宾南译，中国法制出版社 2001 年版。

［德］迪特尔·梅迪斯库：《德国民法总论》，邵建东译，法律出版社

2000 年版。

[德] 迪特尔·梅迪库斯：《请求权基础》，陈卫佐译，法律出版社。

[德] 福克斯：《德国侵权法》，齐晓琨译，法律出版社 2005 年版。

[日] 谷口安平：《程序的争议与诉讼》，王亚新、刘荣军译，中国政法大学出版社 1996 年版。

[德] 哈里·韦斯特曼等：《德国民法基本概念》（第 16 版），张定军、葛平亮、唐晓琳译，中国人民大学出版社 2013 年版。

[美] 哈罗德·J. 伯尔曼：《法律与革命》，贺卫方等译，中国大百科全书出版社 1993 年版。

[德] 汉斯·贝恩德·舍费尔等：《民法的经济分析》（第四版），江清云、杜涛译，法律出版社 2009 年版。

[德] 汉斯·布洛克斯：《德国民法总论》，张艳译，中国人民大学出版社 2011 年版。

[德] 黑格尔：《法哲学原理》，范杨译，商务印书馆 1961 年版。

[美] 亨金：《权利的时代》，信春鹰译，知识产权出版社 1997 年版。

[德] 霍尔斯特·海因里希·雅科布斯：《十九世纪德国民法科学与立法》，王娜译，法律出版社 2003 年版。

[日] 吉村良一：《日本侵权行为法》，张挺译，中国人民大学出版社 2013 年版。

[苏] 坚金、布拉图斯主编：《苏维埃民法》（第一册），李光谟等译，法律出版社 1956 年版。

[美] 杰克·唐纳利：《普遍人权的理论与实践》，王浦劬等译，中国社会科学出版社 2001 年版。

[美] 卡拉布雷西：《事故的成本》，毕竞悦、陈敏、宋晓维译，北京大学出版社 2008 年版。

[德] 康拉德·黑塞：《联邦德国宪法纲要》，李辉译，商务印书馆 2007 年版。

[德] 卡尔·恩吉施：《法律思维导论》（第二版），郑永流译，法律出版社 2014 年版。

[德] 卡尔·拉伦茨：《德国民法通论》（上、下），王晓晔等译，法律出版社 2017 年版。

[美] 卡尔·威尔曼：《真正的权利》，刘作翔等译，商务印书馆 2015

年版。

［美］兰德斯、波斯纳：《侵权法的经济结构》，王强、杨媛译，北京大学出版社 2005 年版。

［法］勒内·达维德：《当代主要法律体系》，漆竹生译，上海译文出版社 1984 年版。

［英］李约瑟：《李约瑟文集》，陈养正译，潘吉星主编，辽宁科学技术出版社 1986 年版。

［美］列奥·施特劳斯、约瑟夫·克罗波西：《政治哲学史》（上下），李天然等译，河北人民出版社 1993 年版。

［德］鲁道夫·冯·耶林：《为权利而斗争》，郑永流译，法律出版社 2007 年版。

［法］卢梭：《社会契约论》，何兆武译，商务印书馆 2011 年版。

［美］路易斯·亨金、阿尔伯特·J. 罗森塔尔：《宪政与权利》，郑戈译，上海三联书店 1996 年版。

［美］路易斯·亨利·摩尔根：《古代社会》，杨东莼等译，商务印书馆 1997 年版。

［德］罗伯特·霍恩、海因·科茨，汉斯·G. 莱塞：《德国民商法导论》，楚建译，中国大百科全书出版社 1996 年版。

［德］罗尔夫·克尼佩尔：《法律与历史——论德国民法典的形成与变迁》，朱岩译，法律出版社 2003 年版。

［英］洛克：《政府论》，叶启芳、翟菊农译，商务印书馆 1961 年版。

［美］罗纳德·德沃金：《认真对待权利》，信春鹰、吴玉章译，中国大百科全书出版社 1998 年版。

［德］罗歇尔德斯：《德国债法总论》，沈小军、张金海译，人民出版社 2014 年版。

［美］玛丽·安·格伦顿：《权利话语——穷途末路的政治言辞》，周威译，北京大学出版社 2006 年版。

［德］曼弗雷德·沃尔夫：《物权法》，吴越、李大雪译，法律出版社 2002 年版。

［法］孟德斯鸠：《论法的精神》，张雁深译，商务印书馆 1963 年版。

［英］米尔恩：《人的权利与人的多样性——人权哲学》，夏勇、张志铭译，中国大百科全书出版社 1995 年版。

［美］摩尔根：《古代社会》，杨东莼等译，商务印书馆 1997 年版。

［德］齐柏里乌斯：《法学导论》，金振豹译，中国政法大学出版社 2007
年版。

［意］桑德罗·斯奇巴尼：《正义和法》，黄风译，中国政法大学出版社
1992 年版。

［德］施瓦布、戈特瓦尔特、雷根斯堡：《宪法与民事诉讼》，赵秀举译，
中国政法大学出版社 2005 年版。

［美］蒂文·沙维尔：《法律经济分析的基础理论》，赵海怡译，中国人民
大学出版社 2013 年版。

［美］史蒂芬·霍姆斯、桑斯坦：《权利的成本——为什么自由依赖于
税》，毕竞悦译，北京大学出版社 2011 年版。

［苏］斯米尔诺夫等：《苏联民法》，黄良平、丁文琪等译，中国人民大学
出版社 1987 年版。

［德］维尔纳·弗卢梅：《法律行为论》，迟颖译，法律出版社 2013 年版。

［德］韦斯特曼：《德国民法基本概念》，张定军、葛平亮、唐晓琳译，中
国人民大学出版社 2013 年版。

［德］维亚克尔：《近代私法史》，陈爱娥、黄建辉译，上海三联书店
2006 年版。

［日］五十岚清：《人格权法》，铃木贤、葛敏译，北京大学出版社 2009
年版。

［英］休谟：《人性论》，关文运译，商务印书馆 1980 年版。

［古希腊］亚里士多德：《政治学》，吴寿彭译，商务印书馆 1965 年版。

［匈牙利］雅塞：《重申自由主义》，陈茅等译，中国社会科学出版社
1997 年版。

［德］耶林：《为权利而斗争》，郑永流译，商务印书馆 2016 年版。

［美］约翰·菲尼斯：《自然法与自然权利》，董娇娇译，中国政法大学出
版社 2005 年版。

三　期刊

白彦：《检察机关提起公益诉讼的现实困境与对策研究》，《法学杂志》
2016 年第 3 期。

班文战：《我国信访制度的权利救济功能及其有效性分析》，《政法论坛》

2010 年第 2 期。

蔡定剑：《关于前苏联法对中国法治建设的影响——建国以来法学界重大事件研究》，《法学》1999 年第 3 期。

蔡虹：《民事抗诉制度的立法完善》，《人民检察》2011 年第 11 期。

蔡彦敏：《中国环境民事公益诉讼的检察担当》，《中外法学》2011 年第 1 期。

陈兵、张庆庆：《民事权利救济中的法适用问题探析》，《知识经济》2011 年第 9 期。

陈桂明：《民事检察监督之存废、定位与方式》，《法学家》2006 年第 4 期。

陈宏彩：《论权利救济与社会和谐的内在逻辑》，《天津社会科学》2008 年第 1 期。

陈斯：《权力制衡与制度完善——以民事抗诉程序之运行为例》，《法学评论》2006 年第 2 期。

陈斯：《检察监督权之检讨——以民事抗诉权运行为例》，《法学》2007 年第 10 期。

陈柏峰：《法律实证研究的兴起与分化》，《中国法学》2018 年第 3 期。

邓陕峡：《以被害人权利救济为视角解读我国刑事附带民事诉讼》，《成都大学学报》（社会科学版）2008 年第 5 期。

邓思清：《论检察机关的民事公诉权》，《法商研究》2004 年第 5 期。

丁海俊、周玉辉：《论我国绝对权救济模式的立法选择》，《政法论丛》2008 年第 3 期。

董暖、杨弘磊：《虚假仲裁案外人权利的司法救济研究》，《法律适用》2017 年第 21 期。

窦衍瑞：《宪法基本权利和民事权利的连接与互动——以人格权为例》，《政法论丛》2018 年第 3 期。

樊崇义：《一元分立权力结构模式下的中国检察权》，《人民检察》2009 年第 3 期。

范进学：《建构以权利救济为核心的宪法实施制度》，《法学论坛》2016 年第 2 期。

方新军：《权利客体的概念及层次》，《法学研究》2010 年第 2 期。

冯仁强、谢梅英：《民事抗诉程序立法宗旨与再审之诉制度的改革》，《人民检察》2007 年第 9 期。

傅贤国、陈筑郡：《民事检察建议实证研究——基于 GY 市各区县检察实践（2011—2014 年）的分析》，《河南财经政法大学学报》2015 年第 4 期。

傅沿：《困局与破解：我国环境公益诉讼成本分摊规则的功能主义审视》，《法律适用》2016 年第 5 期。

傅郁林：《民事执行权制约体系中的检察权》，《国家检察官学院学报》2012 年第 3 期。

郭明瑞：《权利冲突的研究现状、基本类型与处理原则》，《法学论坛》2006 年第 1 期。

郭宗才：《民事检察中公权与私权的冲突与协调》，《中国检察官》2012 第 5 期。

韩静茹：《民事检察刍议——以与抗诉的关系协调为视角》，《西南政法大学学报》2013 年第 1 期。

韩静茹：《社会治理型民事检察制度初探——实践、规范、理论的交错视角》，《当代法学》2014 年第 5 期。

韩静茹：《公益诉讼领域民事检察权的运行现状及优化路径》，《当代法学》2020 年第 1 期。

韩静茹：《民事检察权的基本规律和正当性基础》，《湖北社会科学》2018 年第 4 期。

韩静茹：《民事检察建议的分类重构与原理探寻——以二元化权能结构为背景》，《大连理工大学学报》（社会科学版）2015 年第 1 期。

韩清、赵信会：《既判力视域下的民事检察监督制度建构》，《河北法学》2011 年第 11 期。

何文燕：《检察机关民事公诉权的法理分析》，《人民检察》2005 年第 18 期。

何燕：《检察机关提起民事公益诉讼之权力解析及程序建构》，《法学论坛》2012 年第 4 期。

何雨蔚：《民事检察建议的合理边界探析——以重庆地区检察院调研为样本》，《延边党校学报》2015 年第 1 期。

贺海仁：《从私力救济到公力救济——权利救济的现代性话语》，《法商研究》2004 年第 1 期。

贺海仁：《自救还是他救：受害人的权利救济问题研究》，《北方法学》2012 年第 5 期。

侯永宽：《论民事抗诉制度的废除——以当事人主义诉讼模式为视角》，《安徽大学法律评论》2010 年第 1 期。

胡晓霞：《法国民事检察制度及其启示》，《人民检察》2013 年第 5 期。

黄爱学：《民事权利救济的博弈分析》，《太原师范学院学报》（社会科学版）2004 年第 3 期。

黄松有：《检察监督与审判独立法学研究》，《法学研究》2000 年第 4 期。

黄忠顺：《中国民事公益诉讼年度观察报告》，《当代法学》2017 年第 6 期。

菅从进：《论权利的救济权能及其发展》，《河北法学》2008 年第 8 期。

江伟、张慧敏、段厚省：《民事检察监督改革论纲》，《人民检察》2004 年第 3 期。

金宏武：《民事公诉的法理基础质疑》，《湖湘论坛》2004 年第 3 期。

吴隽雅：《检察机关环境公益诉讼原告资格探析——以诉权分析为视角》，《吉首大学学报》（社会科学版）2016 年第 6 期。

李爱年、刘爱良：《论检察机关提起公益诉讼的权力属性及职权配置》，《重庆大学学报》（社会科学版）2016 年第 3 期。

李钢：《市民社会理论及其现代意义》，《北京行政学院学报》2007 年第 2 期。

李浩：《民事再审程序改造论》，《法学研究》2000 年第 5 期。

李浩：《关于民事公诉的若干思考》，《法学家》2006 年 4 期。

李宏弢：《民事权利的法文化价值》，《求是学刊》2013 年第 6 期。

李锡：《应寻找民事主体之"法理门槛"——民事主体成为民事主体前之共性》，《上海政法学院学报》（法治论丛）2018 年第 5 期。

李彦生：《由极端方式私力救济的现状看公力救济——对公力救济制度性缺陷的法律分析》，《时代法学》2010 年第 6 期。

李艳芳、吴凯杰：《论检察机关在环境公益诉讼中的角色与定位——兼评最高人民检察院〈检察机关提起公益诉讼改革试点方案〉》，《中国人民大学学报》2016 年第 2 期。

李永军：《论我国民法上"民事责任"与诉讼时效的脱节》，《政治与法律》2018 年第 2 期。

梁慧星:《〈民法总则〉对民事权利的确认和保护》,《云南大学学报》
　　（社会科学版）2018 年第 1 期。

刘本荣、陈承洲:《民事抗诉公权监督属性的迷失与归位》,《西部法学评
　　论》2013 年第 4 期。

刘晴辉:《中国诉讼机制的近代变迁及思考》,《社会科学研究》2005 年
　　第 4 期。

刘学:《在民事公益诉讼原告资格解析》,《国家检察官学院学报》2013
　　年第 2 期。

柳经纬:《回归传统——百年中国民法学之考察之一》,《中国政法大学学
　　报》2010 年第 2 期。

柳经纬:《从权利救济看我国法律体系的缺陷》,《比较法研究》2014 年
　　第 5 期。

罗沙、丁小溪:《民法典分编草案:如何更好保护人民民事权利》,《中国
　　人大》2018 年第 17 期。

莫爱新:《论民事救济权》,《石家庄经济学院学报》2005 年第 5 期。

潘剑锋:《论建构民事程序权利救济机制的基本原则》,《中国法学》2015
　　年第 2 期。

彭诚信:《"观念权利"在古代中国的缺失——从文化根源的比较视角论
　　私权的产生基础》,《环球法律评论》（秋季号）2004 年第 3 期。

彭庆伟:《试论民事权利的私力救济制度》,《法学评论》1994 年第 2 期。

沈岚、周少元:《试论儒家"礼乐刑政"治国方略中的和谐理念》,《安徽
　　大学学报》（哲学社会科学版）2007 年第 3 期。

施鹏鹏:《法国检察理论研究的特点、方法及前沿问题——兼谈对中国检
　　察学研究的借鉴意义》,《人民检察》2010 年第 3 期。

史溢帆:《从法制统一到权利救济:当代中国民事检察监督制度的功能变
　　迁》,《兰州大学学报》（社会科学版）2016 年第 3 期。

孙宪忠:《民事权利基本分类及其分析裁判的法技术问题》,《法治研究》
　　2018 年第 2 期。

孙玉琼、李瑞兴:《从规范到运作:民事检察建议适用的新路径分析》,
　　《河南警察学院学报》2013 年第 2 期。

万毅、李小东:《权力的边界:检察建议的实证分析》,《东方法学》2008
　　第 1 期。

王博勋：《新时代保护人民民事权利的权利法典——访全国人大常委会法
　　工委主任沈春耀》，《中国人大》2018 年第 19 期。

王昌奎：《和谐社会视野下以司法救济为核心的权利救济机制之建构》，
　　《西南政法大学学报》2016 年第 3 期。

王从峰、高峰：《论我国公民基本权利救济规范体系的完善》，《滨州学院
　　学报》2009 年第 1 期。

王德玲：《民事抗诉中的法理冲突与协调》，《法学论坛》2012 年第 5 期。

王芳：《权利救济视野中的恢复性司法》，《长白学刊》2009 年第 4 期。

王洪亮：《权利推定：实体与程序之间的构造》，《法学研究》2011 年第
　　1 期。

王利明、周友军：《我国〈民法总则〉的成功与不足》，《比较法研究》
　　2017 年第 4 期。

王莉：《论民事检察权的边界》，《人民检察》2011 年第 5 期。

王庆廷：《新兴权利渐进入法的路径探析》，《法商研究》2018 年第 1 期。

王蓉：《环境保护中利益补偿法律机制的研究——权利救济公法化的经济
　　学分析》，《政法论坛》2003 年第 5 期。

王卫国：《关于市场经济条件下民法学的观念转变》，《现代法学》1993
　　年第 4 期。

王晓、任文松：《民事检察建议的问题分析及完善路径》，《河南社会科
　　学》2015 年第 1 期。

王亚新：《民事审判监督制度整体的程序设计——以〈民事诉讼法修正
　　案〉为出发点》，《中国法学》2007 年第 5 期。

王涌：《私权救济的一般理论》，《人大法律评论》2000 年第 1 期。

魏文松：《论新兴权利的国家保护义务》，《学术交流》2020 年第 9 期。

吴英姿：《论诉权的人权属性——以历史演进为视角》，《中国社会科学》
　　2015 年第 6 期。

谢鹏程：《论涉及民事诉讼的信访终结机制——关于〈民事诉讼法〉第
　　209 条的立法精神和检察对策》，《中国司法》2014 年第 4 期。

杨代雄：《我国民法典中权利复原请求权的立法构想——以民事权利救济
　　制度二元结构的确立为主旨》，《法学评论》2009 年第 2 期。

杨会新：《论我国民事检察权的运行方式与功能承担》，《法学家》2016
　　年第 6 期。

杨杰辉：《法院侵犯被告人诉讼权利的救济：中国的问题与出路》，《人权》2016 年第 1 期。

杨立新：《编纂民法典必须肃清前苏联民法的影响》，《法制与社会发展》2016 年第 2 期。

杨立新：《〈民法总则〉中部分民事权利能力的概念界定及理论基础》，《法学》2017 年第 5 期。

杨立新：《个人信息：法益抑或民事权利——对〈民法总则〉第 111 条规定的"个人信息"之解读》，《法学论坛》2018 年 1 期。

杨立新：《人身自由与人格尊严：从公权利到私权利的转变》，《现代法学》2018 年第 3 期。

杨明：《请求权、私权救济与民事权利体系》，《比较法研究》2007 年第 4 期。

杨秀清：《论司法过程的权利生成功能——以民事权利救济为视角的分析》，《法律适用》2007 年第 11 期。

杨振山、龙卫球：《民事救济权制度简论》，《法学研究》1993 年第 3 期。

叶金强：《〈民法总则〉"民事权利章"的得与失》，《中外法学》2017 年第 3 期。

印仕柏：《论民事诉讼中检察权配置的法理基础》，《求索》2010 年第 6 期。

应星：《作为特殊行政救济的信访救济》，《法学研究》2004 年第 3 期。

于柏华：《权利认定的利益判准》，《法学家》2017 年第 6 期。

詹建红：《程序性救济的制度模式及改造》，《中国法学》2015 年第 2 期。

张光博、张文显：《以权利和义务为基本范畴重构法学理论》，《求是》1989 年第 10 期。

张卉林：《论基本权利在民事权利保护中的作用——以德国宪法诉愿制度为视角》，《齐鲁学刊》2013 年第 3 期。

张姝：《对我国社会保障争议解决机制的理论反思——基于权利救济的考察》，《当代法学》2009 年第 6 期。

张维：《权利救济和获得救济的权利——救济权的法理阐释》，《法律适用》2008 年第 11 期。

张卫平：《民事再审：基础置换与制度重建》，《中国法学》2003 年第 1 期。

张翔:《功能适当原则与宪法解释模式的选择》,《学习与探索》2007 年第 1 期。

张晓茹:《检察机关参与"人事诉讼"制度刍议》,《人民检察》2006 年第 11 期。

张兴中:《民事抗诉谦抑性原则》,《国家检察官学院学报》2010 年第 6 期。

张雪樵、王晓霞:《司法规律视野下法律监督的立法完善》,《人民检察》2010 年第 10 期。

张智辉:《法律监督三辨析》,《中国法学》2003 年第 5 期。

周小明、洪伟:《论民事权利的私力救济》,《法学杂志》2009 年第 11 期。

朱最新、朱孔武:《权利的迷思:法秩序中的信访制度》,《法商研究》2006 年第 2 期。

最高人民检察院法律政策研究室:《我国民事检察的功能定位和权力边界》,《中国法学》2013 年第 4 期。

四 外文文献

Andersen, Camilla Baasch, "General Principles of the CISG‐Generally Impenetrable", Camilla B. Andersen/Ulrich G. , *Sharing International Law across National Boundaries:Festschrift for Albert H. Kritzer on the Occasion of his Eightieth Birthday*, Wildy, Simmonds & Hill Publishiing, 2008.

Annabel S. Brett, *Liberty*, *Right and Nature:Individual Rights in Later Scholastic Thought*, Cambridge:Cambridge University Press, 2003.

Brian Tierney, *The Idea of Natural Rights*, *Natural Law and Church Law*, Wm. B. Eerdmans Publishing Company, 2000.

H. Hart, *The Concept of Law*, Oxford:Oxford University Press, 1961.

John Nguyet Erni, *Cultural Studies of Rights:Critical Articulations*, Routledge, 2011.

Michael D. Bayles and Bruce Chapman, *Introduction*, *Justice*, *Rights and Tort Law*, D. Reidel Publishing Compnay.

Miodrag A. Jovanović, *Collective Rights:A Legal Theory*, Cambridge:Cambridge University Press, 2012.

R. G. Gettell, *History of Political Thought*, New York: Appleton – Century Crofts, INC, 1924.

Russell L. Weaver, *Modern Remidies Case*, *Practical Problems and Exercises*, West Publishing Co. , 1997.

Sir John, *Law and Democracy*, Public Law Press, 1995.

Randall P. Peerenboom, "Rights, Interests, And the Interest in Rights in China", *Stanford Journal of International Law*, No. 31, 1995.

Rebecca L. Sandefur, "Access to Civil Justice and Race, Class, and Gender Inequality", *Annual Review of Sociology*, Vol. 134, 2008.

R. P. Peerenboom, "What's Wrong with Chinese Rights? Toward a Theory of Rights with Chinese Characteristics", 6 *Harvard Human Rights Journal*, 1993.

后　　记

　　本书从开始构思到完成初稿，恰经历了 2012 年和 2017 年《民事诉讼法》修改的两个重要时间节点；付梓之际又逢 2021 年《民事诉讼法》的再次修改和《人民检察院民事诉讼监督规则》的修订。立法中民事检察权制度所体现出来的权利救济方面的功能愈发明显与直接。而各地司法实践中亦不断发现检察机关通过检察建议、抗诉等方式对民事主体私权利得以最终实现发挥了积极作用。对于公共利益通过公益诉讼方式救济而言，检察机关的作用更是突出。然而由于本人的学识、能力等多方面限制因素，使得本书对民事检察权和权利救济之间的关系尚未在更深层次予以厘清，民事检察权究竟在多大程度和范围内对民事权利予以救济仍需进一步研究；同时，本书在论述中对学界乃至于实务界很多新的理论和实践难免存在遗漏。书中所存在的疏漏和不足，还望读者见谅。在以后的研究中，将竭力予以补充和纠正。

　　当然，本书能够出版得到了各方面的支持。首先要感谢山西大学给予大力支持和资助；同时也要感谢中国社会科学出版社以及编辑郭如玥女士。没有他们的认可、支持和辛勤，该书恐难以付梓。另外，要感谢学界各位前辈、同人的研究成果给予了本人极大的启示。

王小芳

2021 年 12 月 25 日

于山西大学东山校区